「食」と「本」のプロ30名が選ぶ

私の偏愛料理本

JN198270

紙媒体だけでなく、インターネット上にもレシピや食の情報があふれる現代。

その広大な海の中で、自分にとって本当に血肉となるレシピ、財産になる料理知識や技術、

常に立ち返るべき土台となる料理哲学に出合うのは、そう簡単なことではありません。

この本は、読者にその一助としていただくべく、

「食」や「本」に仕事やライフワークとして携わるプロ30名に、「魅力をぜひ語りたい！」と思う、

もしくはとにかく愛用して使い倒している料理本を、1人につき5冊紹介いただきました。

「なぜその本が好きなのか？　なぜ使いやすいのか？　なぜ信頼がおけるのか？」といった点を、

プロならではのマニアックかつ明確な着眼点から説明いただいています。

料理本を買う側にとっては本選びのヒントに、作る側・売る側にとっては本作り・販売のヒントに。

そのようにご活用いただけると大変幸いです。

料理の作り手

料理についての書き手・教え手

本の作り手

本の売り手・貸し手

紹介者の肩書きは2024年春(取材時)のものです。

紹介された本の情報は、一部を除き2024年夏のものです。版元がすでにない場合や版元から情報提供があった場合は絶版などの情報を記載しております。なお、絶版や版元在庫なしの書籍については、出版元へのお問い合わせはお控えいただけますようお願い申し上げます。

笠原将弘

日本料理店「賛否両論」

かさはらまさひろ
1972年東京都生まれ。焼鳥店を営む両親の背中を見て育ち、高校卒業後、「正月屋吉兆」で９年間修業後、実家の焼鳥店を継ぐ。店の30周年を機に一旦店を閉め、2004年、恵比寿に自身の店「賛否両論」を開店。たちまち予約の取れない人気店となる。系列店を展開する他、基本的な家庭料理から専門料理まで、和食の魅力を伝える著書も多数。

How to choose books

私の本の選び方

頻繁に書店へ足を運び、好きな料理人や その時に気になるテーマの本はすぐさま購入

親父が本好きだった影響もあって、小さい頃から僕も本が大好き。今も時間があれば駅前の本屋をぐるりと一周するのが習慣になっています。僕は日本料理の人間ですが、手にする料理本のジャンルは本当にさまざま。むしろ日本料理は、料理を見れば料理に対する考え方が割と想像できてしまうので、実際に参考にすることが多いのは日本料理以外のジャンルの本ですね。食材の組み合わせ方、発想法、盛りつけが特に参考になります。本の表紙で「ジャケ買い」することはあまりなく、その代わり、好きな料理人さん、気になる料理人さんの本であれば無条件に買います。

あとは、その時々に自分が注目しているテーマについて書かれた料理本を買うことが多いでしょうか。今回取り上げた稲田俊輔さんの『ミニマル料理』がまさにそれです。僕は、昔は複数の食材をいろいろ使って1品を作っていたけれど、最近は自分の中で料理がどんどんシンプルになってきていると感じていて。また、自分が料理本を作る上でも、テレビ番組で料理を教える上でも、あまり複雑なことをやらないようにしています。そんな、自分自身が最近めざしている方向性と共通する部分を感じた本なので、思わず手に取りました。酒徒さんの『あたらしい家中華』も、「こんなにシンプルな材料でここまでおいしくできる」というのを明確に証明するお手本のような本なので、すごく共感しますね。

料理に関わるエッセイや漫画も好きで、特に、東海林さだおさんの本は心の友のような存在。料理写真や調理工程が載っているわけではないのに、料理を作りたいと思わせてくれる文章の力はやはりすごいです。

昭和世代の、料理初心者の男性へ

1

ショージ君の「料理大好き！」

東海林さだお 著　文春文庫
2014年　文庫判　384頁　670円

1981年に平凡社から単行本が出版されて以来ロングセラーを誇る人気エッセイ。人気漫画家でありエッセイストでもある著者が、食にまつわる仲間の男性たちと一緒にさまざまな料理に挑戦する姿を、独自の目線でユーモアたっぷりに描写。時にはイラストも交えながら作り方を紹介する。84年に新潮社より文庫本が出ており、本書は復刻版。

食に関する著作が多い
著者の中でも、
特に料理色が色濃いエッセイ

「これぞ男の料理」とでも
言うべき調理シーンが
ユーモアたっぷりに描かれている

読みながら作って
ビールのつまみにできるような
簡単でおいしい品が多い

文章で構成された料理本だけに、
逆に想像力をかきたてられて
作りたくなる

言わずと知れた、東海林さんの食にまつわるエッセイの名作です。東海林さんのエッセイシリーズは子供の頃から好きで、ほとんどの本を読んでいます。もともと中学時代の担任の教師が本好きで、学級文庫に置いてくれていたんですよね。それを何気なく手に取ったらはまってしまって。それ以来、すっかりファンになりました。庶民的で、親近感があって、「昭和ってこんな感じだったなぁ」と時代を懐かしく感じながら今読んでも楽しめる。時々取り出しては、ちょっとした息抜きに読み直しています。

章ごとに和洋中のいろいろな料理が登場するのですが、東海林さんが若手の男性編集者やカメラマンと一緒になってカレーを作ったり、時には北京ダックのような手の込んだものに挑戦したりする。食材を人間にたとえたりして、文筆家ならではのユーモラスな表現が散りばめられているのでおもしろいですね。予期せぬハプニングも起こったりなんかして、男ばっかりであたふた料理をやっている様子がなんとも楽しそうなんです。

読みものとして楽しめるエッセイでありながら、ちゃんと料理の作り方も細かく書かれていてレシピ本の機能も果たしています。僕も何品か作ったことがありますが、「3分クッキングの巻」に出てくる、大根を角切りにして塩と味の素をまぶしただけの料理とか、むちゃくちゃ簡単だけど意外といける(笑)。あと、東海林さんのエッセイの中では「丸かじりシリーズ」も好きで、『ブタの丸かじり』に出てくる「簡単チャーシュー」という有名料理はまさに文字通りの簡単さ。豚肉をゆでて醤油に浸けておくだけのシンプルな調理法なのに、これが想像以上にうまいんです。

料理本には、たいていきれいなカラー写真が掲載されているけれど、この本はたまに挿絵があるくらいであとは文章だけ。できあがりを想像しながら読むことになるので、普段料理を作らない人も逆に興味が湧いて、作ってみたくなると思います。簡単な料理も出てくるので、例えば休みの日、昼からビールを飲みながら台所で本を片手にさっとつまみを作る、なんていう使い方がおすすめです。昭和っぽい、「ザ・男の世界」が愉快に描かれているので、特に男性にはまるのではないでしょうか。

プロアマ問わず、自家製保存食を作りたい人へ

②

増補改訂版
作って楽しむ信州の漬物

横山タカ子 著　信濃毎日新聞社
2010年　B5判　120頁　1700円

長野県在住の料理研究家、横山タカ子氏が、信州の「味の文化財」とも言われる漬物のレシピを伝授。2001年に刊行以来、ロングセラーを続けていた初版に、現代の暮らしに合ったサラダ感覚のお手軽漬物レシピを加えた増補改訂版が本書。基本の梅仕事のあれこれ、旬の即席漬け、季節の保存漬けなど信州に伝わる漬物がよくわかる。

漬物文化が根付く
長野の著者が出した、**自分にとって**
唯一無二の漬物の教科書

定番から季節まで、
失敗しにくい漬物が
幅広く紹介されている

僕が持っている実用書の中でも特に勉強させてもらった一冊です。長野は野沢菜漬けが有名ですが、昔からそれ以外にも、ものすごく漬物を食べる地方で、自家製漬物が今も脈々と受け継がれています。現地では何かの集まりがあると、地元の人が自分で漬けた漬物をタッパーに入れて持ち寄り、それをお茶請けにしてお茶を飲むんですよ。それぞれの家の味があって、どれもおいしくて、まさに長野のソウルフード。だから僕の中では、長野の人であるこの本の著者の横山さんが漬物作りの師匠で、これが教科書のような存在です。当然、自分の修業時代にも漬物の漬け方を教わりましたが、それ以上にこの本を頼りにしていろいろ作りました。

この本では、保存性の高い昔ながらの梅干やぬか漬けに始まり、キュウリやキャベツといった旬の野菜の即席漬けやピクルスなど、いろいろな漬物が紹介されています。中でも、塩だけでなく砂糖と酢を加えて梅を漬ける「さしす干し」は失敗が少ないし、一般的な梅干よりも塩味が抑えられていて現代の方にも好まれやすい味なので、初心者の方にもおすすめです。気になる塩加減や保存方法にも触れられていて、横山さんの知恵やアイデアが盛り込まれています。初版が出版されて随分年数が経ちますし、他にも漬物の本はたくさん出ていますが、やっぱりこの本が一番中身が濃くて実用的。プロの料理人さんや自家製好きの方にぜひおすすめです。

休みの日にパスタ作りを楽しみたい料理初心者の人へ

3

「ラ・ベットラ」
落合務のパーフェクトレシピ

落合務 著　講談社
2014年　B5判　128頁　1600円

イタリア料理界の第一人者である落合務氏が、「レシピ通りに作るだけでなく、理屈を知って作って欲しい」という思いから、パスタ、前菜、主菜、デザートの作り方をプロセス写真を交えてつぶさに解説。料理教室などの経験も豊富なシェフだからこそわかる失敗しがちな点をふまえ、おいしい料理を完成させるための理論を展開する。

料理人として尊敬する著者の、
何を作っても“はずれない”
頼れるレシピ集

作業の理由が
書かれているので
コツが掴みやすい

落合さんと言えば、日本がまだ「イタリア料理ってなんぞや？」という時代に現地で修業をされて、イタリア料理という概念を持ち帰った方。仕事でもプライベートでも親しくさせていただいていますが、料理のプレイヤーとしても大変尊敬する方です。

実際にこの本を見ながら、わが家で子供たちにたくさんパスタを作りました。どれも好評で、はずれがないですね。世の中にイタリアンの本はたくさんあるけれど、落合さんの本はちゃんと文章を読んでレシピ通りに作ると本当においしくできるんです。前書きに「〝理屈〟がわからないと、おいしい料理はできない」と書かれているように、料理の作り方の要所要所が赤文字や赤線で強調されていたり、なぜその作業を行うのかという理由が丁寧に書かれていたりする。例えば「にんにくと赤唐辛子オイルのスパゲッティ」はいわゆる定番パスタのペペロンチーノですが、ソースを乳化させるための理由が説明されていて、腑に落ちるんですよ。

しかも、一般の家庭の人が作りやすいようにすごく丁寧に説明してくれているし、プロセスカットも多いからわかりやすい。落合さんは、実際にとても話上手な方なのですが、話し言葉そのままで書かれているので、さすが説明がうまいなぁ、と感嘆します。そうした意味でも、この本はタイトル通りの「パーフェクトレシピ」だと思っています。

料理初心者から上級者まで、全ての人へ

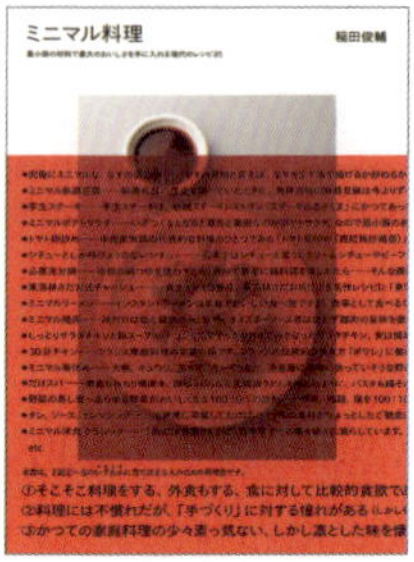

④

ミニマル料理

最小限の材料で最大のおいしさを手に入れる現代のレシピ85

稲田俊輔 著　柴田書店
2023年　B5変形判　136頁　1600円

著者は料理人・飲食店プロデューサーであり、執筆活動も盛んな稲田俊輔氏。「失われつつある普通の家庭料理を、現代の私たちが作るなら？」というテーマのもと実験をくり返し、再現性にこだわりつつも食材を最小限として工程もシンプルにした85品のレシピを紹介。レシピは工程写真付きの基本形と、アレンジを加えた展開形に分けて掲載。

シンプルな材料とプロセスで作る料理は、自分が近年注目している分野である

「手を抜く」と「工程をそぎ落とす」の違いを見極めるヒントになる

この本は料理をいかにミニマルにするかという視点で書かれており、材料もプロセスもごくシンプルなレシピが載っているわけですが、近年の自分自身の料理テーマと共鳴している部分があり手に取りました。読む人にとって、特別な材料や調味料が必要なくて、作り方が簡単な料理は、何よりも「作ってみよう」という気になりますよね。しかし、料理本を出したり料理を教えたりするプロの料理人は、当然のようにそこにさらに何か手を加えた方がいいと思ってしまい、何かを上乗せして表現しがちな部分がある。でも改めて見直してみると、「家庭で作るんだったらこれはいらないな」という部分が見えてきます。そういった部分はそぎ落とされた方が、家庭料理の作り手にとってはメリットが大きいですよね。

一方で、単に「作業を省く」「手を抜く」ことになってしまっては、もちろんおいしさが表現されません。この本は、そのように「手を抜く」と「工程をそぎ落とす」の違いを見極めたい時に、大変気づきが多い本です。料理初心者にはもちろんおすすめなのですが、プロの方や、料理をある程度作ってきた人にとっても、新たな発見があると思います。

ちなみに、稲田さんの本は最近好きでこれ以外にもよく読んでいますが、なんとなく文章の感じから東海林さだおさんが好きなんじゃないかな？　と思っていたら、まさにこの本に『ブタの丸かじり』に登場する料理が出てきました（笑）。

家で中華料理やつまみを簡単に作りたい人へ

5

手軽　あっさり　毎日食べたい
あたらしい家中華

酒徒 著　マガジンハウス
2023年　A5判　128頁　1500円

note「おうちで中華」を好評連載する中華料理愛好家、酒徒氏の初の料理本。日本では「味が濃く油っぽくて、調味料が多い」といったイメージが先行する中華料理。中国各地の料理を食べ歩いた著者が、そんなイメージを覆す、本場の家庭で愛され続けてきた手軽であっさりとした「あたらしい」78レシピを掲載。

とにかく簡単で材料が少ない。塩味の本来のおいしさに気づかされた

ささっと作れて、しかも自分が好きなビールに合う料理が多い

中国料理は、家庭で本格的な味をめざそうとすると、ちょっとハードルが高いイメージがありますよね。調理や加熱のテクニックもそうですが、醤《ジャン》や特別な調味料が必要な気もしてしまいます。でも、この本は材料もプロセスも本当に簡単。自分自身が今、シンプルな料理を志向していることもあり、書店でぱらぱらとめくった時点でその簡単さに驚き、つい購入した一冊です。

中国現地の家庭料理のレシピ集という内容で、「塩の中華」「醤油の中華」「野菜だらけ中華」といった章に分かれています。この本に出てくる料理は結構いろいろ作りましたが、個人的には「塩の中華」の章がヒットで「塩だけでこんなにおいしくできるんだ！」という新しい発見がありました。中国現地の本場の家庭料理が、日本でこんなに簡単に作れることにも嬉しさを感じます。あとはお酒に合う料理が多いことも特徴。僕はビールが好きなので、ビールを飲みながらパパッと作ってつまみにするのが最高なんですよね。

著者の酒徒さんは駐在員として向こうで実際に暮らしたことがある方のようなので、レシピや解説の端々にリアルさが垣間見えます。中国各地の郷土料理も紹介されていて、料理紹介の文章がこれまたとてもおいしそうに感じるんですよ。家庭で中華料理を作りたい方に、今ぜひおすすめしたいです。

岸田周三

フランス料理店「カンテサンス」

きしだしゅうぞう
1974年生まれ。志摩観光ホテル「ラ・メール」や東京の「カーエム」でフランス料理を学び、渡仏。フランス各地のブラッスリーやレストランで修業を重ね、パリの「アストランス」へ。スーシェフを務めたのち、帰国して2006年に「カンテサンス」を立ち上げ、07年にミシュラン三つ星を獲得。11年に同店オーナーシェフとなり、13年に店を移転。

＼ How to choose books ／

私の本の選び方

誰の“二番煎じ”にもならずに独自の料理を生み出すために、専門料理書を読み漁る

僕が人生の中で一番料理本を買っていたのは、料理人を始めてすぐの頃。当時勤めていた三重県のホテルの寮の近くに、料理本コーナーが充実していた小さな書店があったんです。当時買っていたのはフランス料理の本が中心でしたが、他の料理ジャンルや料理研究家の方の本も読んでいました。フランス料理のバイブル、オーギュスト・エスコフィエの本もその頃に入手しましたが、当時の僕はあまり理解できなくて（笑）。今考えると、昔の本は情報もかなり粗いので、あれは中級者以上向きだと思います。

上京してからは、新刊書店に加えて古書店も巡るように。その時は、国内外の一流と言われるシェフたちの料理や考えが知りたくて本を買い漁っていました。海外でミシュラン三つ星を取る人の料理は他と何が違うのか。その人たちのようになるにはどうしたらいいのか。とは言えそれと同じ道を行っても意味がないので、どうすれば二番煎じにならずに自分の世界観が出せるのか。そもそも自分の料理とは何なのか……。それらの問いに自分の中で仮説を立てて解釈するために、料理本は有用でした。

その後、フランス修業へ行き、帰国して「カンテサンス」を立ち上げてからは、徐々に料理本は読まなくなりました。それは、僕が店のシェフになって料理をアウトプットする側に回ったことが大きいです。手に取る料理本の内容がすばらしいほど、無意識下で影響を受けてしまう可能性がありますよね。そうではなく、自分の中のひらめきを大事にしてオリジナリティある料理を作りたいのです。しかし、そうやってひらめきが浮かび続けるのも、人生の前半でしっかりとインプットをしてきたから。数々の料理本の上に、今の僕があると思っています。

これからフランス料理を学ぶ人や、修業中のフランス料理人へ

①

フランス料理の技法

最新フランス料理のテクニック29
(月刊専門料理別冊)

緑川廣親、根岸規雄、堀田貞幸、鎌田昭男 著　柴田書店
1985年　A4判　284頁　2500円(版元在庫なし)

プロの料理人向け月刊誌『専門料理』で連載していた内容を別冊化。「フォン」「ソース」「魚・肉」「野菜」「パート」と５分野に分け、「フォン・ド・ヴォー」「フリカッセ」など計29種の作り方・テクニックを料理写真、座談会、調理プロセスで紹介。他、フランス料理に使うハーブや器具・道具なども写真つきで掲載されている。

調理のプロセスカットが
細かく添えられているので
わかりやすい

一つの技法の基礎技術を、
これ一冊で徹底的に学べる

古い本でありながら、今見ても
技術がまったく色褪せていない

この本に載る「本当の基礎」を
学ぶことで修業先の店の個性を
理解できるようになる

調理師学校の学生時代、僕はフランス料理の基礎が書かれた教科書をたくさん持っていましたが、この本が一番わかりやすかったです。その後も何冊もこうした基礎の本を買いましたが、やはり本書がダントツで一番。まず何よりもすばらしいのは、細かく書かれた調理工程ごとに写真が掲載されていること。例えば「肉に焼き色をつける」と文字で書かれていても、焼き色とはどのくらいの色を指すのかわからないですよね。これが写真で一目でわかるのがいい。白黒写真のページもありますが、写真があるということ自体が大事で、「この状態にすればいいのか」というのが感覚的に掴めます。右も左もわからない初心者の僕には、すごくありがたい本でした。

基本に忠実に書かれているというのも大事な点です。本の中の座談会でシェフたちも語っているように、確かに調理法は「調理場の条件や店の規模、料理の構成によって実に三者三様」ではあるのですが、それをわかった上でシェフたちが情報や意見を交わし、個性や応用の部分をそぎ落とした「基礎技術の最適解」とポイントを紹介してくれているのがすばらしい。と言うのも今、この基礎技術を学ぶこと自体が、とても難しい時代になっていると思うからです。これからフランス料理の世界に入る人には、まずはこの本を古書店で見つけて買ってほしい。これ一冊で29ものフランス料理の基礎技法を学べますから。40年くらい前の本ですが、なにせ基本についての本なので、時代によって色褪せていることはありません。出版元の柴田書店には、復刻版を出してほしいくらいです。

また、すでにフランス料理を修業中の人にも役立つと思います。基礎がわかると、必然的に応用がわかるようになりますから。この本の内容を頭に叩き込んで、改めて自分が今勤めている店の調理場に入ると、自店のシェフの料理の個性がどこにあるのかを理解できるようになると思います。特に最初の修業先では、その店のやり方が「普通」で「当たり前」と感じているかもしれませんが、きっとそれは普通ではありません。「本当の基本」を理解することで、修業先のシェフの考え方や感性が鮮明に浮かび上がってくるでしょう。そういう意味でも、おすすめの一冊です。

フランス人にとってのフランス料理を知りたい人へ

②

Le meilleur et le plus simple de la France

Joel Robuchon、Christian Millau 著
Robert Laffont
1996年　20×25.5㎝　328頁　45,58ユーロ

ジョエル・ロブションと、『ゴ・エ・ミヨ』の主幹であるクリスチャン・ミヨがタッグを組んで、フランスの郷土料理を紹介した本。フランスを19エリアに分け、「ポトフ」「シュークルート」「ナヴァラン」「タルトタタン」など全130品を掲載している。各地域の特色や特産品、美食の特徴についてはクリスチャン・ミヨが解説。

細部まで考え抜かれた
構図＆ライティングの写真が
美しい

「作家性のない料理」だから
こそわかる、ロブション氏の
技術の高さは必見

これはパリで働いていた時代に料理書専門店で買ったものですが、本当にすごい本。フランスのトラディショナルな郷土料理がなんと130品も。そして、それをかのジョエル・ロブションシェフが作っています。紹介料理に対して写真が全てについているわけではないですし、プロセスカットもないのですが、とにかく写真がとてもきれい。素直に「おいしそう」と思えるのはもちろん、例えばカバーの写真であれば、料理の奥に写るリンゴやトーションの位置まで全て構図が考え抜かれているのを感じます。細部までロブションシェフの美意識が行き届いていて、一つのすばらしい世界観が写真で表現されていますよね。僕もいつか本を作るなら、こういう本を作りたいと思わされる本です。

日本人は、ロブションシェフやその他のフランス人シェフの料理を全て単に「フランス料理」と呼びますが、フランス人の彼らにしてみたら、同じフランス料理とは言え料理人ごとに個性、作家性があるわけです。つまり、「自分の料理は〝フランス料理〟ではない。〝俺の料理〟だ」と考えているわけですよね。ではフランス人にとってのフランス料理は何か？という答えがこの本にあります。つまりは作家性がない、郷土色の強い、普遍的なフランス料理です。そして、個性や作家性がない料理だからこそ、逆にロブションシェフの調理技術の高さがわかる一冊とも言えると思います。

ある程度修業を重ねた料理人へ

3

味の風

小山裕久 著　柴田書店
1992年　23×29㎝　224頁　6311円
（版元在庫なし）

日本料理界に新風を吹かせた小山裕久氏が初めて出版した料理本。「鯛のあら炊き」を料亭で供する洗練された日本料理に進化させた「鯛の淡々」やへぎ造りが有名だが、他にも徳島の食材をふんだんに活かした料理が並ぶ。越田悟全氏の迫力のある写真、田中一光氏のデザインも美しく、今も蒐集家から人気の高い一冊。

細部まで磨き抜かれた
料理の技を感じる
料理写真

料理はレシピだけでは
表現できないことに
気づかされる

フランス修業から帰国したのちに買った本です。「日本料理 龍吟」の山本征治さんが、雑誌でこの本について話していたのがきっかけでした。でも当時すでに絶版で、あらゆる店を回っても全く手に入らないんですよ。最後の手段として古書店「悠久堂書店」に入手をお願いしたら、「4人待ちですがよろしいですか?」と言われて、そんなに人気の本なのかとびっくりしました。

そして実際に本を開いてみたら、とんでもなかった。まず、写真がすごい。僕はフランスの料理本の「世界観のある美しい写真」が好きなのですが、この本の叙情的な料理写真を見て、日本にもそういう写真を撮る方がいると知りました。また何より、小山さんの料理への細部までのこだわりですね。先に紹介した、ロブションシェフの本に通じる熱量を感じました。シンプルな料理ですが、写真を見ただけで「この料理はおいしい」というのが伝わってくる。当時の日本の食材の豊かさもわかります。例えば鮑なんか、本当に大きいんですよ。

この本で、「料理はレシピでは表現し尽くせない」と改めて思いました。料理は、正確なレシピがあれば再現性はある程度担保されます。しかしこの本を眺めていると、食材の個体差に応じてレシピを変えるという数値化できない細部の調整こそがものを言うと感じるのです。料理修業を重ねた人には、この本が伝えてくれるもののすごさが伝わると思います。

全てのパティシエへ

④

SECRETS GOURMANDS ピエール・エルメのお菓子の世界

ピエール・エルメ、マリアンヌ・コモリ 著　柴田書店
1999年　B5判　227頁　5200円（版元在庫なし）

「フォション」「ラデュレ」を経て、1998年に東京に「ピエール・エルメ」をオープンしたエルメ氏のレシピブック。フランス語版は1994年に刊行されており、一部は翻訳されて料理雑誌にも連載された。ガレット・デ・ロワやクレーム・ブリュレ、カヌレなど定番のフランス菓子が中心で、氏のクリエイティビティの礎としての伝統菓子を味わえる。

菓子に対するエルメ氏の解説やレシピから哲学が読み取れる

全てシンプルなフランス菓子なのに、迫力ある美しさ

ピエール・エルメシェフの本の中で僕はこれがもっとも好きです。最初はフランス語の原書を購入し、もっと内容をしっかり読みたくて日本語版も買いました。

この本にはレシピが割と細かく書いてあります。それを見ると、若い頃から飛ぶ鳥を落とす勢いだったエルメシェフが立脚する技術力の高さが伝わってくるんです。そして、例えばバターならなぜこのメーカーのものでなければならないのか、レモンならなぜこの産地のものが必要なのかといったことまで載っていて、シェフの哲学が感じられます。それぞれのお菓子に関しての解説も詳しい。取材者がすばらしくて、エルメシェフの考えを細かく聞き出してくれています。

この本のもう一つのすごさは、全部シンプルなフランス菓子だということ。複雑な組み合わせや「映え」だけを意識した見た目のものは1品も掲載されていません。基礎技術が高いと、どんなにシンプルでも迫力のある美しさが生まれるのだと気づかされました。僕はずっと、料理の生命線は基礎技術だと思っているのですが、改めてそう実感しました。

エルメシェフの1号店がパリにできた時には、すでに本を暗記するくらい読み込んでいたので、商品については大体知っていましたね。シグネチャーのお菓子の一つ「ケーキの上のさくらんぼ」がどうしても気になって、でもホールサイズしかなく、なんとか一人で食べ切ったのもいい思い出です。

「ひらめき」を料理に落とし込みたい人へ

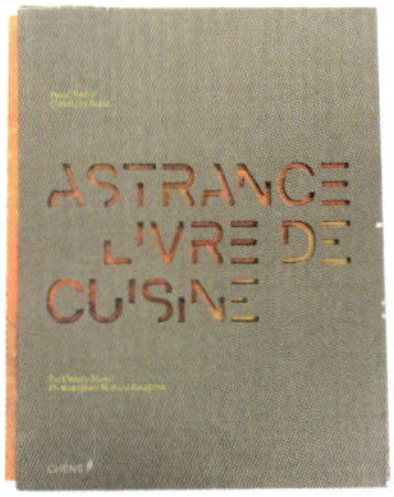

5

ASTRANCE, LIVRE DE CUISINE

Pascal Barbot、Christophe Rohat 著　Editions du Chêne
2012年　21.8×27㎝　計420頁　69,9ユーロ

フランス・パリの有名レストラン「アストランス」のシェフ、パスカル・バルボ氏がいかに料理のインスピレーションを見つけ、どのような食材を使い、調理するかを紹介。増井千尋氏による解説、リチャード・ホーソン氏の芸術的な写真も見どころ。２冊組で、別冊ではフォアグラのタルトやエビのコンソメなど13品の作り方をプロセスカットとともに紹介する。

パスカル・ガルボ氏の世界観がビジュアルと言葉で表現し尽くされている

頭の中のひらめきを、料理にどう落とし込むかが伝わってくる

僕の師匠である「アストランス」のパスカル・バルボシェフが出した、おそらく唯一の本です。僕は２００２年から３年間アストランスで働いていたのですが、当時からずっと、この本の撮影をしていたんです。そしてようやく本が完成すると連絡が来たのは、僕が帰国してから数年後。つまり、およそ10年間もの制作期間を経て完成した本ということです。

この本は単なるレシピ本ではなく、シェフの世界観を表現する本です。僕は本当にバルボシェフの世界観が大好きで、フランス料理を変えた人だと思っています。この本には僕が実際に彼から学んだエッセンスがきれいに詰まっているので、彼の考え方を知りたい人にぜひ読んでいただきたい。バルボシェフの「ひらめき」が、どう料理に落とし込まれているのかがよくわかります。

僕が修業した当時のパリでよく見られたフランス料理の盛りつけは、造形美を大事にするというか、細かくデザインされたものが多かったような気がします。一方、バルボシェフはそんな中にあって、「おいしさが命。味を犠牲にしてまで美しさを求めない」というおいしさ至上主義の人。むしろ「ナチュラルでいい。おいしければ必然的に美しくなるはず」という機能美を信じてすらいました。この本の写真は、食材にすごく寄っていたり、イメージカットが多かったりするのですが、それでも彼のそんな料理観ははっきり伝わってきます。

紺野真

ビストロ「ウグイス」「オルガン」

こんのまこと
1969年生まれ。高校時代に渡米し、カリフォルニアの大学へ進学。音楽活動や飲食店のサービスを経て帰国し、カフェやビストロでサービスとして務める。2005年に東京・三軒茶屋にビストロ「ウグイス」を開業。11年には2号店となる「オルガン」をオープン。23年には麻布台ヒルズ「オルビー」のディレクションを手がける。料理はフランス料理を中心に独学で身につけた。

＼ How to choose books ／

私の本の選び方

料理人としてのライフステージを設定し、その段階に応じた本を購入

私は書店に行くのが大好きで、暇さえあれば料理本コーナーを覗いています。そんな中で購入する料理本を選ぶポイントは、「料理人としてのライフステージに応じたもの」であること。自分は、これまで料理をやってきた中で自分なりのステップを設定しており、それに対応する本を選んでいます。

まず、ステージの前半は、サービススタッフとしてカフェやビストロで勤務していた時代から、独学でフランス料理を習得していた独立初期の頃。この時代に購入し、今もバイブルのように頼りにしているのが、当時「レスプリ・ミタニ」で活躍されていた三谷青吾シェフと、「ローブリュー」の櫻井信一郎シェフの料理本です。

自分はもともとサービスの人間で、料理人としての修業経験がない中で「ウグイス」を開き、厨房に立っていました。そのため、まずはしっかりと本のレシピ通りに料理を作り、再現することを最初のステップとしていました。本の通りの料理を自分が納得いく完成度まで作れるようになったら、著者のレストランに実際に食べに行き、味を確認して自分の料理をふり返る。そして、また本を見て再現する、というくり返しの日々でした。

そんな経験を重ねて、ステージの後半となった今は、日々作る料理をいかに「自分の料理」として成長させていくかが目標。他の人のレシピや「名前のある定番料理」のレシピをなぞるためではなく、自分の料理のクリエイションのヒントにするために、料理本から情報を得ています。選ぶ本も、これまではフランス料理の和書中心でしたが、最近はフランス以外の海外の料理本にもよく目がいきますね。パラパラと開いて、一つでも気になる料理があれば買うと決めています。

フランス料理を基礎から学びたい人へ

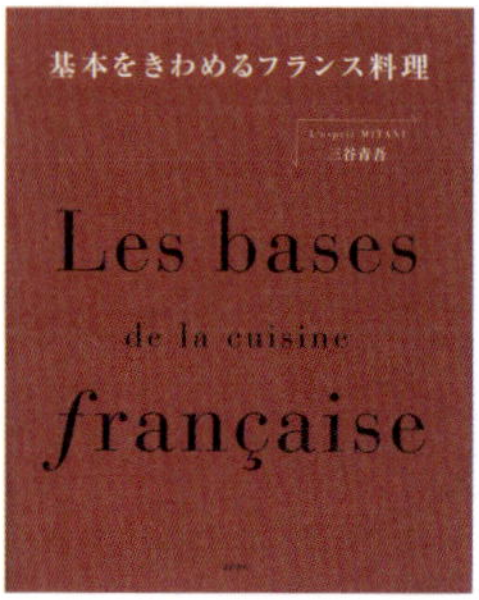

1

基本をきわめるフランス料理

三谷青吾 著　柴田書店
2008年　A4変形判　191頁　3200円
(版元在庫なし)

伝統的なフランス料理を継承してきた著者が、“きわめる”をテーマに、フランス料理の基本的な定番レシピを紹介する一冊。主な章立ては「定番をきわめる」「ロティール」「ブレゼ」「テリーヌ、バロティーヌ、ブーダン、内臓料理」「野菜料理」「魚介料理」「デザート」。工程写真入りで丁寧に解説してあり、基本を学びたい料理人に最適。

伝統的なフランス料理を、
一から学ぶことができる

実際に作ってみると、
とてもおいしい
シグネチャー・ディッシュの数々

作業の理由も詳しく説明されていて、
理解しながら1品を作ることができる

著名なカメラマン・
日置武晴氏による、
しずる感あふれる写真

こちらの三谷シェフによる本と、次に紹介する櫻井信一郎シェフの本は、これまで自分が一番読み込み、実際に使ってきた2冊です。中に載っているレシピもほぼ全て作ったほどで、自分のフランス料理の礎のような部分は、このお二人の本から学んだと言っても過言ではありません。

僕は料理人としてちゃんとした料理修業を経てこなかったため、料理の技術は基本的に本から得た知識を元に、中に載っているレシピを実際に何度も試してみるというトライ・アンド・エラーをくり返す事で習得していきました。この2冊以外にもたくさんの料理本を読み漁ってきたので、もう家に何冊あるかわかりませんし、その一部は厨房にも置いて他のスタッフたちが手に取れるようにもしています。

この本では、ベーシックな定番のフランス料理と、三谷シェフが作り続けてきたご自身のシグネチャー・ディッシュ、その両方が紹介されています。レシピでは、三谷シェフの食材へのアプローチの方法や作業の理由も説明してくださっていて、細かい部分まで料理を理解しながら1品を作り上げることができるのも勉強になりました。

「感性の料理人」の三谷シェフの料理は、数値では表しにくい部分も多々あるように感じます。素材の状態などによって常に対応を変えていく三谷シェフのレシピは、時にわざと幅を持たせているような箇所もありますが、でもそれこそが、シェフの料理が特別なものになるポイントなのかもしれません。実際にレシピに添って作ってみると、とてもおいしい品ができあがります。でも、実際に三谷シェフが料理を作られていた「レスプリ・ミタニ」へ食べに行くと、さらにキラッと輝いたような料理が出てくるのです。自分もいつかその域まで到達することができるのかはわかりませんが、三谷シェフのシグネチャー・ディッシュには人々を惹きつけてやまない魅力が詰まっています。また、次に紹介する櫻井シェフの本もそうですが、撮影を担当されているのは、主に食の分野で活躍された著名なカメラマン・日置武晴さん。日置さんがその「キラっと輝いている瞬間」を切り取った〝しずる感〟あふれる料理写真も、この本の大きな魅力となっています。

最近は、基本に立ち返りたい時にこの本を開くことが多いです。常に厨房に置いてあるので、もうボロボロになってしまっていますが、私だけでなくスタッフみんなにも読んでもらって、彼らの財産になればいいなと思っています。すでに書店や出版元、どこにも在庫がない状態になっているのがとても残念です。

フランス料理人を学んでいる全ての人へ

2

レストランのシャルキュトリー

櫻井信一郎 著　柴田書店
2010年　A4変形判　160頁　3500円（版元在庫なし）

シャルキュトリーの名手であるフランス料理人の著者が追求してきた「レストランでの本格的なシャルキュトリー作り」をテーマに、リエットやパテ・ド・カンパーニュ、フロマージュ・ド・テットなどを始め23種類のシャルキュトリーを丁寧なプロセス写真付きで掲載。シャルキュトリー作りの下準備や、道具なども紹介している。

レストランのシャルキュトリー作りを、細かい工程写真入りで徹底解説

著者の人柄がにじみ出た、真面目で丁寧な作りの本

こちらの本を手にしたのは、何よりこの本が「レストランにおけるシャルキュトリー作り」に特化していることに惹かれたからです。当時、例えばフランスの伝統料理の本でシャルキュトリーのレシピが数点紹介されていることはあっても、一冊丸ごとという本は、あまり見たことがありませんでしたから。この本には、櫻井シェフがご自身の経験の中で培ったレストランのためのシャルキュトリーのレシピと、技術の全てが詰め込まれています。

掲載レシピは全23種類。レシピだけでなく、調理工程が写真入りで細かく解説されていることがありがたかったですね。この細かさ、繊細さと、真面目な本の作りは、櫻井シェフご自身の性格をも反映しているのだろうと感じました。使用する道具について解説してあるのも、初心者にとって嬉しい点です。全てのシャルキュトリーを作っては食べ、櫻井シェフのお店「ローブリュー」に出かけては本物の料理を食べる。さらに、もう一度自分で作って味を確かめ、櫻井シェフの味をめざしてさらに作り直す。それを重ねたからこそ今の自分の料理があると思っています。

若いスタッフが入ってくるとこの本をプレゼントしているので、もう何十冊購入したことでしょう（笑）。フランス料理人は必読の書だと思っているので、今も常に厨房に置いています。

仕事でフランス料理に携わる人全てへ

3

フランス郷土料理

アンドレ・パッション 著　河出書房新社
2020年　B5変形判　448頁　8800円

日本で活躍するフランス人料理人の草分けのような存在でもある著者が、フランス全地方の郷土料理のレシピを紹介。13の地方の代表的な料理の他、ホロホロ鳥や鴨の下処理や基本的なフォン、ソースの作り方、食文化や著者の美学についても語られており、フランス郷土料理の“全て”が網羅されているとも言える一冊。

フランス全地方の郷土料理を網羅。リアルな現地の料理が理解できる

著者は郷土料理の第一人者で、フランスの歴史や文化などの情報量も多い

フランス料理は、さまざまな土地が持つ環境、そしてそこで育まれる食材を使った郷土料理の集大成です。その郷土料理が、フランスの全地方分、ここまでしっかりと紹介されている料理本は日本には他にないのではないでしょうか？ 出版されたのは2020年なのですが、もっと早く出てほしかった……と感じる一冊です。私が料理を独学していた時代に出版されていれば、今頃はきっとボロボロになるほど使い倒していたでしょう。

フランスの13地方の代表的な郷土料理のレシピが、美しい写真とともに掲載されており、その土地の食文化や歴史、郷土料理の起源なども詳しく紹介されています。例えば、最近は日本でも年末年始に食べるお菓子の定番となりつつある「ガレット・デ・ロワ」の起源であったり、それがどのようにフランスの各地方に根付いていったのかであったり。さまざまな歴史や宗教観などが反映されたフランスの食文化を、重層的に学ぶことができるのが魅力です。料理によって相性のいいワインも紹介されているため、料理人だけでなくサービススタッフやソムリエにもぜひ読んでほしいですね。料理本を読むことは、知識を蓄えるだけではなく、お客様とのコミュニケーションにおいても有効ですから。私はこの本を、店の新年会やスタッフの誕生日の時などにプレゼントしています。フランス料理に携わる人全員に読んでほしい名著だと思います。

発想の引き出しを増やしたい料理人へ

④

JERUSALEM
A COOK BOOK

Yotam Ottolenghi、Sami Tamimi 著 Ten Speed Press
2012年　20.2×27.7㎝　320頁

ロンドンで、人気のデリ・レストラン「オットレンギ」のオーナーシェフ、ヨタム・オットレンギ氏が手がける英語のレシピ本。ロンドンで出会った親友で、オットレンギ氏と同じくエルサレム出身の料理人サミ・タミミ氏との共著だ。イスラエルの伝統的な料理に加え、エルサレムにインスピレーションを受けた現代的な料理も紹介。

盛りつけ、スパイス・ハーブ使いなどは実際に自分の料理の参考に

自分の知らない新しい料理に触れることで、刺激がもらえる

独立して店を経営するうちに、他のシェフの料理や「名前のある定番料理」を模倣することから、自分自身のクリエイションによって料理を生み出す方向にシフトチェンジしていきました。ここ数年のことではありますが、料理本の選び方が変わったのもその頃です。「本に載っているものを再現する」というより、「本からインスピレーションを得て新たなものを生み出す」という使い方をしています。

まず、選ぶ本は洋書が多くなりました。日本ではまだ知られていない海外の未知の料理や、自分自身が食べたことのない料理についての本を選ぶことが多くなったので、自然と洋書に傾いていったのです。この本は、英国で働く料理人仲間からすすめられたもので、著者は、ロンドンで人気のシェフであるヨタム・オットレンギ氏。オットレンギ氏同様、エルサレム出身の料理人との共著で、2人の故郷の伝統的なレシピや、「エルサレム」という場所にインスピレーションを受けて新たな趣向を取り入れた新しい料理も紹介されています。

エルサレムは、私自身訪れたことがありませんし、料理に関しても未知。紹介されているのは、例えばレンズ豆や雑穀を使った炊き込みご飯のような「ムジャッダラ」やスパイスをきかせた「ケバブ」などです。そういった料理に触れて自分の引き出しを増やしたり、料理の盛りつけやスパイス・ハーブ使いを取り入れたり、という具合に利用しています。

クリエイションに行き詰まっている料理人へ

5

進化するレストランNOMA

日記、レシピ、スナップ写真

レネ・レゼピ 著　ファイドン
2015年　3冊組　8800円（絶版）

デンマークの"世界一予約が取れない"レストラン「ノーマ」のシェフの日記、スナップ写真集、レシピの３冊で構成。著者の日常が赤裸々に綴られた日記と、200枚からなるスナップ、100品を収録したレシピ集がそれぞれリンクしていて、どのような発想でオリジナリティの高い料理が生まれたかを知ることができる。

トップシェフの頭の中をこっそり覗かせてもらっている感覚に陥る

"世界最高"のレストランのシェフも、同じ悩みを抱えているとわかり救われる

２０１５年に「ノーマ」を訪れた時に、著者のレネ・レゼピシェフから直接いただいた本です。３冊組の本ですが、中でも一番愛読しているのは「日記」です。シェフの毎日が綴られた日記は、彼の考え方そのものが伝わってくる内容。世界的なトップシェフの頭の中をこっそり覗かせてもらっているような感覚になり、少し緊張します。

私がこの本を読むのは、クリエイションに行き詰まったタイミング。新しい料理が思いつかず、ひたすら料理を作ったり考え続けたりしたとしても、思うように進まない……という時です。そんな時にこの本を開くと、レゼピシェフ自身の、創造性を高める方法や、食材へのアプローチの仕方、ラボでの試行錯誤を綴ったメモなどが目に入ってきます。それらから発想の転換のきっかけがもらえるのです。例えば、ルバーブはデザートに使うことが多い食材ですが、「甘味を加えてデザートにするのではなく、その酸味を利用して料理を作ってみたらどうか」というような記述がありました。それを読んで私も「いつも使う素材を、全く違うアプローチで仕立て直してみよう」とひらめいたことがありましたね。

日記には、厨房でのチーム作りに関する悩みも書かれています。これは、私もよく考えることなので、〝世界最高〟のレストランのシェフも、普通のレストランと同じ悩みを抱えていることがわかって、少し安心した気持ちにもなれます。

西口大輔

イタリア料理店「ヴォーロ・コズィ」

にしぐちだいすけ
1969年生まれ。イタリア料理店「カピトリーノ」で吉川敏明氏に師事したのち、93年にイタリアに渡って３年間修業を積む。帰国後、イタリア料理店でのシェフを経て2000年に再度イタリアへ行き、現地の店でシェフを務める。06年に帰国して東京・白山に「ヴォーロ・コズィ」を独立開業。北イタリアの料理を中心に提供する。

How to choose books

私の本の選び方

「イタリア」と繋がり続けるために、イタリア語の本だけを読む

個人的な考えとして、イタリア料理人である以上は、日本にいても常に現地との何かしらの“繋がり”を持っているべきだと思っています。そのため、料理本はイタリア語で書かれたものしか読みませんし、日常的に頭の中ではイタリア語で思考するように意識しています。インターネットで現地のレシピを見たり、ウェブサイトで本を買ったりすることはなく、年に１度はイタリアに行って現地で本を買ってきます。

本の利点は、必要な部分を何度でもすぐに見返すことができる点。ネットは情報がどんどん流れていくので、興味を持った情報でもまめにブックマークをしなければ、再度アクセスするのが大変だと思います。また、洋書はかさばるものが多いので厨房に持ち込むのは大変ですが、厨房で必要なレシピは自分でメモに書き写せばいいと思っています。その書き取る作業も、自分にとってはイタリア語を摂取できる大事な機会ですから。

イタリアに行くと、たいてい１日は本屋さん巡りにあてます。品揃えが幅広く、最新の本も置いてあるミラノの書店に行くことが多いですね。料理のヒントが得られそうな本や、イタリアでその時話題のシェフの本を選びますが、とくにGIUNTIという出版社はいろいろなシェフの本を出していますよ。加えて、田舎の書店に行ってその地方の料理本を買ったり、古本屋でまとめて格安で売っている雑誌のバックナンバーを手に入れたりすることも。古い本に載る料理も、「これを現代の視点で調理したらどうなるんだろう」といったインスピレーションの源になることが多いです。たいていスーツケースが本で一杯になってしまうので、別途日本に郵送することになりますね。

全てのイタリア料理人へ

①

GRANDE ENCICLOPEDIA ILLUSTRATA DELLA GASTRONOMIA

Selezione dal Reader's Digest – Milano
1990年　22×30㎝　912頁

イタリアで料理を学ぶ人に向けてイタリア語で書かれた料理の百科事典。郷土料理やデザートの使用素材や調理法はもちろん、食材についても詳しく記載。例えばトマトであれば多岐にわたる品種を写真つきで紹介し、各種チーズは産地、原料、製造方法も載せている。イタリア国外の料理や著名シェフについての記述もあり、扱う情報は幅広い。

イタリア料理に関することが
ほぼ何でも載っている

食材のさばき方、
肉の加熱温度のデータなど、
情報の一つ一つが詳しい

これから作ろうとしている料理の情報を
この本で確認すると
結果的に完成度が高まる

イタリア料理は伝統にのっとっているので、
古い本でも情報が古びない

イタリアの修業先のシェフから帰国前に「これは持っていたほうがいい」とプレゼントされた本で、イタリア料理に関するありとあらゆる基礎知識が書かれた百科事典です。例えば料理に使う食材については本当に何でも載っているし、鳥類やウサギのさばき方から、肉の加熱温度と焼き上がりのデータまで掲載されています。食材や料理の知識、そして調理法も、基本的な情報はこの一冊ですべてまかなえる点がとても便利で、20年以上ずっと使い続けています。全部ではないですが、写真やイラストもついていて、目で見て素早く理解できます。

私は、よりよい料理を作るためには素材や料理の成り立ちを知ることが欠かせないと考えているため、ある料理を作る前には必ずこの事典で調べものをします。例えばティラミスを作るなら、ティラミス自体だけでなく、主素材であるマスカルポーネの原材料や製造方法についてまで調べる、といった具合です。それらの知識があることで、調理工程の微細な部分が調整でき、最終的な完成度が高まると感じています。

事典に書かれている内容の中には、もちろんすでに何度も参照し、記憶として覚えている知識もあります。それでも料理を作るたびに逐一事典にあたることで、イタリア語に触れることになり、私が大切にしている「イタリアと繋がっている」状態を作れます。また、この本には例えばフランスのトップシェフであるアラン・デュカスなど、イタリア料理とは直接関係のなさそうな人やものも載っているのですが、こうした情報も含めて、イタリア人の視点で書いてある知識を得られることは重要です。例えば日本で作られたイタリアについての本が、外からイタリアを眺めたものだとしたら、この本はイタリアの内側から発信された情報。素材一つとっても、そうした現地の情報を得ることが、イタリア料理人として大切だと思います。特にイタリア料理は、現代的になってきているとは言え、やはり根っこには伝統的な地方料理があるため、本が古くなってもベーシックな情報は古くなりません。そう言えば、最近のシェフによる、アレンジが大きく加えられた独創的なイタリア料理を見た時にも、使われている食材についてこの事典で調べると、そのアレンジや発想の源に辿りつけることが多々あります。今、恐らくこの本はもう売られていませんが、他にも百科事典的な本はあると思います。幅広く、そして細かい情報が一冊にまとまっているかどうか、という視点で選ぶとよいでしょう。

若手のイタリア料理人へ

2

Uno chef senza sprechi

Cucinare senza buttare via (quasi) nulla

Tommaso Arrigoni著
Guido Tommasi Editore-Datanova
2019年　19.5×24.6㎝　255頁　25ユーロ

ミラノでミシュランの星つきリストランテを営むシェフによる「捨てない」をテーマとしたイタリア語レシピ集。実際に店で出される料理を中心とした52のレシピが、アンティパスト、プリモピアット、セコンドピアット、デザートのカテゴリー順に掲載されており、魚の骨や果物の皮の活用法のヒントやアドバイスも添えられている。

ミラノで星を
取り続けるシェフの
今の料理表現がわかる

食材を大切にするイタリア料理の精神を、
無理なく現代の料理で表現

時流に沿いながらも伝統を打ち出す
イタリア人シェフの気質が垣間見える

食材の組み合わせに意外性があり、
自分の料理への刺激になる

西口大輔　イタリア料理店「ヴォーロ・コズィ」

長年の友人であるイタリア人シェフ、トンマーゾ・アリゴーニの本。彼は２０２３年の店の移転まで17年間一つ星を維持してきました。イタリアはヨーロッパの中でも特に自国の料理の伝統を重んじる姿勢を貫いてきましたが、この10年くらいで料理表現が急速に現代的にシフトしています。それはおそらくミシュランなどの影響があり、かつ軽やかで繊細な現代の料理に慣れ親しんだ人たちへと食べ手が世代交代してきているため。私自身、コロナの期間を除いて毎年イタリアに渡っていますが、料理が大きく変わったと感じています。その変化の中にあって長年星をキープしてきた点で、彼は時代に合わせた変化を遂げていると言え、現役のイタリア人シェフがイタリア料理をどう時代に合わせて表現するかを知るのにいい一冊です。

タイトルにもある「捨てない」というテーマは、イタリア料理に限らず料理界全体の流れからきていると思われます。ただ、イタリア人はもともと素材を無駄にせず料理することが上手で、私も修業時代に「食べないのは卵の殻、タマネギの皮、ジャガイモの皮だけ」と聞かされたし、実際にそうでした。この本ではそうしたイタリア料理の精神を無理なく踏襲するとともに、のちに話すように一歩進んだところまで進化させています。

トンマーゾのスタイルは基本的には伝統的な郷土料理がベースにあり、調理法の変化や組み合わせの妙で新しさを感じさせるものです。例えばタコとジャガイモはリグーリア州ジェノヴァの伝統的な組み合わせで、通常はゆでて温サラダにしたりしますが、彼はタコはロースト、ジャガイモはカリカリのチップスに。食感や味のバランスを変化させてモダンに仕立てています。また、かつては食べないとされたジャガイモの皮までもチップスにしており、「捨てない」ことに挑戦している。そこには桃が入ったマヨネーズのディップが添えてあるのですが、この組み合わせは独創的でおもしろかった。こうした食感や形の変化、意外性のある素材使いといった彼の着眼点に刺激を受けています。

ちなみにこの本には、アニマルウェルフェアの観点から近年では使うことを避ける店もあるフォアグラの料理も登場します、それはフォアグラが、彼の修業したロンバルディア州にあるタリオ県モルターラ地方の特産であるため。「捨てない」精神を打ち出して時流に配慮しながらも、伝統的な食文化とのバランスをとるイタリア人の気質も垣間見える本ですね。

これから店のシェフになる人や、シェフになりたての人へ

③

L'Italia dei Grandi Chef e i loro segreti

Academia Barilla著
Edizioni White Star
2009年　19×28.2㎝　352頁

イタリアのパスタメーカー、バリラが運営するイタリア食文化の啓発教育機関「アカデミア・バリラ」が選出した30名のイタリア料理シェフによる、イタリア語で書かれたレシピ集。各シェフが前菜、パスタ、メイン、デザートの一通りのコースを紹介しており、当時の著名シェフたちのアイデアや創意工夫を総覧できる一冊。

イタリアのトップシェフ30人のレシピを総覧できる

前菜からデザートまで紹介されていて、コースを組み立てる大きなヒントに

イタリアのトップシェフたちのレシピを、この一冊で見られるのが何よりも魅力の本。各シェフの料理がコース料理として掲載されているので、料理単体からインスピレーションを得る他、前後の料理の関係性などを見てコースの展開を考える時にも参考にします。この本が出たのが2009年で、料理写真を見ると一皿のポーションが大きい点などには少し時代を感じるのですが、その中身には時代にかかわらず見るべき点があります。

イタリア料理は時代に合わせてブラッシュアップされても、地方で受け継がれてきた食文化を大事にする精神が強い。だから、まずは使われている食材を見ると、根底に流れる料理のイメージやそのシェフが一番訴えたいものを読み取ることができます。加えて素材の組み合わせと各要素のテクスチャーなども見るべきポイント。私は例えば、「本にある食材の組み合わせを借りるとして、本ではゆでて添えてあった食材を、ピュレというテクスチャーで表現したらどうなるだろう?」というように、自分なりのイメージを膨らませていきます。また、自分の中に何かテーマがある時は、料理写真の中の要素をそのテーマに沿って置き換えて、新しい料理を考えることもよくあります。例えばアスパラガスを主役としたコースを作ろうとしている時に、ジャガイモのスープの写真を見た場合。まずはジャガイモ

をアスパラガスに変えてスープを作り、添えてあるハーブはアスパラガスに合うものに変えて……という具合に頭の中で想像していくと、新たな一品が生まれていきます。

パスタへの造詣があり、さらなるアレンジのアイデアがほしい人へ

④

L'ITALIA DEL GUSTO RICETTE E PRODOTTI DEL NOSTRO TERRITORIO
PASTA

LA BIBLIOTECA DI REPUBBLICA-L'ESPRESSO 編
2010年　23.5×30㎝　264頁

200点近くのパスタ料理のレシピを、乾燥パスタ、生パスタ、詰めものパスタの順に掲載したイタリア語の書籍。各レシピにその料理が食べられている地方も併記されている。パスタそのものについての情報は少なめ。料理は伝統的な仕立てのものが多いが、中には料理人によるアレンジが加えられたものもある。

イタリア各地で食べられてきた代表的なパスタ料理が網羅されている本で、たとえばヴェネツィアの代表的な「ビーゴリ・イン・サルサ」のように、イタリア人なら誰でも知っている品を原型に忠実に仕立てたものがほとんどです。

こうした伝統的な仕立てのパスタ料理を再確認するのにとても役立ちます。

また、中にはシェフが独自にアレンジしている料理もあり、新しい表現の切り口の勉強にもなりますね。例えばロ

200点近くの伝統的なパスタ料理が一冊に

パスタ自体の情報は少なめだが、シェフ独自のアレンジに学びがある

ンバルディア州の、ピッツォッケリというそば粉のパスタ。私がイタリアで習ったピッツォッケリは、幅広で平たく短い麺で、チリメンキャベツとセージ、そば粉の産地であるバルテッリーナ州の名産のビットというチーズを使いますし、イタリアの料理百科辞典でも同じ形状、同じ食材の組み合わせで仕上げたものが載っています。しかしこの本では、ピッツォッケリを薄く大きくのばして、ラザニアのように層にして焼き上げています。両者は全く違うものに見えますが、レシピにある素材の組み合わせは原型に近く、しかも実際に作って食べてみたところおいしい。各地の伝統的なパスタ料理を幅広く学びながら、新しい工夫にも出合える本です。料理は全て大きな写真つきで紹介されているので、写真を見て素早く料理内容を把握できるのも魅力。なお、パスタそのものについての情報は少なめなので、ある程度イタリアの伝統的なパスタを知っている料理人に向いていると思います。

全てのイタリア料理人へ

5

PASTA!

Academia Barilla著　Edizioni White Star
2010年　24.13×35.56㎝　304頁

アカデミア・バリラが編纂した、イタリアの20の地域のパスタを総覧できるイタリア語の一冊。乾麺、卵なしと卵入りの手打ち麺から、ラザニアやカネロニ、詰めものパスタまで全て写真つきで掲載され、手打ちパスタは作り方も紹介。それぞれのパスタの料理展開例も、各地の伝統的な仕立てで掲載されている。

ソースからではなく、
パスタから
料理を発想できる

ほぼ全てのパスタが
網羅されていて、
自分の専門分野以外の
勉強にもなる

すでに紹介した『L'ITALIA DEL GUSTO～』がソースとパスタを組み合わせた「パスタ料理」をしっかり学べるのに対して、これはパスタそのものにスポットライトを当てた図鑑のような本。イタリアで伝統的に食べられてきたあらゆるパスタの写真を一覧で見ることができて、それぞれ作り方も載っています。特に詰めものパスタは、詰め方の手順も写真つきでわかりやすいです。

よく見るのは手打ちパスタの頁。うちの店で普段作るパスタは手打ちの生パスタのみで、タリオリーニなどの数種類が定番化しているのですが、たまに常連の方に変わったものを作りたい時や、イベントなどで普段と違うパスタを作る機会に、この本がとても役に立ちます。どんなパスタを作ろうか一から発想する必要がある時でも、ここに載っているパスタ自体の写真を見ると、あれこれイメージが浮かびますから。私は、パスタは粉を味わう料理だと思っているので、ソースではなくパスタそのものから思考をスタートできるこの本は自分のスタイルにも合っていますね。

また、普段私は北イタリアのパスタだけを作っていますが、この本を見るとそれ以外のパスタも自然に目に入るので、「この地方にはこんなパスタがあるんだ」という発見もあります。パスタはそれだけで一つのまとまった大きなジャンルなので、こうした事典のような本が常に手元に一冊あるといいと思います。

川田智也

中国料理店「茶禅華」

かわだともや
1982年生まれ。中国料理店「麻布長江」でのアルバイトを経て入店し修業を積み、2011年からは「日本料理 龍吟」で日本料理を学ぶ。台湾の「祥雲 龍吟」の立ち上げに参加し、副料理長を務めたのち、17年の東京・南麻布「茶禅華」開業とともに料理長に就任。20年にはミシュラン三つ星を獲得する。22年に同店オーナーシェフに。

＼ How to choose books ／

私の本の選び方

活字離れの時代だからこそ 多様な本を読み、中国料理に着地させる

基本的には自分が興味を持っていること、取り組んでいることに関連した本を購入します。そのためには、まず自分が今、何を求めているのかということを強く意識し、アンテナを張っておく必要があります。それによって、普段から目にする文字、聞こえてくる言葉への自分の反応が変わり、必要な情報に高感度でアクセスできるからです。

例えば今は沖縄の食文化に感心を寄せていますから「沖縄」「琉球」といった言葉に敏感になっています。直接の興味の対象は琉球料理の歴史や変遷ですが、それを知るには中国や日本と琉球の関わりといったことも学ぶ必要がある。そういった周辺情報まで含めた知見を本によって得ているわけです。

情報ツールには「分散型」と「集中型」が存在し、インターネットは前者、本は後者だと思っています。例えば一つの情報を調べる際、ネットではそれに関連する別のトピックに誘導されるのに対して、本はその一つの事柄を集中的に深掘りすることができる。何かを深く知りたいとなったら、やはり専門書を読むのが一番の近道であるわけです。最近の若い方は本を読まないと言われ、僕の修業時代でもすでにネットで情報を得ることが一般的になっていましたが、修業先の師匠は「お前は一流をめざすんじゃないのか？　だったら他の人がやらないことをしなさい」と。他の人が活字から離れ始めていたからこそ、僕は積極的に本を読むようにしていました。

僕の専門は中国料理なので中国に関する本はもちろん読みますが、世界の料理、あるいは日本人としてどのように生きるのかといったテーマの本も意識的に併読するようにしています。さまざまな分野の長所や考え方を取り入れることによって料理の幅を広げ、最終的に中国料理に着地させる。それが料理人としての理想だと考えています。

中国料理人として駆け出し～ある程度修業を積んだ人へ

1

随園食單

袁枚 著　柴田書店
1975年　A5判　222頁　2000円
（版元在庫なし）

清代の大詩人であり、食通の著者による食に関する随筆。300種類以上の料理について材料の吟味や作り方、味わい方が記述され、酒や茶にも言及がある。冒頭には予備知識として食材の天性、調味料、器具、季節といったテーマで、作り手と食べ手の双方に向けた心構えが記されている。本書は中山時子の新訳だが、岩波文庫に青木正児訳がある。

中国料理に向き合うための
基本の心構えを学べる

料理の写真がないからこそ、
想像力をかきたてられる

今読んでも「なるほど」と
感じることが多い普遍的な内容

何度も読み返すことで
自分の成長の跡を追うことができる

修業時代に師匠の長坂松夫氏から「必ず読め」と言われた本です。最初に書いてあるのが、食材の「天性」を知らなければいけないということ。さらに調味料、洗い方、器具、季節を知るべきというように、一見当たり前のようなことが続きます。この本からはまず、中国料理人としてのそんな当たり前の心構えを学ばなければなりません。

その先には料理の作り方が書いてあります。ここには写真はありません。例えば「焼味佬」の項には「豚肉の底を削るように」という記述がありますが、委細は語られていない。ではどの程度、どのように削ればいいのか。赤身と脂身のバランスはどうするのか。この料理のおいしさは、どこにあるのか。そういったことを読み手自身に考えさせることができるのが、この本のすばらしさです。昔の本は総じて全てを語らず、読者に自分なりの解釈をさせるための〝余白〟を残していたように思います。それが絵や写真のない料理本の魅力です。先人たちは未来の僕たちに対して、想像力を働かせることの大切さを伝えていたようにさえ感じるのです。

こういった考え方は、東洋的と言えるかもしれません。西洋、特にフランス料理は、例えば料理の分類から素材の切り方にいたるまで体系化・標準化されています。これが、フランス料理が世界中に広まった理由の一端でもあるでしょう。一方の中国料理の世界には、ある時代まで「名人」と呼ばれる人がいて、後進が彼らの技を盗むことで後世に伝わってきた。日本料理にも近い風習があるかもしれません。この本からはそういった料理文化の違いを読み取ることができます。

この本は今でも頻繁に読み返します。料理の項も参照しますが、主に見るのは先ほど話した冒頭の料理に向き合う心構えが記された部分です。もう何度も読んでいるはずですが、若い時には響かなかったことが、経験を重ねてから読むと「なるほど」と思わされることも少なくありません。この本を何度も読むことによって、自分自身が成長を実感することができるわけです。

自分にとっては、のちに紹介する山本征治氏の本と対をなす本でもあります。本書では中国料理の技術と考え、山本氏の本では日本人としてのアイデンティティを学びましたから。若い料理人はもちろん、それからある程度経験を積んだ料理人にも、自分を見つめ直すために手に取ってほしい。この本にはそれだけ普遍的な価値があると思うのです。

日本料理人はもちろん、外国の料理を生業にする日本人へ

2

日本料理 龍吟

山本征治 著　高橋書店
2012年　大型本　216頁　7000円

おいしいものを作って、その皿を出したというだけでは、そう簡単に料理の「理」は「料」れないと語る「日本料理 龍吟」の主人、山本征治氏。その日本料理への思いやあるべき姿勢、そして素材や料理にかける意気込みや考えを料理写真とともに熱い言葉で伝える。「日本料理とは何か」の問いに答える料理人必読の一冊。

日本料理の第一人者が考える
「日本料理とは何ぞや」を知れる

山本シェフの言葉が
日本人としてのアイデンティティに
立ち戻る手掛かりに

料理のレシピが掲載されていないことに、
「料理は精神である」ことが表れている

外国の料理をやる上で
日本人であることが強みになると
認識できる

かつて、中国料理に向き合う中で、葛藤が出てきたことがありました。中国と日本の食材は違うので、本場と同じように作ることができない。日本にいながら中国料理を極める方法が、どうしてもわからない。そこで「日本料理　龍吟」の門を叩きました。日本人の料理人として、その葛藤に向き合うには、日本の文化や精神性を学ばなければいけないと思ったからです。

この本はその龍吟の山本シェフの本で、「日本料理とは何ぞや」「日本料理の可能性」といったことについて語られています。その中で心に残ったのは、日本の豊かさを伝えるのが日本料理であるということ、そして日本料理を作るためには日本人としてのアイデンティティが必要であるということです。シェフからこの本をいただいた際には、「5000年の歴史を旅して日本人魂ここに」という言葉を直筆で記していただいています。中国5000年の歴史を学びながらも、日本人の精神性を持ち続けなさいという意味でしょう。

山本シェフに出会うまでは、中国料理を作る上で、日本人であるということが弱みだと思っていました。どう頑張っても本場の中国人には勝てないと。でもシェフに会って、日本人としてのアイデンティティを、中国料理を通じて表現できることが、強みになると気づくことができたのです。それは、中国の方にはできませんから。

また、それまで僕は、「料理は技術」だと思っていました。その話を山本シェフにしたら、「川田さん、それは違いますよ。料理とは精神です」と。その言葉を裏付けるように、この本には料理の写真と、調理の意図や思いは載っていますが、レシピは掲載されていません。

僕のような中国料理、あるいや西洋料理など、日本以外の料理を日本国内で生業にしている料理人に、ぜひ読んでほしい本です。中にはかつての僕のようにコンプレックスを抱えている方もいると思います。でも、山本シェフの言葉を理解すれば、日本人であることを活かす方向に発想の転換ができるはずです。料理というのはおもしろく、決して自国の人のものだけではありません。日本料理を作れるのは日本人だけではないし、中国料理を作れるのは中国人だけではない。だからこそ、各国の料理文化が世界中に広がり、独自に発展していったわけです。この本は、そんなことも考えさせてくれます。

若い中国料理人へ

3

中国名菜譜

軽工業出版社 他
1958～66年　全12巻

中国全土の膨大な数の料理を網羅するレシピ集。各料理の項は「材料」と詳細な手順を記した「作り方」、その料理の概要や歴史を説明した「特色」で構成されている。ここで紹介するのは中国語版だが、柴田書店から1972～73年に「東方」「西方」「南方」「北方」「そのほか」の5分冊にて、中山時子氏訳で日本語版が出版されている。

中国各地の
料理の伝統と考え方を
学ぶために必携の一冊

新しい料理を
発想する時に、改めて
立ち返りたくなる内容

『随園食單』とともに、修業先の師匠からしっかり読み込みなさいと言われたのが、中国各地の料理が解説されているこの本です。

今でも新しい料理を創造したい時には、ここに載っている古典の要素に一度立ち返ります。「だからこの料理はおいしいのか。だから現代まで残っているのか」。そういった、おいしい料理の本質を改めて確認する作業というのはとても大切なことだと思うからです。先日中国料理の先輩が、中国語の新版を送ってくれたので、語学の復習も兼ねて読んでいるところです。

師匠から言われたのは、まずは中国料理の伝統や文化、つまり過去を勉強しなさいということ。その上で現在、未来を合わせた3つの時間軸のバランスを取って自分の料理に活かすように言われました。ちなみに「文化」は「文が化ける」と書きますよね。その文＝文字が集約されているのが本ですから、本は文化そのものと言い換えることもできると思います。

僕が師匠に言われたように、今、僕は若い料理人たちに「本を買って読んでほしい」と言っています。その一方で、知識ばかり蓄えた頭でっかちの人間になるのもよくない。知識を習得したら、必ず「実践」、つまり手を動かして体で身につける作業を伴わせるべきです。知識の習得と実践は、どちらが先でもいいと思います。僕の場合、修業を始めた時は接客を担当していましたから、先に本を読み漁って勉強し、後から厨房での実践を重ねていったという流れです。

新しい料理を創造したい全ての料理人へ

4

フランス料理のソースのすべて
ソース

上柿元勝 著　柴田書店
2007年　A5判　303頁　3500円

ヴィネグレットやマヨネーズなどの冷製ソースから、オランデーズやブール・ブラン、ソース・ボルドレーズなどの温製ソース、ソース・アングレーズなどのデザート用ソースまで185種を紹介。ソースのベースとなるフォンやジュも40種類掲載する。料理が多様化する現代だからこそ押さえておきたいソースのすべてが詰まった一冊。

昔からフランス料理を食べに行くのが好きでした。フランス料理と言えば、なんと言ってもソースです。そんなソースの作り方が網羅されているこの本は、料理好きとして純粋に楽しめます。また、本業である中国料理とは別ジャンルのものなので、僕にとっては比較的リラックスして読めるものですね。

とは言えこの本は材料の切り方から分量まで非常に厳格に書かれていて、レシピの再現性が高く、普段の仕事にも

レシピが厳格に細かく書かれていて、再現性が高い

フランス料理は体系化されていて学びやすいので、他ジャンルの料理人も理解して取り入れやすい

活用できます。この本に載っているソースを中国料理で表現するとしたらどのようになるだろうか、と考えることで、新しい料理の発想が生まれるのです。例えば先日は、これに掲載されているソース・サルミに甜面醤と麻辣の要素を加えて、鳩の焼きものに添えて提供しました。この本には新しい料理を創造するための要素が詰まっているのです。

　この本のテーマであるソースも含めて、フランス料理は歴史の中で体系化、言語化されてきましたから、他のジャンルの料理人が学んで、料理に取り入れやすいのも特徴だと思います。フランス料理の調理法からは歴史や文化も学べるので、非常に意義深いのではないでしょうか。さらに、ここに載っているソースの細かい作り方からは、『おいしさ』はどこからくるのか?」という、料理の本質に関わることも学べると思います。フランス料理だけでなく、中国料理、日本料理など、その他のジャンルの料理人にあえてすすめたい一冊です。

飲食業に関わる全ての人へ

5

禅と食

「生きる」を整える

枡野俊明 著　小学館
2013年　四六判　194頁　1400円

数々のベストセラーを著した、曹洞宗の住職で庭園デザイナーでもある著者の「食」に対する教えを一冊にまとめた。「料理をつくる心構え」「食事をする心と所作」「シンプルな食習慣」などを伝授する内容で、簡素で清々しく、美しい生き方を提案。精進料理のレシピつきで、禅的食生活を実践することもできる。文庫版もあり。

禅の教えから、
中国料理の神髄が
解き明かされている

現代の問題も
扱われていて、
食生活や外食業について
振り返るきっかけに

川田智也　中国料理店「茶禅華」

日本料理を勉強していると「中国から伝来」というフレーズがついてまわります。その中国から伝わってきた物事の源流をさらにさかのぼっていくと、「禅」に行きつきました。日本人としても、中国料理人としても禅について学ばないといけないと考えていたときに出合ったのが本書です。

禅には「食」に関する教えがたくさんあります。委細は道元の『典座教訓』に記されているのですが、本書はそのもっと手前の入門書です。禅の教えの中から食に関する極意を切り取って、平易な言葉で記しています。例えば禅には「三徳六味」という言葉があります。「三徳」は「軽輭＝あっさりとしてやわらかい」「浄潔＝きれいで穢れがない」「如法作＝理にかなった調理がなされている」という「三つの徳」が備わっていることです。「六味」は五味に「淡味」が加わったもので、これは食材の持っている本来の味を活かすという意味。洪自誠の随筆『菜根譚』に載る名言「真味只是淡」（真の味は淡味にあり）にも連なります。これらの考え方は、僕が料理を作る上でもっとも大切にしていることです。

難しく感じる内容かもしれませんが、食に関する現代的なテーマに即して項目立てがされているので、乱れがちな現代の食生活を整えるために最適な一冊でもあるでしょう。食材を余さず使い切ること、ファストフードの台頭、毎朝のお茶や朝食の大切さ……。そういった現代のキーワードが禅の考え方に即して扱われています。

稲田俊輔

南インド料理店「エリックサウス」

いなだしゅんすけ
大学卒業後、飲料メーカーを経て円相フードサービスの設立に参加。和食やビストロなど幅広いジャンルの飲食店を展開し、2011年に南インド料理店「エリックサウス」を開店。執筆活動も盛んで、著書は『人気飲食チェーンの本当のスゴさがわかる本』（扶桑社新書）、『おいしいものでできている』（リトルモア）、『ミニマル料理』（柴田書店）他多数。

＼ How to choose books ／

私の本の選び方

料理の背景にある「食文化」を理解することを最終目標とする

自分の楽しみと仕事のため、両方で本を選ぶ時に共通するのは、レシピを通じてそのジャンルの料理の法則性や基本原理が身につくかどうか。基礎を身につけ、自分の中で腑に落とすことで、料理の背後にある食文化を理解することが本を読む最終目標だからです。そこに到達すると、レシピを見ずとも、いかようにも応用してそのジャンルの料理が作れるようになります。自分で料理本を作る時も、本を通して食文化や料理自体を理解してもらい、最終的にはレシピ不要でその料理を作っていただけるようになることを意識しています。そのため自分の本でも他の方の本でも、「著者個人の独自のアイデアから生まれたレシピ」は重視しません。あくまでも、食文化に裏打ちされたレシピを求めています。

自分が料理人として携わるジャンルが多岐にわたるため、興味がある料理ジャンルは限りなく幅広いですね。知らない料理を勉強する時は、なるべく内容がオーセンティックなプロ向けの専門書から入ります。世の中にはやさしく噛み砕かれた料理書もたくさんあり、単に料理を作るだけならそこから入るのもいい方法だと思いますが、全体像を系統立てて学ぶ場合は専門書の方がむしろ手っ取り早いと考えています。自分が一般向けのレシピ本を書く時の参考など、目的によっては家庭料理の本を手に取ることもありますが、その場合は古くに出版され今も売られ続けている本を優先します。そういう本は、普遍性があって本質に近いために今も求められていると考えるからです。

購入するかどうかをレイアウトやレシピのわかりやすさで判断することはないですが、たとえば「タマネギ１個（200g）」というようにグラム表記をしている本は個人的に信用できます。再現性という面で、何のレシピにおいても「頼むから分量はすべてグラムで書いて……」と思っているので（笑）。自分がレシピを作る時もそこは徹底しています。

欧州料理や中国料理が好きな人へ／食べ盛りの子供がいる人へ

1

おそうざいふう 外国料理

暮しの手帖編集部 編　暮しの手帖社
1972年　B5判　280頁　3800円

本格的な外国料理はホテルや専門店でしか食べられなかった時代、「一流の、しかも日本人の口に合った外国料理を家庭で」というコンセプトから誕生した本。掲載品の西洋料理88品は帝国ホテル料理長の村上信夫氏と大阪ロイヤルホテル料理長の常原久彌氏が、中国料理77品は「王府」料理長の戰美樸氏がレシピを担当。

今では街で見なくなった、
「かつて存在した洋食」に出合える

おいしい料理を紹介するという
ストレートな内容だからこそ、
おいしさの本質を知れる

ご馳走感があるため、
食べ盛りの子供や若い男性などが
喜ぶメニューが多数

あまり知られていない
中国料理が多数。今で言う
“ガチ中華”もあっておもしろい

稲田俊輔　南インド料理店「エリックサウス」

子供の頃から家にあった本で、その中から母にリクエストした「ヒラメのボンファム」や「ストロガノフ」を作ってもらって嬉しかった思い出があります。その後、日本の洋食文化は「日本独自の豊かな食文化の一つ」だと気づいた40歳頃に読み返し、改めてこの本の価値を知りました。

この本は日本人が豊かな生活を求めてがむしゃらになっていた高度経済成長期の本であり、料理本が飽和状態のため目新しい切り口やコンセプトが必要な現代の料理書とは違います。おいしい料理がそのまま載せられている、おいしさの本質を教えてくれる本です。内容は、日本で手に入る素材と調味料を使って作る各国料理。西洋料理と中国料理のパートに分かれていて、もちろんどちらもおもしろいけれど、自分が特に好きなのは前者です。約50年前の西洋料理は洋食の文脈としてあるのですが、この本には、オムライスやハンバーグといった現代の洋食でなじみの品以外も数多く登場します。つまり、今よりもバラエティに富む50年前の洋食の姿がある。それらを見ていると、現代の洋食とはある典型に集約され、淘汰された結果なのだと感じます。同時に、歴史が違えば今でも生き残る料理がこの中にもあったのでは？　と想像するのもとても楽しい。しかし実際には現代の洋食はおろか、イタリアンやフレンチの世界にも残っていない料理も多いため「この本を見て作るしかない」と考えると、レシピ本としての存在意義を大きく感じます。発売から50年以上の時を経てなお存在感が増している本だと思います。

ロシア風やアイルランド風など、世界各国の料理が登場しますが、料理製作はフランス料理人の村上信夫氏。つまりフランス料理の解釈のもとで各国料理が作られているのもおもしろい点です。例えば「ジャワふうカリーご飯」は今で言うビリヤニにも近いものですが、この本ではセロリが入っている。このように随所にフランス料理の香味野菜が使われているのですが「確かにビリヤニにセロリが入っていたらおいしいかも」という発見と説得力があります。また「ピーマン・スパゲチ」はバターとピーマンで作るシンプルな1品ですが、ナポリタンが中心だった50年前の日本のスパゲッティの世界を考えると、シンプルに野菜と麺だけを楽しむというそのモダンな感覚に感動します。

あくまでレストランの料理の再現なので、今の感覚だと手のかかる料理が多いのですが、食べ盛りの子供が喜びそうな濃厚な味やご馳走感たっぷりの品が多いため、子供がいるご家庭にもおすすめしたいですね。子供に出したらウケること間違いなしの品々だと思います。

南インドが好きな人へ／日本で料理写真を仕事にする人へ

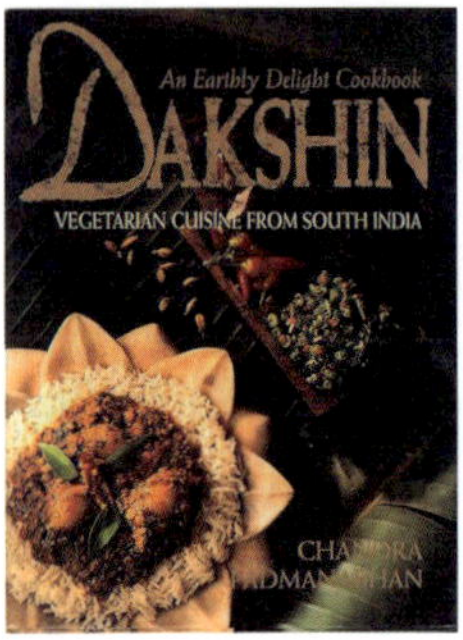

2

DAKSHIN
VEGETARIAN CUISINE FROM SOUTH INDIA

Chandra Padmanabhan 著　HarperCollins
1994年　22.23×29.21㎝　176頁

南インドのベジタリアン料理の専門書で、インドで出版されたものを米国の出版社が再編集し、新規撮影した写真を多く加えて再構成。2007年には同社からペーパーバックも発売。主にケーララ州、カルナータカ州、タミル・ナードゥ州、アーンドラ・プラデーシュ州と連邦直轄領のポンディシェリで食べられる伝統的な料理を収録する。

料理写真が載っていない南インド料理本が多い中、写真が豊富で料理を目で見て確認できる

写真のビジュアルがとにかく美しくエモーショナルで、胸にグッとくる

自分がいまだ知らない異国の料理への憧れが詰まった一冊

南インドの本場のベジタリアン料理や食文化を学べる

書名の「ダクシン」は古代サンスクリット語で「南」という意味。南インドのベジタリアン料理の本です。

私が南インド料理と出合ったのは、エスニックカフェを運営していた2009年頃。その店のアルバイトの若者に「南インド料理って知ってます?」と聞かれたことをきっかけに調べるようになり、東京の専門店を巡って見事にハマりました。当時は特に自分で専門店を開く予定もなく、単に趣味として、洋書も含めて日本で手に入る本を片っ端から集めていたのですが、そんな時に見つけたのがこの本です。

その頃はまだ現地に行ったことがなく、読んでも「正解の味」を知らないため、レシピのよしあしはわかりませんでした。しかし他の本は料理写真がないものが多い中、この本は各料理の写真が掲載されていて、どんな料理か目で確認できたことが気に入った理由でした。しかも、その写真がとにかくすばらしい。あらゆる料理書の中で、もっとも料理写真が美しい本だと今でも思っているくらいです。どのような写真かというと、すばらしく豪勢なテーブルセッティングのほぼ真横から照明を当てて撮られていて、反対側に器の影が伸びるというようなライティング。料理の全体像をしっかり見せるために、皿の中にあまりにも影ができることがタブーとされることが多い日本では、まず見られないような写真です。さらに、光の加減が少し薄暗く非常にエモーショナルで、「幸せなリゾート地の夕暮れ時」を思わせる雰囲気。「南インドは地上の楽園ではないか」と、本をめくるたびに彼の地への憧れを募らせました。

しかし後に、これはインドで出版されたものを米国の出版社が再編集した本だと知り、写真も欧米人が作り上げた虚構の南インドのイメージで、現地はそこまで素敵な楽園でもないことがわかったんですけどね(笑)。それでも、この本がなければ私が南インド料理にのめり込むこともなく、「エリックサウス」もなかったわけです。

英語で書かれており、レシピもわかりにくいので初心者向けではないですが、日本で一通りインドカレーを作ったことがある人は理解できる内容だと思います。本の構成は「サンバルとラッサム」、汁気のない炒めもの「ポリヤル」、ヨーグルト和えなどの「生もの」、「ご飯」「デザート」で、各品がバランスよく網羅されています。日本人に合わせて作られた日本のレシピ本ではないので、誰もが最初からすぐにおいしさが理解できるわけでもないかもしれませんが、日本で一般的な外国料理とは全く違う側面が見えるのも洋書の醍醐味ですね。

一人暮らしを始めた若い人へ

③
檀流クッキング

檀一雄 著　中央公論新社
2002年　文庫判　256頁　800円
（稲田氏が所持するのは1975年版）

作家の檀一雄氏がサンケイ新聞紙上で連載した料理エッセイで、初版の単行本は1970年に刊行。1975年に文庫化、2002年に改版刊行。日本の家庭料理や、自身が放浪した海外の国々の料理について、その考え方と作り方を文章で手ほどきする。檀氏は9歳の時に母親が家出し、幼い妹たちのために台所仕事を担ったことから後に文壇屈指の料理人と呼ばれるように。

大学に進学して一人暮らしを始め、好きな料理をやりたい放題楽しみ出した1990年頃に影響を受けた本です。特徴は、焼きもの、炒めもの、煮込み料理まで「中華鍋一つ」で作る料理が多いこと。そして、1970年代に刊行された料理本には珍しく、内臓肉がやたらと登場することです。街で普通に内臓肉がホルモンとして食べられるようになる以前から、「廉価なものこそ旨い」「悪食だなどと思ったら大間違いだ。これらのものを、利口に処理し、美味しく食べるのが人間の知恵」と語られるのが印象に残っています。

その他にも、この本が執筆されたであろう1960年代には誰も知らないような外国の料理がたくさん出てきて、欧風カレーしか知られていない時代にインドカレーまで載っている。また本書では「朝鮮料理」と書かれている韓国料理が頻繁に出てくるのも驚き。韓国料理は今でこそブームですが、まだまだ偏見があった時代に、檀氏はおいしいものに対してはフラットな目線で向き合っている。その背景には、西洋料理一極主義に対する反骨精神を感じます。書き方は「美味しいからこう調理してこう食べたまえ」というように高圧的なんですが、裏には「誰も知らないものを世に広めよう」という気概があったはず。そういうところが文筆家らしいですよね。

おいしいものには
国や地域関係なく
フラットに向き合う
著者の姿勢にしびれる

中華鍋一つで作る料理、
内臓料理など
ダイナミックな料理が多い

内臓や肉などを中華鍋でガンガン加熱する脂っこい世界が20歳前後の自分に刺さったため、特に読んでほしいのは若い男性。現代の男性向けの料理入門書は「安くて無駄なく簡単に料理を作ろう」という提案が多いけれど、最初からこぢんまりせず、この本のように浮世離れしたダイナミックな世界から入ってほしいと願います。

和食に関わる若い料理人へ／食の嗜好が変化し和食に回帰してきた大人へ

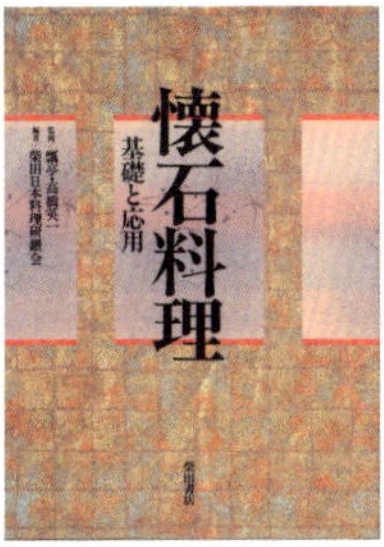

4

懐石料理
基礎と応用

髙橋英一 監修、
柴田日本料理研鑽会 著
柴田書店
1998年　B5判　357頁　8000円

「瓢亭」の髙橋英一氏が監修し、流派を越えた懐石料理のすべてを一冊に集約。「懐石各論（懐石としての料理心得）」「知っておきたい基礎技法」「四季の懐石と点心の献立」「四季のお菓子」「器・道具の扱い方（素材の下処理）」などで構成され、500に及ぶ料理事例、基礎調理技法、器の手入れまでが網羅されている。

　自分が飲食の世界に入って店を任された2000年頃は創作和食ブームで、例えば和食とイタリアンを組み合わせて作った料理などが喜ばれました。でもある時、それに飽きて嫌悪感さえ抱き、改めて和食の根源を勉強しようと買ったのがこの本。ページ全てが美しく、尊く感じてのめり込んだものです。

季節感がはっきりした
12ヵ月分の懐石料理の
品々が載っている

料理を提供する側と
提供される側、両者の
作法やしきたりを学べる

　その後だいぶ経ってから、自著『ミニマル料理』を作る時、自分が一番格好いいと思う家庭料理の根源はこの本の品々だと思ってまた手に取るようになりました。なぜなら、家庭料理も日本料理も、重視するのは季節の食材を活かす点だからです。12ヵ月分の懐石料理が紹介されているこの本は季節感が明確で、さらに各品の根本にある技術が確立されたものであるから、素材が違っても応用できる。スーパーの特売で買った豆腐でさえ、この本を参考にすると立派な日本料理になるなど汎用性に優れています。

料理を提供する主人とお客、両者の役割や作法についても書かれていて、これがまた非常に役立つ。マナーというのは押し付けられるルールではなく、その料理を一番おいしく食べるノウハウの集合知ということがよくわかります。加えて今この本を推したのは「外食で和食を食べよう」となった時、観光客も含めて寿司に行きがちな現代の方々に「待った」をかけたいという思いもあります。魚介だけでなく、野菜や穀物のおいしさを体感できる点は、懐石料理の独壇場ですからね。

外食が好きな人へ／家庭料理をアップデートさせたい人へ

5

煮込み料理
（フレンチテクニック）

柴田書店 編　柴田書店
2011年　B5判　119頁　1800円（版元在庫なし）

レストランメニューの中でも需要が高い品を集めたプロ向けのレシピ集で、人気店のシェフたちが作り方を披露。フレンチテクニックシリーズとして『煮込み料理』『コンフィとリエット』『フォワグラ料理』『パテとテリーヌ』『パイ料理』の5冊を展開する。2021年には、同じ内容を上下巻にまとめた新装版が登場。

定番で王道の料理を
知ることにより一歩進んだ
食体験ができる

部分的に家庭料理に
活かせるヒントがある他、
外食っぽい盛りつけの例
としても使える

王道のフランス料理を学び直そうと思った時にシリーズで購入したプロ向けの本です。プロセス写真がとても細かいので勉強になりますね。ただ、この本を挙げた理由はそこではなく、レストランで「食べる側」、つまり食べ手こそ、プロ向けの専門書を読むべきだと言いたいからです。このフレンチテクニックシリーズであれば、フランス料理の定番メニューにはどんなものがあり、どんな食材が使われ、どう作られるのかがわかります。そのように料理の構成を知った上で食べると、フランス料理の解像度が一気に高まります。どんなふうに作るかわからない人にとっては「パテ・ド・カンパーニュ」は単なる肉を寄せ集めた塊でしかないけれど、レバーが入っているから独特の風味があることと、しっとりさせるための温度管理についてなどを知ると、料理のおいしさの秘訣に焦点が合います。さらに、定石を知ることでそれぞれの店のアレンジ部分までわかるようになり、外食先の店のオリジナリティを理解することにも繋がりますね。「なんかわからないけれどうまい」から「おいしい理由がわかってうまい」という、一歩進んだ体験ができます。

その体験を得るためには、家庭向けにやさしく噛み砕かれた本より、難易度が高いプロ向けの専門書を読むのが近道。特にこの本は一時代を築いた料理人の技術が詰まった王道の料理ばかりです。もちろん、家庭料理に活かそうと思うと難しいのですが、例えばハンバーグを作る時、パテのようにレバーを入れてみるなど、発想のヒントになることもありますよ。5冊シリーズですが、家庭で取り入れるなら一番真似しやすい「煮込み料理」の巻がおすすめです。

森枝幹

タイ料理店「チョンプー」

もりえだかん
1986年生まれ。オーストラリア・シドニーの「Tetsuya's」で修業したのち、帰国して数々の店舗プロデュースや経営に参画する。「サーモン＆トラウト」のシェフを経て、2019年に「チョンプー」をオープン。東南アジアの食に詳しい写真家・ジャーナリストの森枝卓士を父に持つ。

＼ How to choose books ／

私の本の選び方

時を経ても古びない内容や図鑑的な本が、結局“使える本”だと感じる

SNSが普及するまでは、世界中の料理人にとって「自分の本を出すこと」はある種のステイタスになっていたと思うんです。その頃、つまり今から15～20年ほど前は、僕も都内の書店を巡って、洋書を中心にトップシェフと言われる人たちの料理本を買い漁っていました。

ただ、10年くらい前に「サーモン＆トラウト」を立ち上げた頃からは、世界のガストロノミーの最前線を追うよりも、外食ビジネスの方に興味が移っていったので、前ほど料理本は買わなくなりました。たまに「この人ぶっ飛んでるな～」と感じるシェフの本はチェックしますが、最近はそれよりも、名のある人が書いた信頼が置ける辞書的な本、図鑑的な本を買う方向にシフトしています。結局そのほうが長く使えるし、当たり前ですが、役立つことも書いてあるんですよね。と言いながら、僕が好きで愛用する本はなぜかすぐに絶版になってしまうんですが……（笑）。

若い頃に買ったトップシェフたちの本を見返すことはあまりない一方で、今回紹介する本は、いつまでも参考にできそうな唯一無二の情報が載っています。出版から年数が経っている本が多いけれど、今見ても料理や情報が全く古びていないんですよ。むしろ当時にしたら新しすぎたのかな、と思うほど。

今回紹介しきれませんでしたが、ダニエル・ハムシェフの『I Love New York: Ingredients and Recipes』と『The NoMad Cookbook』の２冊も大好きです。前者はニューヨークのおいしい食材と、その食材で作るクリエイティブな料理を紹介する本。後者は「ザ・ノマド・ホテル」の料理のレシピ本なんですが、本の間に小さなカクテルブックがこっそり挟んであって遊び心があります。両方、料理も本のデザインも素敵です。

保存食について一から学びたい人へ

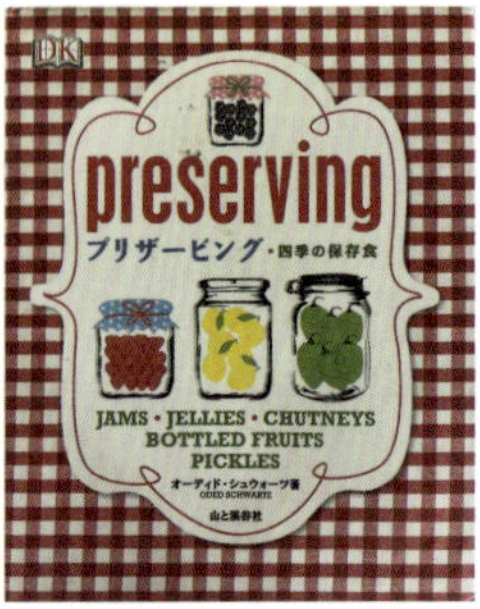

①

プリザービング 四季の保存食

オーディド・シュウォーツ 著　山と溪谷社
1998年　A4変形判　192頁　3000円（販売終了）

150種の保存食のレシピを「晩冬」「春から初夏」「盛夏「秋」「初冬」の５つの季節の素材ごとに豊富な写真を用いて紹介。通年使える生ハムや腸詰め、魚のレシピ、アジアや中東風のレシピなども幅広く取り上げる。用具や容器、衛生面といった保存食に欠かせない基礎知識の解説も。2013年に新装版が出たが、そちらも版元在庫なし・重版未定。

保存食に関する本の先駆けとも言える、自分にとってのこのジャンルのバイブル

衛生管理や素材の選び方など初心者向けの基礎知識が満載

普遍的な内容なので、現代でも実用に耐えられる

野菜だけでなく、肉や魚といった幅広い保存食レシピが載っているのが嬉しい

15年ほど前のこと、東京の屋台村みたいなところで一緒にお店をやっていた農家のおばあちゃんが、この本を持っていたんです。そのおばあちゃんは大手の商社やデパートでも働いていて、海外にもよく行っていたみたい。仕事を辞めたあとにやることがなくなって、自分が食べたい野菜を作るために農業を始めた、めちゃくちゃ格好いい人なんです。農家をやっていると、一度にたくさん収穫した作物がどうしても余ってしまうので、その人はこの本を参考にしてピクルスやジャムを作っていた。その時に自分も一緒に教わったんです。

当時日本には、保存食や食材の保存技術に関する本がほとんどなかったと思います。この本では常温保存が前提なので、今では考えられないほど砂糖がたくさん入っていたり、現代では普及した真空パックも使われていなかったりしますが、それでもこの分野における先駆けの本ですから、間違いなく情報に価値があります。僕はピクルスの原液の作り方をはじめ、この本でさまざまな保存食の技術を習得しましたね。この本以外では、発酵技術を駆使する北欧のレストラン「ノーマ」の本も参考にしていました。今でこそ発酵を含めた保存食の情報はいろいろなところで調べる・学ぶことができますが、当時は教えてくれる人もいないから、これらの本に頼るしかなかったんです。

そういう意味で、僕の中ではバイブルと言っていい本です。特に「サーモン&トラウト」という店のシェフをやっていた時は使い倒していましたね。キノコがたくさんある時には、ゆでてオイル漬けに。野菜や果物は、ジャムやピクルス、チャツネに。燻製チキンやサラミといった肉類の保存食や、ニシンの酢漬けなどの魚用のレシピも載っていて、幅が広いのもありがたかったです。また、昔ながらの郷土食や食文化を紹介している本には現代では通用しないレシピが載っていることが多い中で、この本はいまだに実用に耐えられるというのがすごい点でもあります。

衛生管理や加熱調理の方法といった基礎的な情報から素材の選び方、扱い方などの基本もしっかり掲載されているので、これまで保存食を作ったことがない料理人におすすめです。保存食は、自己流で作ると大変危険ですから。大きな写真つきで丁寧に解説されているので、料理人でない方でも十分活用できると思いますよ。

タイ料理に携わる全ての人へ

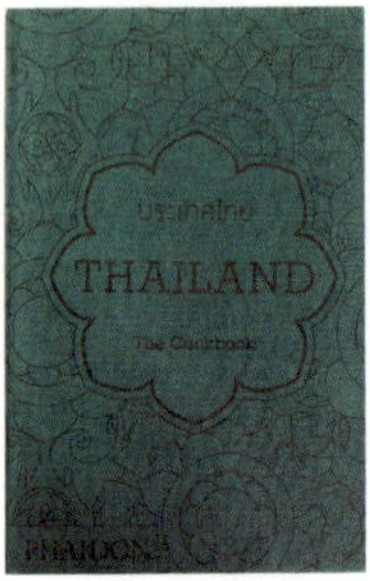

②

Thailand
The Cookbook

Jean-Pierre Gabriel 著　PHAIDON
2014年　18×27㎝　528頁　39.95ポンド

タイ料理ガイドの決定版。軽食やスープからメインとなるような料理、デザートにいたるまで 500 のレシピを掲載。巻頭のエッセイでは、タイ料理の歴史と特色、地域差を解説する。珍しい食材や重要な調理テクニックに関するガイダンスもあり、本格的なタイ料理が誰でも作れるようになる内容。タイ各地の美しい風景写真も収録。

タイ料理に
関わる人間としては
欠かせない「ザ・辞書」

客観的な立場から
書かれており、
章立ても使い勝手がいい

タイ料理の教科書、大全というような本。僕にとっては「ザ・辞書」ですね。レシピ本としても相当なボリュームです。北から南までのタイ各地で作られるオーソドックスなタイ料理を紹介しているのですが、いい意味であまり著者の色が出ていなくて、ニュートラル。章立てもゲーン、焼きもの、スナックというように料理のジャンルごとになっているので、とても使いやすいです。紙の質感と現地の写真、ブックデザインも、風合いが感じられて好み。著者は3年間かけてタイ全土を回って取材をしたようで、レシピも含めて実に丁寧に本作りがされているのが感じられます。

　タイ料理に関わる人であれば、手元に置いておきたい本でしょう。この本以外だと、タイ料理の第一人者であるディビッド・トンプソン氏の『Thai Food』もいいですね。こちらの方が著者の個性が前面に出ていて、食材について詳しく解説していたはずです。2冊併読すると勉強になると思います。

　タイ料理の技法は独特ですが、習得すればいろいろな食材への応用もできるので、他のジャンルの料理人にもおすすめできます。タイ料理は一皿に辛みや酸味、甘みなどが合わさっており、口の中で長い時間をかけて味わいが変化していくような仕掛けの料理が多く、他のアジア圏の料理と明らかに違う。日本でタイ料理をもっと広めるためには、この本に載っている情報は欠かせないと思います。

少し〝ツイスト〟がきいた和食を作りたい料理人へ

3

嵐山吉兆
春の食卓

徳岡邦夫著　バジリコ
2007年　A5判　178頁　1500円

「嵐山吉兆」が育んできた料理の知恵を一般の読者に伝授。タケノコ、山菜、春の魚といった旬の食材を切り口にして、おいしく、健康的に食べられるレシピを紹介する。使っている食材や調味料の紹介に始まり、味付けや盛り方のコツも披露。日本料理界の重鎮である著者初のレシピ本で、春夏秋冬の４冊を刊行。文春文庫版もある。

素材の使い方や
組み合わせ方がセンスよく、
今の時代にもフィット

一般向けの本だが、
理にかなった創作レシピは
むしろ料理人に刺さると感じる

なんと言いますか、いい感じの〝ツイスト〟がきいた和食メニューが満載なんです。２００７年の本ですが、今見ても料理が全然古くないんですよ。むしろ今の時代にフィットしているのでは、と感じるくらい。「ゴーヤの天ぷら」やココットで作る「山菜の蒸し煮」なんて、最近流行りの居酒屋で出すメニューみたいでしょ？「レンコンのきんぴらにディル!?」というような、あまり思いつかない素材の組み合わせもセンスがいいですね。それでいて、料理がゴテゴテしていなくてこざっぱりしている。いい意味で、日本料理の名店の主人のレシピ本に思えないくらい、おしゃれで今っぽいんです。

料理自体は、割と手が込んでいるんですけど、あえてそういう風には見せていないのも素敵です。実際、ここに載っている料理を、一から発想して作るのは難しいと思うんですよ。創作和食ではあるけれど、簡単に考えたチャラチャラした感じではなくて、料理人ならではの「理にかなった創作」が感じられると言いますか。例えばヌタに香ばしい松の実をたくさん入れているところとか、好きですねえ。レシピや料理の解説はとても丁寧なので、家で料理を作る人向けに作られた本だとは思いますが、一般向けの料理本にしては、レシピの意図を読み解くのが難しい。むしろ料理人の方が刺さるかもしれません。そんな、誰に向けて書かれたものなのか少し戸惑ってしまう点も含めて(笑)、大好きな一冊です。

これから東京で店を営む料理人へ

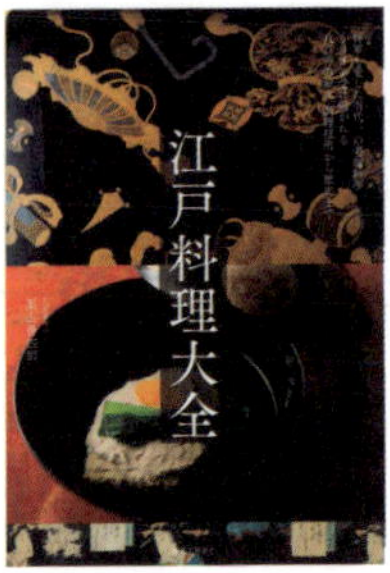

4

江戸料理大全

将軍も愛した当代一の老舗料亭 300年受け継がれる八百善の献立、調理技術から歴史まで

栗山善四郎（八百善十代目）著　誠文堂新光社
2017年　B5変形判　224頁　3500円

1717年創業の料亭「八百善」の10代目である著者が、同店に残る5000以上の献立の中から、「これぞ江戸料理」と言えるものを厳選して130品を掲載。「ねぎま鍋」や「初鰹のげた造り」といった江戸の庶民が愛した味から、当時「長崎風」として話題を集めた卓袱料理の数々まで、会席料理の形式にのっとって調理技術を幅広く紹介する。

江戸料理はこんなにクリエイティブだったのか、と感じる魅力的な料理がたくさん

これから江戸料理が“来る”と思うので、学んでおいて損はない

「江戸時代の料理はこんなにクリエイティブだったのか」というのが、この本を読んだ時の一番の驚きです。一つの素材から派生する料理のバリエーションの多さには目を見張りますよ。大塚にあった「なべ家」の福田浩さんの『百珍』シリーズにも載っていますが、一つの素材からあれだけたくさんの料理を発想できるのが本当にすごいです。

この本で言えば、お造りだけでも「わさび酢」「海苔酢」「なす味噌かけ」などなどいろいろなバリエーションがある。醤油があまり用いられていなかったという事情もあるのでしょうけど、調味の多彩さに驚かされます。お造りに夏ミカンを合わせた料理なんて、今で言う「カルパッチョ」ですよね。他にも「白酢かけ」とか「げた造り」とか、めちゃくちゃおいしそうなのに現代には伝わっていない料理も多く、もったいないと感じます。同じ日本料理でも、京料理はフォーマット化されている傾向があるのに対して、江戸料理は自由で決まりがないから、教え伝えるのが大変で広まらなかったのかな？　なんて考えさせられますね。江戸料理の本では『Meshi飯』（ピエ・ブックス）という本も好きです。江戸時代に食べられていた多彩な「飯」が紹介されていて、そのワンテーマだけで一冊成立してしまうのもすごいですが、それぞれの飯もクリエイティブ。これだけのポテンシャルがある「江戸料理」は、もっと注目されて然るべきだと思います。

香港好き、旅行好きな人へ

⑤

香港粉麺飯
めんとご飯

謝華顯 著　柴田書店
2003年　B5判　99頁　1800円（版元在庫なし）

香港の食文化を紹介するレシピシリーズのうちの一冊。焼きそば、汁そば、ビーフン、粥、ご飯といった麺飯類にテーマにした本書と、デザートに特化した『香港甜品』、バラエティ豊かなおかずを取り上げた『香港菜單』からなる。庶民の味から宴席の一皿までを、広東料理の粋を受け継ぐ名店「聘珍楼」の総料理長が紹介する。

香港で食べていた本場の料理が日本でも作れる

しみじみとしたノスタルジックな雰囲気のブックデザインが好き

僕は香港が好きで、よく行っていました。この本を参考にすれば、向こうの食堂でなにげなく食べていたような麺類やお粥、小皿料理のような料理を、日本にいながらにして作れます。それぞれの料理にはちょっとした解説がついているので、香港の伝統的な料理や食材のことを知ることもできます。麺飯料理、デザート、おかずの3冊シリーズですが、今であれば材料も頑張れば手に入るし、レシピも比較的簡単。一般の方でも十分に活用できると思いますよ。

ただ僕は、レシピを活用する以上に、ただ「眺める」のが好きな本でもあるんですよね。雑貨などと同じ「もの」として、見ているのが楽しいというか。表紙の淡い色、紙の質感、古めかしい写真、古風な器のチョイス、味のある布を使ったスタイリング……。そういったものが合わさって、ノスタルジックな印象を醸しているんです。言ってしまえば小ダサい感じもあるんですが、それがまたいい。今思うと今回紹介した本は、『江戸料理大全』以外は、似たような印象です。パキッときれいな料理写真や誌面構成の本より、素朴で、風合いに満ちた本が好きなのかもしれません。

この本は載っている料理とともに、そういった空気感も含めて楽しんでほしいです。香港好きはもちろんですが、本を見て旅をした気分に浸ることが好きな方、旅行が趣味という方にもおすすめしたいです。

樋口直哉

作家・料理家

ひぐちなおや
1981年生まれ。服部栄養専門学校卒業後、料理教室勤務や出張料理人などを経て、2005年『さよならアメリカ』で作家デビュー。一方で料理家としても活動し、料理本の出版やメニュー開発なども手がける。料理に関する著書は『おいしいものには理由がある』(KADOKAWA)、『樋口直哉のあたらしいソース』(グラフィック社)など。

\ How to choose books /

私の本の選び方

まずは「本の佇まい」を見て、テーマや著者の考えを受け取る

料理本は月に６～８冊ほど、ジャンル関係なく気になったら手当たり次第に購入しています。ちょっと買いすぎだと自分でも感じるくらいで、料理本マニアと言ってもいいかもしれません。選ぶ基準は、なかなか伝わりにくいかもしれませんが「本の佇まい」です。料理本は、その本が持つ「テーマ」が全てだと思っているのですが、佇まい、つまり装丁やブックデザインはテーマを伝えてくれるので、丁寧に作られた本はすぐにわかります。いわば「ジャケ買い」が成立するのが料理本の世界だと思っているため、逆に「この著者だから」と著者名だけを見て買うことはあまりしません。

レシピは、あくまで著者の考えを伝えるための「手段」だと考えていて、レシピ以外の部分が大切にされている本に惹かれます。料理本のテーマは基本的に「食材」「調理法」「問題解決型」の３つです。食材は「魚」がテーマであれば魚料理の本、調理法は例えば「バーベキュー」や「煮込み」などがあります。問題解決型というのは、「毎日の献立が決められない」とか「自由な時間が少ない」といった日常的な問題の解決方法を提案する方向性です。私たちが抱えている問題は時代によって変わるので、常にこれまでにない新しい提案が提示されているのが料理本の世界ではないでしょうか。

昔の料理本も好きなのですが、それはその時代の思想を反映しているからです。だから今は、さまざまな料理本を意識的に買おうとしています。それが良書か否かは今はわからないですが、時代を後から振り返った10年後にわかるはず。今買わないとその本は絶版になる可能性があるので、気になったら手当たり次第に購入するのは、そういう理由もあるのです。

料理を仕事にしている人全てへ／料理と科学が好きな人へ

①

Modernist Cuisine at Home 現代料理のすべて

ネイサン・マイアーボールド 著・写真、マキシム・ビレット 著、
辻調グループ 辻静雄料理教育研究所 監修 他
KADOKAWA
2018年　27×34㎝　456頁　1万7000円

世界初のサイエンス・レシピ・ブックとして、革新的な調理法を科学的視点から紹介した網羅した６巻組の『Modernist Cuisine』をコンパクトにまとめた翻訳書。著者の一人は元マイクロソフト最高技術責任者で科学者。調理中の調理器具内の断面図が多数掲載されており、調理中の変化を可視化したのが画期的な点だ。調理科学に基づいた406のレシピを紹介。

調理中の調理機器を
スパッと切った「断面」が
ビジュアル化されている

調理に伴う現象をとことん検証して
明らかにした本は他になかった

レシピは分量でなく
食材ごとの比率で表されていて、
意外と使いやすい

料理と科学が好きな人が、
知的好奇心を十分に満たせる一冊

樋口直哉　作家・料理家

この本は、料理のおいしさを「科学的」に追求した、世界初のレシピブック。この本の元になった前書は6巻組で、それをコンパクトな家庭用にまとめたのがこの本です。何がすごいかと言うと、まず料理における調理の工程を全てビジュアル化していることです。サラダボウルから鍋、ブレンダー、ＩＨ調理器まで、調理中の調理器具をすべて機械でスパッとカットして、断面の写真を掲載している。調理中に、実際にどんなことが起こっているかがわかるわけです。このビジュアルだけでもワクワクしますし、この本を見る価値があると思います。

例えば、ブロッコリーを蒸すという工程があります。その調理の過程には、熱い水蒸気がブロッコリーの表面に付着して水に変わる膜凝縮という現象が起こります。水蒸気が凝縮することで熱エネルギーの伝導率が高まり、食材の加熱が早く進むと考えられていましたが、一方で水分が保護膜となり加熱効率が悪くなるという議論がありました。この本では詳細な実験によってその答えを導き出しています。このように、調理に伴う現象をとことん検証して、明らかにする本はこれまでなかったと思います。この本によって、科学と料理が完全に接近して、調理科学がキッチンに定着したと言えるでしょう。本の制作には著者をはじめ38人もの専門家が関わっており、まさに彼らの総力戦の結果です。

料理の材料が比率で書かれているのもおもしろい点です。主要な食材を１００％とし、その他の食材をそれに対するパーセンテージで表す手法は、「ベイカーズパーセント」と言って製パン業界でよく見られるもの。料理本ではほとんど見かけませんが、作る分量が大量でも少量だとしても、パーセンテージで表現されているので調整がききやすいのです。この手の本は調理科学を伝えることが優先され、実際に読者が作ることはあまり考えられていないことも多いのですが、この本は使いやすさも考慮されています。私はピッツァを作る時は、この本のレシピを愛用しています。

プロの料理人や料理を仕事にしている人にはもちろん読んでいただきたいですし、家で料理を作ることが好きな人、そして特に料理と科学の両方が好きな人にもおすすめしたい。知的好奇心を存分に満たせる本であること請け合いです。なお、原書は２０１１年に刊行されていますが、今でも内容が古びていないのは、内容に作家性がないからでしょう。こういう本は、長く使える一冊になると思います。

地域と食を結びつける仕事をする人へ

②

自然と生きる料理人

ミシェル・ブラの世界

ミシェル・ブラ、アラン・ブーディエ、
クリスチャン・ミヨ 著　柴田書店
1993年　B4変形判　317頁　1万4563円（版元在庫なし）

“自然から料理を捜索する料理人”と称されるミシェル・ブラ。フランス中南部オーブラック地方のラギオール村でオーベルジュを営む彼の、自然とともにある料理の魅力を紹介する一冊。土地の風景写真から、そこで収穫される素材の個性、料理のレシピといった各論へと進む構成は、独自の世界観とクリエイティビティを伝える。

自分としては数少ない、
“著者買い”の本

土地と料理人の個性から
生まれる、唯一無二の
料理を堪能できる

近年注目のローカル・ガストロノミーとも
共通する精神性がすでにあったことに驚き

強い光と陰影による
ドラマティックな風景と料理の写真
が楽しめる

樋口直哉 作家・料理家

自然から料理を創作する料理人と言われる本書の著者、ミシェル・ブラ氏は、今では北欧の「ノーマ」などに代表される、地域とそこにある自然をテーマにした料理の流れを作った料理人と言えるでしょう。その時代における潮流、流行という視点からとらえられることが多かった「料理」というものを、流行などにかかわらず料理人個人のクリエイティビティから生み出すもの、として確立した人でもあります。しかも、本人はそれを意識せずにやってきたのが本当にすごい。この本は、私としては数少ない「この著者だから」という理由で購入した料理本です。

この本の最大の特徴は、風景写真が非常に多いこと。レストランがあるフランス中南部・オーブラック地方の風景写真の後に食材の解説や料理のレシピが続くという構成は、かなり個性的です。さらに、オーブラックの強い日光が作る陰影は非常にドラマティックな印象で、料理写真でもそれが表現されている。「風景の中に料理がある」と感じさせる本になっています。もちろん料理自体もその土地でしか生まれようがない品々。最近は、ローカル・ガストロノミーやガストロノミー・ツーリズムという言葉がよく聞かれるように、料理界では「その土地でしか味わえないものを、その場所で表現する」ことが注目されているわけですが、ブラ氏はこの時代からそれを実践していたわけです。

ブラ氏の料理の構成の特徴は、主素材と副素材の間にそれを繋ぐ〝ジョイント〟があり、食感にグラデーションを作っていることだと感じます。そのジョイント役のセレクトが絶妙ですね。例えば、半熟卵のエマルジョン（ごく簡単に言うとゆるいマヨネーズのようなもの）もその一つです。また、フランス料理では定番のブイヨンやフォンをベースにしたクラシックなソースは多用せず、食材からとったシンプルなジュを添えるのも彼の料理の特徴です。

クラシックなソースを使わない料理は、現代のフランス料理ではよく見られるようになりましたが、ブラ氏は誰の教えを受けたわけでもなく、そんな料理をオーブラックの自然の中でずっと作り続けていたわけです。自身の料理スタイルに共通する料理が現代の料理界でここまで主流になるとは、彼自身も予想しなかったでしょうね。

ドキュメンタリー番組が好きな人へ

③

IN SEARCH OF PERFECTION

Heston Blumenthal 著
Bloomsbury Publishing PLC
2006年　18.9×24.3㎝　320頁

英国を代表するレストラン「ファット・ダック」のオーナーとして知られる著者が、世界の料理の中から8つの料理にフォーカスし、それぞれの「究極」を追求するという内容のBBCのテレビ番組を書籍化。料理の歴史を知り、素材の産地を選択し、専門家や料理人との対話を通して料理の完成に至るまでの過程を追ったユニークな一冊。

究極のレシピを求めて徹底的にリサーチする姿勢に驚愕

壮大なドキュメンタリーを見ている気分になれる

この本は、英国のBBCの人気テレビ番組「In Search of Perfection」を書籍化したものです。テレビ番組ならではのスケールの大きさで、エンターテインメント性が高く、本でありながら、ドキュメンタリーを目の当たりにしているかのようなおもしろさです。一冊に8つのレシピしか載っていないのに、このボリュームというのも、著者のヘストン・ブルメンタール氏とそのチームがこれらにかけた思いやバイタリティーが伝わってきますよね。

掲載されているのは「ステーキ」「ボロネーゼ」「フィッシュ&チップス」といった世界的にポピュラーな料理ですが、例えば「ローストチキン&ローストポテト」では、まずローストチキンにまつわるありとあらゆるものをリサーチ。ローストチキンという料理の歴史、使う鶏の産地や種類、付け合わせとなるローストポテトに使うジャガイモの歴史、種類や水分量までも検証しています。その上で「究極のローストチキン&ローストポテト」を作るにはどうすればいいのか、ブルメンタール氏なりの正解を導き出していきます。そのために英国国外に出てフランスの三つ星シェフの料理を食べてシェフにインタビューしたり、揚げたジャガイモの「サクッ」とする音量を測定したりと、いちいちスケールが大きくて笑ってしまうくらいです。

リサーチや検証の間には、失敗もあります。そんなトライ・アンド・エラーの過程も全て取り入れた上で完成した究極料理は、とにかくレシピが長い(笑)。でも、きっとこの通りに作った料理は間違いなくおいしいんだろうな、と思わされます。少し古い洋書なので難しいかと思うのですが、どこかの出版社にぜひ日本語版を出してほしい。この本のおもしろさを日本の方々にも味わってほしいです。

若いフランス料理人へ／フランス料理の教え手へ

4

家庭のフランス料理

辻静雄 著　新潮社
1985年　文庫判　286頁　600円

フランス料理研究家、辻調グループ創設者として知られる著者による、家庭向けのフランス料理レシピ本。たとえば「鮭のスフレ」では、スフレの基本的な知識からパリの「トゥール・ダルジャン」で提供されていた時のエピソードなども添え、レシピだけでなくその背景も紹介するのが特徴。1967年刊『たのしいフランス料理』を文庫化したもの。

料理本に
今ほど実用性が
求められていない時代
ならではの一冊

フランスの食文化が
伝わってきて
「ときめき」を感じる

「フランス料理」と言うものを多くの日本人が知らなかった時代に、辻氏はこういった本を書いてフランス料理を広めるべく啓蒙活動をしていたのだと考えると、改めてすごい人ですよね。辻氏の料理に対する思い出や、その料理の文化的背景などの小話とともにレシピが紹介されていて、読みものとして楽しめる本です。料理本に、今ほど実用性が求められていない時代だからこそ出せた本なのかな、とも感じます。辻氏の著作は父の蔵書の一つで、私は子供の頃から父の本棚にあった彼の本を読んで育ちました。そのためか、辻氏独特の文章のリズム感は私にとってとても心地いいのです。また、辻氏が本で表現するフランス料理は「ときめき」があるようにも感じます。現地を経験したからこその小話や、食文化をうかがい知れるような小話とも相まって、ここに載っている料理はとても上品で、フランスへの憧れが漂っていると感じます。

この本に掲載されているようなクラシックなフランス料理を、最近の若い料理人さんはあまり習っていないのではないか、と感じることがあります。ただ、料理は積み重ねの連続で、古典料理があったからこそ、現代の料理が成り立っているということは忘れてはいけない。若いフランス料理人さんはもちろん、西洋料理を教える立場の方にもぜひ読んでもらいたい一冊です。ちなみに、このような文庫サイズの料理本はあまりないですが、外出時に持ち歩いて気軽に読めるので、意外と便利だと思いますよ。

一から料理を始める初心者へ

5

津軽伝承料理

発酵、うまみ、プラントベースを駆使した食の知恵

津軽あかつきの会 著　柴田書店
2021年　B5変形判　144頁　2000円

青森県弘前市で料理の伝承活動を行う「津軽あかつきの会」による津軽料理のレシピ集。「故郷の味を、100年先まで残したい」という思いから地域の高齢者にインタビューを重ね、200品以上の料理を発掘してきた同会。本書では、その中から88品を紹介している。発酵、うま味、菜食など、現代の料理に求められるキーワードが詰まった一冊だ。

料理の根本・根源について考えさせられる一冊

伝承という点だけに価値があるのではなく、料理自体がクリエイティブだと感じる

樋口直哉　作家・料理家

これはその名の通り、青森県の津軽地方で伝承されてきた料理をまとめた本です。たまたま仕事で青森に行く機会があり、それをきっかけに購入しました。「地元の郷土料理を廃れさせてはいけない」という思いから、予約制で料理を提供するようになった「津軽あかつきの会」というグループのレシピ集です。この本を読んで私は、本来「料理」とはこういうものではないかと改めて感じさせられました。その土地ごとに生まれた料理が、そこに住む人々に世代を経て受け継がれていく。そういった料理を一冊にまとめることも、料理本の存在意義だと感じます。他の土地でもこういう本が生まれてほしいですし、今から料理を始める方に読んでいただいて、ぜひ料理の本質を感じていただきたい。なお、先ほど紹介したブラ氏の本と一緒で、この本を読むと津軽の風景が頭に浮かんでくるようにも感じます。「風景の中に料理があり、景色が料理をつくる」のだ、と。

一方で、この本はレシピ本としてもおもしろい側面を持っています。料理のレシピから、「上の世代から受け継いだ料理を、現代によりおいしく伝えていこう」という意図や気概が感じられるのです。レシピに作り手のクリエイティビティが入り込んでいる、ということですね。また、砂糖の代わりに甘味の要素としてリンゴを使うのは、もしかしたら津軽では昔からの手法なのかもしれませんが、素材の味を活かすという意味で現代の料理の潮流にマッチしているのも興味深いです。

有賀薫

スープ作家

ありがかおる
息子を朝起こすために作り始めたスープをSNSに投稿し始め、10年間で作ったスープの数は3500以上に。現在は「料理の迷いをなくすシンプルなスープ」を中心に、レシピにとどまらず幅広く家庭料理の考え方を発信している。著書は『スープ・レッスン』（プレジデント社）、『有賀薫の豚汁レボリューション』（家の光協会）など多数。

＼ How to choose books ／

私の本の選び方

書店の棚を見渡し、新鮮と感じるタイトルや、斬新な切り口のテーマの本を手に取る

私が好きな料理本は、料理好きの人のために作られたタイプの本ばかりだと感じます。今回紹介した辰巳芳子さんや内田悟さんの本もそうですが、レシピだけではなく、著者の考えに強く共感できるものが多いですね。あとは、例えば中国料理を勉強したい時に中国料理の本をまとめて買うなど、学びたいジャンルに関わる本を複数揃えて見比べるという使い方をよくしています。

本は、ウェブでなく書店で購入することがほとんど。私自身、料理本を作る時は「今までにない」と思える本になるよう意識しているので、書棚を見渡してみて、タイトルが新鮮でインパクトがある本、視点や切り口が新しいと感じる本はついつい買ってしまいますね。稲田俊輔さんの『ミニマル料理』がいい例で、「あ、やられた！」と悔しく感じたくらいです（笑）。

私は料理の修業経験がなく、本から料理を学びました。料理の仕事を始めた当初は、例えばハンバーグのレシピを考えるとしたら、料理家さんの本を何冊か買ってそれぞれのやり方で一通り作ってみて研究したりしました。本を読むことで、その方の料理教室に行って学べたような気分にもなれます。最近では、自分があまり使ったことのない食材がテーマになっている本など、未知の要素に目が向きます。最終的にレシピに落とし込むアイデアは自分で生み出しますが、食材の扱い方と調理技術は今も本から教わることが多いですね。

また、忙しい現代では、料理をすることの大切さがわからなくなっている方も多いと感じます。そうした中、例えばケンタロウさんの本のように「やっぱり料理は楽しい！　料理したい！」と気持ちを盛り上げてくれるような温度がある本は大切だと、しみじみ感じますね。

手間がかかっても丁寧に料理を作りたい人へ／家で毎日料理を作る人へ

1

あなたのために

いのちを支えるスープ

辰巳芳子 著　文化出版局
2002年　B5変形判　200頁　2600円

料理家、随筆家である辰巳芳子氏は、病気療養中の父の介護経験を通じてスープに開眼。この本では1996年から自宅でスープ教室を開く中で改良を重ねた品々を、図式も交えて解説する。構成は大きく「和の汁もの、おつゆ」、「洋風スープ」に分かれており、材料や作り方の工夫とともに「人のいのちを支えるスープ」や食の大切さが綴られる。

スープ作家の自分が
常に立ち返る、
読むと背筋が伸びる愛読書

料理が端正でとても美しい。
無駄なくきれいな文章にも引き込まれる

この便利な時代に「なぜ自ら作って
食べることが大切なのか」を
実感させられる

スープ料理が体系化されていて、
基本を習得すれば無限に応用可能

まずご紹介したいのが、スープ料理の大家でいらっしゃる辰巳さんの代表作。この本は、お父様の介護経験をきっかけに書かれることになったようですが、まさに本のタイトル通り「スープは家族のいのちを支えるもの」といったことを教えていただいた一冊でもあります。辰巳さんの本は昔から愛読していて他にも持っていますが、最初に出合ったのがこちらの本でした。料理の写真を見ていると、どれも仕上がりが端正できれいだと感じ、憧れを持ったものです。その裏には、丁寧にアクを引くなど「下処理の手間をいとわず料理を作る」といった考えが息づいていて、料理の作り手として背筋が伸びる点も本としての魅力です。しかも辰巳さんは〝料理の哲学者〟とも言われているだけに、文章も無駄なく美しいので引き込まれますね。

辰巳さんの料理は、質のいい食材を使っていて、調理道具にもこだわりがあり、もちろん調理も手抜きなしなので、少しハードルが高いと感じる人もいるかもしれません。でも、ここに書かれている理論を読むと「確かにそうだなぁ」ときわめて納得できることばかり。今は、外食、惣菜、レトルトや冷凍食品など、料理を作らなくても手軽に食事ができる手段がたくさんありますが、そんな中、この本を読んで料理を作ると「なぜ自ら作って食べるということが大切なのか」ということを身をもって感じるのです。私自身、本作りをする上で読者の方に「料理の大切さを伝えたい」という強い思いがあるので、自分の考えの根本に立ち返れる大切な本です。

しかも辰巳さんはとても研究熱心でいらっしゃって、スープをきちんと体系化していて、スープを学びたい人にとってはそれがとても役立ちます。例えば「ポタージュ」は、フランス語でスープの総称であるわけですが、ブイヨンやコンソメのようなつなぎを入れない澄んだポタージュ・クレールがあったり、つなぎを入れたポタージュ・リエがあったり、具材たっぷりのポトフがあったりする。それが最初に述べられていて、『基本のベース』を覚えておけば、無限に展開できますよ」というメッセージが伝わってきます。極端に言うと、一度に一から50のレシピを覚えるのは大変ですが、ベースの一つのレシピから5品に展開できるとすれば、まずは10のレシピだけしっかり覚えればいいわけです。家でほぼ毎日料理を作っている方であれば、この本で基本パターンを教わって自分で応用していけば、日々の料理が断然ラクになると思います。

「食べること」が好きな人へ

2

吉兆味ばなし

湯木貞一 著　暮しの手帖社
1982年　A5判　328頁　3142円

1969年より約20年続いた『暮しの手帖』の連載をまとめた全４巻からなるベストセラー。「吉兆」の主人・湯木貞一氏が生涯をかけて得た料理の話を「家庭の毎日のおかずが少しでもおいしくなるように」と惜しみなく語り、本誌初代編集長・花森安治氏が聞き書きし、装丁、装画も担当。初版は在庫切れだが、新版が2013年に刊行されている。

料理人の本ではあるが、
家庭料理が紹介されていて
非常に実用的

プロが語る旬の食材のおいしい食べ方は、
目から鱗と感じる点も多い

料理のプロセスやできたての瞬間を
調理者の側からとらえた
ワクワク感がある

料理写真がなく、
レシピも文章だけで綴られるのに
「作ってみたい！」と感じる

「吉兆」のご主人の本ということで、料亭で出されるような料理が出てくるのかと思いきや、ごく日常的に食べられる家庭料理がたくさん紹介されていて、意外と実用的な一冊です。春はタケノコ、夏はナスというように旬の食材が次々と登場し、そのおいしい食べ方が湯木さんのやさしい語り口調で書かれています。日本料理はもともと、食材をとても大事にする世界。料理人である湯木さんが、その食材をどんなふうに扱って調理していくのかという工夫はもちろんのこと、どんな思いで食材と向き合い、料理に仕立てているのかがすっと伝わってくる臨場感にあふれた文章になっています。だから、料理を作る人だけでなく、単純に「食べること」が好きな人にとっても魅力的な一冊だと思います。

どの料理の項だったか、できあがった料理にぱっと添えものを散らして、その風情を見ながら料理をお客さんのところに運ぶといった描写があって。料理のプロセスやできたての瞬間を調理者の側からとらえたワクワク感が伝わってきます。これは、一般的な箇条書きのレシピを読んでいる時には得られない感覚です。なんだか目の前で湯木さんが料理を作って運んでくださる姿を見ているようなライブ感があるのがすばらしいですね。料理写真も一切なく、文章だけが綴られているというのに、読むと思わずこの通りに料理してみたくなります。この本を聞き書きしてまとめた『暮しの手帖』初代編集長の花森さんの力も大きいかもしれません。登場する料理で気に入っているのは「大根の油焼き」。大根は、やわらかく煮るか、サラダにするイメージが強いと思いますが、この品は厚めに切った大根を油揚げと一緒に油で焼いて、サクサクとした食感を楽しむというもの。まさに目から鱗の新鮮な食べ方でした。

もう一冊、プロの料理人さんの本でおすすめなのが、東京にあった京料理店「京味」の西健一郎さんの著書『日本のおかず』（幻冬舎）。手間をかけるべきところはかけて、省くところはズバッと省く。それをプロの料理人さん自身が取捨選択して、しかも家庭にある材料で作れるように教えてくださっているので、見習うべきところがとても多い。こちらもよく活用させていただいています。

スープを勉強したい料理好きの人へ

3

ヨーロッパのスープ料理

フランス、イタリア、ロシア、
ドイツ、スペインなど11カ国130品

誠文堂新光社 編　誠文堂新光社
2012年　B5変形判　224頁　2600円

ヨーロッパ11ヵ国・130品のスープ料理を、人気店13店のシェフのレシピ付きで紹介し、美しい写真とともに掲載。野菜、肉類、魚介類、乳製品などの食材別索引付きで、レシピは簡略化せずプロ向けとしている。各国のスープの歴史や特徴に関するコラムもあり、ヨーロッパの食文化を知るための資料的価値を持つ一冊。

ヨーロッパのスープについて知りたければ、これを読めばたいていのスープの作り方や知識が得られるという、スープの勉強に向く一冊。私は「ヨーロッパのスープに関する料理写真つきの辞書」ととらえているくらいです。フランス、イタリア、ドイツ、ロシアなどそれぞれの国に精通したシェフたちのレシピが掲載されていて、例えばフランスは「ル・マンジュ・トゥー」の谷昇シェフが、イタリアは「アカーチェ」の奥村忠士シェフが担当されています。スウェーデンやアイルランドといった、日本であまりなじみがない国のスープが登場するのも興味深いところですね。違うシェフたちが料理を作っているのに、誌面を通してバラバラした感じがせず統一感があるので、編集者さんやカメラマンさんのディレクションが功を奏しているのかな、と想像しています。現地だと、本来はもっと素朴な家庭料理のようなものが多いのだと思いますが、この本では、レストラン料理として洗練されたスタイルのスープが掲載されています。そんな美しい料理写真が続くので、ビジュアルブックとしても楽しめますね。

各国の主だったスープを網羅しつつ、コラムではその歴史や郷土性も簡潔にまとめられているので、旅するような感覚で読むことができますし、個人的にはスープ作家として知っておきたい情報が集約されているので便利です。

ヨーロッパのスープがまとめられていて必要な情報が得られる

プロのシェフが作るスープは洗練されていて、写真も美しくビジュアルブックとしても楽しい

つまみを手軽に楽しく作りたい人へ

4

ドカンと、うまいつまみ

小林ケンタロウ 著　文化出版局
1999年　B5変形判　96頁　1400円（絶版）

「お酒を飲む時もうまいものが食べたい、食べさせたい」という人のための、ほんのちょっとの手間でささっとおいしく作れるつまみ集。「とりあえずの一皿」「やっぱり肉！」「あえるだけ、のせるだけ、かけるだけ」など、豪快な盛りつけと“ケンタロウ節”がきいたコミカルな文章で、読者に作る楽しさを与える。絶版だが電子版あり。

写真から伝わる料理の温度感や人間味あふれる文体がおいしさを感じさせる

素材使いのシンプルさと視点の新しさは今でも古びていない

ケンタロウさんのレシピ本は、結婚した頃に購入して以来大好きになって、これまでどれだけ作ったことでしょう！　何冊も持っていますが、今回紹介するこの本はお酒に合うつまみ集。でも普段のおかずにも大活躍します。これ以外に、例えば野菜料理を集めた『野菜ばっかり』や、息子のお弁当作りに役立った『元気弁当』などシリーズ化されていて、1回手放したことがあるのに結局また買い直したりして、大好きな本たちです。

お母様で料理家の小林カツ代さんもなかなか豪快な料理が多かったのですが、ケンタロウさんはまた違った意味で、男性ならではのダイナミックさやおおらかさがある。例えばキャベツとニンニクだけを使った野菜料理など、シンプルなのにおいしくて目新しかった。この本の発売当時は女性の料理家さんが多く、サラダなどの野菜料理はちょっと手間をかけていろいろな具材を入れて……という細やかなレシピが主流だったので、シンプルなものが逆に新鮮だったんです。しかも盛りつけはドーンと迫力があって男性的ですから、ページを開くと熱を感じるんですよ。写真から伝わってくる料理の温度感がおいしさを呼ぶんです。

ジャガイモの皮を揚げる料理なんかも、皮を揚げるという発想は自分には思いもよらなかったし、当時醤油だれや甘辛味で仕上げる鶏の焼きものが多かった中、塩味の「塩鶏」は印象的だった。20年以上前の料理なのに、今見ても時代のギャップを感じず、古びていないレシピが多いです。

レシピの文体もケンタロウさんらしい人間味にあふれていて、「しゃきしゃきでも、しなしなでもなく、パリパリなのだ」というように語り口調が交じっていておもしろい。人間の温かさが感じられるレシピ本です。

料理初心者の人へ／料理のレシピ考案を仕事にする人へ

5

内田悟のやさい塾

旬の野菜の調理技のすべて
保存版　春夏／秋冬

内田悟 著
KADOKAWA
（メディアファクトリー）
2012年　B5判
223頁　1900円

フランス料理店での修業中に野菜への関心を深めた著者は、2005年にレストラン専門青果店「築地御厨」を創業し、本業の傍ら一般の消費者向けに無料の「やさい塾」を開講。本書ではそうした活動を続ける著者が、旬の野菜の部位ごとの扱い方や調理技、シンプルな料理を紹介。「春夏」「秋冬」の２冊展開で、2022年に改訂版を出版。

同じ野菜でも、
パーツや収穫時期によって
全然違うことを
再確認できる

野菜の目利きの
プロによる解説で、
情報に信頼性がある

私が毎日スープを作り始めた頃、「野菜のことをもっと知りたい」と思って買ったのがこちら。内田さんはプロ向けの青果店「築地御厨」の店主で、いわば野菜の目利き。

スープのレシピを発信するにあたり、どのように下ごしらえをして調理すれば野菜がもっともおいしく食べられるかを自分の中で考える上で、とても頼りになります。

有賀薫 スープ作家

この本のおもしろいところは、野菜を「まずは解体」することから始まり、葉っぱや茎、根などパーツごとの写真があって、香りや硬さの違い、どんな加熱方法や料理に向くのかを細かく解説してくれているところ。例えば白菜も、芯の部分と外側の部分ではキャラクターが全く違ったりするわけです。私も普段から、同じ野菜でもパーツによってゆで時間を変えるなどしているので、この考え方がとても腑に落ちます。仕事で野菜を使ったレシピを考案する時はいつも手元に置いて、切り方などを再確認することから始めています。

この本は春夏版と秋冬版に分かれていて、野菜の旬も強く意識されている。「はしり」「さかり」「なごり」、それぞれの時期の野菜の違いと活かし方も勉強になりますね。あと「シンプル料理の一皿」というページで新しい発見となったのは「同種和え」という仕立て。トマトをトマトソースで和えるなど、ごくシンプルなのですがとてもおいしくて何度も作っています。これから料理を始める方にもぜひおすすめしたい本です。

今井真美

料理家

いまいまみ
「作った人が嬉しくなる料理を」をモットーに、雑誌、ウェブ、企業広告など、様々な媒体でレシピの制作、執筆を行う。長年にわたり料理教室も主宰。著書に『毎日のあたらしい料理』(KADOKAWA)、『低温オーブンの肉料理』(グラフィック社)などがあり、noteでのレシピやエッセイ、X(旧Twitter)での発信も幅広い層に影響を与えている。

＼ How to choose books ／

私の本の選び方

書店に通い、まずはシェフが著者の本や料理人向けの教本からチェック

近所に大きな書店があるので、買い物に出かけたりするなど、外出の際には必ず立ち寄って新刊を見るのが自分のルーティンになっています。

料理に限らずさまざまなジャンルの本を買いますが、料理本の場合、最初にチェックするのはシェフや料理人が著者の本です。料理本を購入する時の動機の一つとして「プロの料理人の方の発想や専門家の知識を、料理のヒントとしてストックしていきたい」というものがあるので、自分の中に落とし込めそうな本を買うイメージですね。もちろん「あ、この人が本を出している！」「こんなお店が載っているんだ」といった純粋な興味から手に取ることもあります。

写真やデザインは、強いて言うなら「楽しそうなもの」が好きですが、そこまで気にしているわけではなく、著者や内容のほうが自分にとっては大切です。あまり見かけないニッチなテーマや、新しさを感じる内容に目がいきますね。

ちなみに、レシピ本に載っているそのままの料理を食べたい場合は、夫が作ることの方が多いかもしれません。私の場合は、載っている料理をヒントとし、他の本の情報ともすり合わせて、「この本ではこの食材をこう調理しているけれど、別の本ではこう使っていたな……」「この料理では酸味としてレモンを使っているけれど、ライムや黒酢に変えたらどうなるだろう？」というように、頭の中でレシピの展開が進んでいきます。

外食好きで、家でもレストランのような料理を作りたい人へ

1

樋口直哉の
あたらしいソース
いつもの料理が劇的においしくなる

樋口直哉 著　グラフィック社
2023年　B5判　112頁　1800円

料理をさまざまに変化させるソース。本書は、人気料理家の著者が提案する“あたらしいソース”の本だ。特徴としては、ヘルシー、油脂が控えめ、家庭でも作りやすい量、普通の食材と簡単な調理、短時間で作れる、など。それらのキーワードを掲げ、レストランにひけを取らないおいしさを、家庭でも手軽に味わえるレシピとして紹介する。

ソースの引き方、流し方や
料理の盛りつけが洗練されている

食べている途中の料理や
食べ終わった皿も
載っているのが印象的

味や油脂分のマトリックス図が
あるので味の想像がしやすい

従来のソースより簡単な手法なのに
驚くほどおいしくなる裏技レシピが満載

今井真美　料理家

樋口さんの本は大好きで何冊も持っていますが、読むたびにいつも「天才だなぁ」と尊敬しています。この本は、文字通りソースがテーマ。ソースをテーマにした料理本は、これまでも山ほど出版されていますが、「あたらしい」というネーミングに惹かれて購入しました。

内容としては、ソースの役割や味のバランスについて、そして「あたらしい」ソースとは一体何か？　という説明があり、もちろんソース自体や、それを使ったレシピがたくさん載っています。本を開くと、まず写真の美しさと料理の格好よさにワクワクします。特に、この本の主役であるソースの見せ方が美しい。樋口さんは、皿の上へのソースの引き方、流し方がとても洗練されていると感じます。また、料理本では珍しいと思いますが、料理を食べ進めている途中や、食べ終わった後のお皿の写真も載っているのです。皿の上でソースがぬぐわれた跡がはっきり見えるものもあって、「あぁ、ソースをぬぐって食べるほどおいしい料理だったのだろうな」と想像してしまいます。

各ソースのレシピでは、甘味、酸味、辛味、旨味といった味や油脂分の強さがマトリックス図で示されているため、「このソースはどういう味なのか」ということが想像しやすい。調理工程も細かくて、「だから、こういう味やテクスチャーになる」という理由もわかりやすいです。あまり料理を作り慣れていない人でも、再現性が高いレシピ本だと思います。

樋口さんの提唱する「あたらしい」ソースは、今までのソースよりも油脂が控えめでヘルシーで、時間や手間をかけずに香りや素材を生かす軽い味わい、というもの。古典的なソースと違って長時間グツグツ煮詰めたり、大量のバターを使ったりするわけではありません。例えば、デミグラスソースでは、小麦粉やバターをたくさん使うのがクラシックな仕立て。しかしこの本では、小麦粉を使わずにコーンスターチを利用してとろみづけし、油脂も極力控えめとしています。甲殻類の殻を大量に使って、炒めて、潰して、煮込んで……と、多くの工程と時間がかかるアメリケーヌソースも、何とお好み焼き用の桜えびを使ってより簡単に、びっくりするようなおいしさに仕上げてしまう。こんな裏技的なレシピでも、樋口さんのロジカルな裏付けがあるから、おいしさの理由に納得です。

先ほども話したように料理が格好よく、盛りつけにはレストランの品のような洗練具合を感じるものの、レシピは親切で再現度が高いので、外食やおいしいものは好きだけど家ではあまり料理を作らないという人の最初の一冊としてぜひ推したいです。

食品の商品開発や買い付けに携わる人へ

2

風味の事典

ニキ・セグニット 著　楽工社
2016年　B5変形判　546頁　7200円

飲食物マーケティングの専門家である著者が食に関する多様な経験を活かし、おいしい風味を生み出す食材の組み合わせを料理の実例とともに紹介。例えば最初に記される「ロースト風味」のチョコレートでは、風味の特徴に加え、相性のいい組み合わせとレシピが続く。風味別に食材の組み合わせ980項目と料理の実例を網羅。

食材の持つ風味と
相性のいい食材、それらを
組み合わせたレシピが学べる

「土」「森」など、著者独特の
風味の表現がおもしろい

レシピ数は多いが
料理写真は載っていない。これが、
逆に自分で考えるヒントに

同じような事典系の本を併読することで
一つの食材を重層的に学ぶことができる

最初に、「本から自分の料理のヒントになることをストックしている」とお話ししましたが、これはまさにそこに直結する一冊です。この本は食材を風味別に分類して、その食材がどういうものなのか、どんな風味が含まれていて、どんな個性があり、どんな食材と相性がいいのか、ということが書かれているのですが、これらがヒントの宝庫というイメージ。レシピもたくさん載っているのですが、料理写真はないので、逆に自分の中で想像が膨らみます。本の最初に16の風味がマトリックス図で表されていて、それぞれ隣り合う風味には共通項があることがわかるのもおもしろかった点ですね。食材に関する知識やエピソードは、著者の主観で語られている部分も多く、読みものとしても楽しめます。

この本の他、次に紹介する『フレーバー・マトリックス』と、『スパイスの科学大図鑑』(誠文堂新光社)、『フードペアリング大全』(グラフィック社)も私にとって同じような位置づけ。それぞれの本によって少しずつアプローチが違うので、併用することで、自分の知りたいことが重層的に調べられるのがいいですね。

例えば、ある食材をテーマとしたレシピの提案を依頼された時などに、よくこれらの本を使います。「キャベツ特集」というテーマだとすると、もちろん自分の中にキャベツ料理のレシピのストックは持っていますが、これらの本を活用すれば新しい提案ができる可能性が高まりますから。キャベツはそもそもどういう風味を持っていて、どういう食材と相性がいいのだろう。それがわかると、自分がいつも実践している食材の組み合わせではなく、新しい組み合わせで料理を生み出すことができます。ただ、洋書の翻訳本なので、この本には日本ではあまり使われないような食材も多く載っています。いつか日本でよく使われる食材で構成された本も出るといいな、と思っています。

食品や調味料などの商品開発をしている方、フードバイヤーの方など、食にまつわる仕事をしている人には、特におすすめの一冊です。相性のいい食材同士で新商品を考案するのはもちろん、例えばある特定の食材を売りたいのであれば相性のいい食材を隣り合わせで売るなど、食品売り場の構成を考えるヒントにもなると思います。

自分の料理を変えたい人へ

3

フレーバー・マトリックス
風味の組み合わせから特別なひと皿を作る技法と科学

ジェイムズ・プリシオーネ、
ブルック・パーカースト 著
SBクリエイティブ
2021年　23×22.9㎝　316頁　3600円

食材に含まれる「風味」に注目し、それらの組み合わせから新たな料理を生み出す組み立て方を提案する書。カリスマシェフであり、世界有数の料理学校で教鞭を執る著者が、約150の食材について特徴をまとめ、それぞれの組み合わせの相性を可視化する58のフレーバー・マトリックスを作成。そこから引き出されるレシピも紹介する。

食材の風味が科学的に
マトリックス図化され、
相性のいい食材が
一目でわかる

写真が多いので、
食材のペアリングや
料理の組み立てが科学
的に理解できる

この本もフレーバー、すなわち風味をテーマにした本ですが、食材のフレーバーを〝科学的にマトリックス化した〟というのが、この本の最大のポイントでしょう。他に紹介した『風味の事典』や『あたらしいソース』も、マトリックス図を利用しているので個人的な好みなのだと思いますが（笑）、やはり食材や料理を構成している風味の要素が、図で一目でわかるのは便利です。

中面では約150の食材が紹介されており、食材ごとに風味の科学的な特徴や実際に含まれている成分がまとめられていて、食材ごとの「ペアリング」や「料理の組み立て方」が提案されています。写真が多いので、目で見て直感的に理解しやすいのもいい点ですね。興味深かったのは、ある食材に対して「ベストのペアリング」（よく合う組み合わせ）と、「ベストではないけれどおもしろみがあるペアリング」（ちょっと合う組み合わせ）がわかること。単に「相性がいい」ではなく、相性の強弱まで明示されているのはおもしろい点です。また、例えば鮭のバターソテーにレモンの酸味を合わせるなど、定番の組み合わせがなぜおいしいのか科学的に理解できるため、自分の中の引き出しが増えますね。

プロの料理人の方にも愛読者が多いと思いますが、家で料理を作る方にもおすすめしたい。特に、自分の料理がマンネリ化していると感じる方、新しい組み合わせに挑戦してみたいという方には役立つと思います。

おもてなし料理のレシピを探している人へ

④

レストランOGINOの果物料理

**前菜からデザートまで
果物を使った料理の発想と調理法**

荻野伸也 著　誠文堂新光社
2017年　B5変形判　224頁　3200円

人気店だったフランス料理店「レストラン オギノ」のオーナーシェフが、春夏秋冬の季節別に、旬のフルーツを使った料理とデザートのレシピを約125品紹介。デザートだけでなく、サラダやオードブルなどを始め、パスタやメイン料理といった「料理」への取り入れ方の発想や着目点、考え方も丁寧に解説する。

果物を料理で
活かすためのヒントや、
料理で使う意味が
わかる

ワンパターンに
なりがちな果物と食材の
意外な組み合わせを
提案

果物をデザートで使うレシピはたくさんありますが、料理に使うとなるとバリエーションがグッと少なくなります。そんな中、この本はレシピを提案してくれるだけでなく、果物を料理に活かすためには何が必要で、どういう組み合わせがよくて、それにはどういう効果があるのか、というところまで解説されているのが嬉しいですね。レシピの完成度も然りですが、料理の組み立てにおける「なぜ？」という理由を、納得できる形でレシピに落とし込んでくれるのは、やはりプロの料理人さんの著書ならではではないかと思っています。

料理で果物を使うとなると、スパイスやチーズが合わせられることが多いと思いますが、個人的には、果物と相性のいいスパイスやチーズの種類は意外と定番化していてワンパターンになりがちと感じることもあります。その定番を超えた組み合わせのバリエーションのヒントが増やせるのはありがたいです。

また、ここに掲載されている料理は、写真やレシピから味わいや食感がイメージしやすいと感じます。例えば、「和梨、エビ、キュウリ、トマト、パプリカ、ヒヨコ豆のモロカンサラダ」は、和梨のみずみずしさとシャリシャリした食感を活かすため、他の食材を同じようなさいの目に揃えてカットして合わせた品。「噛むと果物からジュースが出て他の食材といい具合になじむけれど、さわやかな甘味はきっとアクセントになるはず」と、想像できます。料理自体もおしゃれなので、例えばホームパーティーでワインと合わせる華やかなおもてなしの料理としても最適ですね。

キャンプ好きの人へ

5

炭火で焼く

カリフォルニア発、
進化系BBQキュイジーヌ

ジョサイア・シトリン、
ジョアン・チャンチューリ 著　柴田書店
2020年　B5変形判　240頁　3200円

炭火料理のおいしさに魅了されたミシュラン二つ星シェフの著者による、炭火を駆使した100品のレシピを掲載。炭火料理をおいしくするソースなどの基本アイテムに加え、炭火の上・中で焼く、食材を炭火に直接触れさせる、スモークするといった炭火調理のメソッド別レシピや、バーベキュー料理に合う前菜やサイドディッシュも紹介する。

炭火で焼くからこそのおいしさがはっきり理解できる料理

趣味のキャンプでの調理や、普段の料理にも応用できる

今井真美 料理家

私はもともとキャンプが趣味で、炭火や薪火を使った焼きものもよく作っています。また仕事でキャンプ料理の提案をすることもあるため、この本のテクニックやレシピが参考になることも多く、プライベートと仕事の両方で役立つ一冊です。

著者の一人は、米国・カリフォルニアのレストラン「メリッス」のオーナーシェフ、ジョサイア・シトリン氏。米国はバーベキュー料理の文化が根付いているまさに本場ですので、バーベキュー料理への考え方から調理のダイナミックさ、メニューのバリエーションなど、全てが日本と違うことが本から読み取れます。それぞれの料理の根底には「炭火だからこそのおいしさ」があり、その奥深さを「知識」として得ることができる一冊です。

さまざまな炭火焼き料理の他、ソースやラブ（肉にすり込むミックススパイス）、サイドディッシュなども紹介されています。汎用性は割と高く、私はキャンプの時にソースだけ作って持って行ったり、自宅のオーブンでも作れそうなレシピを見つけてアレンジしたりもしています。ただ海外の料理本の場合、日本では手に入りにくい食材が載っていることも多いため、「日本で作るなら」と置き換えて料理を新しく作ることも多いですね。例えば、「ザーター」という中東のミックススパイスの代わりに、日本のふりかけ「ゆかり」を使ってみたり。レシピ通りに作るより、アレンジするのが性に合っている自分には楽しい作業です。

水野仁輔

カレー研究家

みずのじんすけ
1974年生まれ。99年以降、カレー専門の出張料理人として全国各地で活動。世界を旅しながらフィールドワークを行い、「カレーとは何か」を探求し続けている。カレーに関する著書は『世界一ていねいなスパイスカレーの本』（グラフィック社）など70冊以上。また、レシピつきスパイスセットの定期便サービス「AIR SPICE」を運営中。

＼ How to choose books ／

私の本の選び方

海外に出るたびに、現地の料理が紹介された本を買って帰るのが常

自分にとって料理本は、それを見て料理を作るための本ではなく、知識を得るための「資料」。そのため購入するのは、自分が知らない情報が載っていて、かつ信頼が置ける専門書がメインになります。結果的に最近買うのは海外の本ばかりですね。日本の出版社が出したものであっても、翻訳本が多いです。15年くらい前までは、国内外のカレーに関する本は全て買っていましたが、それも資料と言いますか、自分が本を出そうという時に他の人がすでに同じ内容を書いていないかをチェックするという使い方が多かったです。

海外に行った時には必ず大型書店に寄って、その国の料理について書いてある英語の本を買うようにしています。インドはもちろん、最近は特にタイやミャンマーといった東南アジア、そして中南米などの料理にも興味があります。また、書店ではないのですが、インドの「タージ・ホテルズ・リゾーツ＆パレス」グループをはじめ、それぞれの都市の最高級ホテルの中にあるショッピングモールに行くと、どういうわけか料理本を置いている店がよくありますよ。そういったところで掘り出しものに巡り合えたこともあります。

そうやって集めた料理本は、カレーを作る時の参考にします。レシピそのものをなぞるのではなく、世界各地の料理や著者の考え方から、自分のカレー作りの参考にできる情報を抽出するイメージですね。それから、今はスパイスのブレンド、あるいはスパイスと食材の組み合わせに興味があって、それぞれを理論化、メソッド化したいと考えています。そのためにもスパイスに関して新しい視点を提供してくれる本は貴重で、今回紹介した本はスパイス関連のものが多くなりました。

独自のスパイス使いを模索している料理人へ

①

Olivier Roellinger's Contemporary French Cuisine

Fifty Recipes Inspired by the Sea

Olivier Roellinger、Anne Testut 著　Flammarion
2005 年　24×28.3㎝　240 頁

フランスで「スパイスの魔術師」と呼ばれる料理人、かつスパイスブレンダーである著者が、ミックススパイスや、出身地であるブルターニュの食材とスパイスの組み合わせを提案。著者ならではの独創的なスパイス使いを、コラージュのような印象的な写真や背景を語ったエッセイとともに紹介する。英語。

ミックススパイス文化が
発達している
フランスの著者ならではの一冊

「スパイスの魔術師」による
誰にもまねできない独特なスパイス使い

スパイスと海のエッセンスが合わさった
斬新な料理がカレー作りのヒントに

トップシェフの内側から
自然と湧き上がるアプローチが
詰まっている

フランスは、おそらく世界でいちばん「ミックススパイス」の文化が発達しています。日本国内では、商品化されたミックススパイスは頑張っても15~20種類くらいしか買えないと思うのですが、フランスは、たった3軒くらいのスパイス専門店を回るだけで、100種類くらい手に入れることができます。

パリにはよく行くスパイス専門店があり、そのうちの1軒がこの本の著者の店「エピス・ロランジェ」です。彼はフランスでは「スパイスの魔術師」と呼ばれていて、もとは料理人でしたが、病気がきっかけでレストランを閉じたあとはスパイスブレンダーとして活動しています。彼は海に面したブルターニュ出身なので、もともと海の食材を料理によく用いていました。それらをスパイスとどう組み合わせ、皿に展開していくかというエッセンスが詰まっているのが、この本というわけです。

スパイスに関する解説を読んだり、レシピを見たりして、海藻やスパイスの使われ方をカレー作りの参考にする、というのが僕のこの本の使い方です。「カレー」はフランスではほとんど出合わないのですが、そもそも僕は今、自分のカレーを生み出す時に、他のカレーを参考にすることはありません。それよりも、このようにカレー以外の料理からカレーに活かせるヒントをもらうことが多いです。

具体例を挙げると、彼はミックススパイスを調合する際にシナモンを大量に入れるんです。カレー作りにおいては、シナモンを加えるとバランスが崩れやすいことが多いので扱いが難しいと感じていたのですが、彼の調合を見て、シナモンの使い方を見直すきっかけになりました。また、シーフード×クミン、ローズマリー、スターアニスというような、一般的なスパイス・ハーブ使いとは異なる斬新な組み合わせの料理も提案されていて、驚きの連続です。

2年くらい前にブルターニュを訪れて彼と話した時に、「スパイスをブレンドする自分なりのメソッドはありますか?」と聞いたら、「もしそんなものがあるのなら教えてほしいくらいだ」と言われたんです。それならどうやってブレンドを考案しているのかと尋ねると、「自分が生まれ育った環境から得たもの、内側から湧き上がってきたものをベースにブレンドしている。スパイスは絵の具と一緒で、誰しも混ぜ合わせることで自分の色を作れるのです」というようなことを話すわけです。実にフランス人っぽい答えですよね。理詰めで何でもメソッド化したい僕にはない自由な発想が、この本には詰まっているのです。

モダンなインド料理を作りたい一般の方へ

②

Indian Essence
The Fresh Taste of India's New Cuisine

Atul Kochhar 著　Whitecap Books Ltd
2004年　20.3×23.5㎝　160頁

ロンドンの人気モダンインディアンレストラン「インディアン・エッセンス」のシェフによる、一般向けに書かれたレシピ集。前菜、魚介、肉、野菜などにカテゴリー分けされており、計140品を掲載する。ベースになったインド料理を解説したうえで、著者らしいモダンな仕立ての料理のレシピを分量とともに紹介するシンプルな構成。英語。

インド料理の多彩な解釈の仕方に
感銘を受けた

モダンな料理でありながら、
インドの文化を大事にする姿勢に共感

カルチャー、サイエンス、クリエイティブの
3要素が詰まっている

自分が目標とする地点に
すでに到達している
憧れのシェフの本

ロンドン在住のインド人シェフの本です。僕が最初に憧れたインド料理のシェフで、いわゆるモダンインディアンと呼ばれるジャンルの方なのですが、この本を見て「インド料理は、こんなに多彩な解釈ができるのか」と大きな刺激を受けました。

このシェフに実際に取材をした時に言っていたのは、「レシピはオーセンティック、プレゼンテーションはモダン」というアプローチでした。インドで料理を習った師匠や母親から習った味をベースにし、分解・再構築をして、従来のインド料理とは異なる演出で料理を提供するというのが彼のやり方です。師匠が彼の店に遊びに来た際に、目隠しをして彼の「マライティッカ」を食べてもらったことがあるそうなのですが、最初は「おいしいね」と言っていたのが、目隠しをはずしたら「一体お前は何をやっているのか！」と言われたとのこと(笑)。つまり、味はしっかり伝統的なインド料理ということでしょう。ロンドンのモダンインディアンレストランの中には、例えばフランス料理の1品をインド料理の要素を使って仕立てたり、食材の力ありきでモダンを表現したりするところもあるのですが、この本の著者の場合はあくまで伝統的なインド料理がベース。そこが、僕が惹かれた理由の一つです。

カレーの世界には、カルチャー、サイエンス、クリエイションの3つのアプローチがあると解釈しています。ただ、今の日本のカレーは多くがカルチャーからのアプローチです。誰かが現地に行ってカルチャーを持って帰ってきて「インドではこうやっていた」と実践する形ですね。僕はそこにもっとサイエンスの視点を盛り込みたいと思っています。サイエンスはいわゆる調理科学ですが、その面からカレーを見ると、自然とカレー作りはメソッド化、ルール化できるようになるはず。そして、その基本ルールさえ身につければ、あとは無尽蔵に新しいカレーができるのですが(これがクリエイションです)、そういった理解が日本では浸透していません。

一方でこの著者は、インド人なのでもともとカルチャーは自身の中に持っている。そこに料理人として培ったサイエンス、つまり調理工程や材料使いに対する明確な理由が加わり、さらに彼ならではのモダンな盛りつけやプレゼンテーションによってクリエイションも達成している。カレーの世界でその到達点をめざす僕にとって、すごく魅力的な本なのです。

スパイス自体やブレンドを学びたい人へ

③

The Art of Blending

Lior Lev Sercarz他 著
Lior Lev Sercarz / Ma'amoul Shop LLC
2012年　192頁

著者オリジナルのミックススパイスを、そのスパイスを使った料理とともに紹介した本。ミックススパイスは地名や国名が冠されたものから、抽象的なネーミングのものまで約40種類。ミックススパイスを紹介する頁では、それに合う食材や料理を掲載し、続く料理の頁では完成写真とともに詳細なレシピも載せる。英語。

ニューヨークにも好きなスパイス専門店があり、それがこの本の著者の店です。この本ではそこのオリジナルミックススパイス約40種が紹介されているので、カタログ的な側面を持つ本とも言えますね。スパイスと、それを使った料理に興味がある方におすすめです。

オリジナルのミックススパイスのネーミングもおもしろくて、「イエメン」「ボンベイ」といった国や都市の名前をつけていたかと思うと、「ダリ」といった人名、そして「ブリーズ」のように抽象的なものもあります。地域の名がついたものは、そこの料理を拠りどころにしている文化的な要素が強いものです。とは言え、これはあくまで彼の「イエメン」や「ボンベイ」のイメージですから、そのスパイスが実際にそこの地域で使われているというわけではありません。抽象的な名前のものに関しては、もっと自由な発想からスパイスがブレンドされていて。音楽のジャンルの垣根を越えて選曲・編集されたコンピレーションアルバム（音楽に詳しい方には「Free Soul」のイメージだというと伝わるでしょうか）に近いものがありますね。

彼と会った時に、僕が運営している「AIR SPICE」の名刺を出したら、なんと知っていてくれました。おそらく、世界中を探してもスパイスのブレンダーはそんなにいないんでしょうね。自分も、いつかはこういったオリジナルミ

ミックススパイスを生み出す発想が自由で、自分がブレンドする時の参考になる

「いつかは自分もこんな本を出したい」と思わされる一冊

ックスパイスを紹介する本を出したいと、10年くらい前から妄想しています。もっとスパイスブレンドにおける自分なりの理論を突き詰めたいので、まだまだ先のことになるとは思いますが。

インドの地域性や文化に興味がある人へ

4

Food of the Grand Trunk Road

Recipes of Rural India, from Bengel to the Punjab

Anirudh Arora、Hardeep Singh Kohli 著
New Holland Publishers
2011年 22.2×26.7㎝ 224頁

インド各地の料理を紹介した、英語で書かれた実践的なレシピ集。「ベンガルとビハール」「デリー」「カシミール」など6つの地域ごとに章立てし、それぞれを代表する料理を紹介する。巻頭にはインド料理に対するスタンスについて著者2人による対談を収録。インド各地で撮影した風景や人々の様子が写された写真も豊富に掲載されている。

自分好みの、
オーセンティック寄りの
モダンインド料理の
レシピ集

エッセイや写真から
インド料理の
地域性や食文化が
学べる

この著者も、先に紹介した「インディアン・エッセンス」のシェフと同じくロンドンで活躍するインド人シェフです。彼もモダンインド料理をやっていて、2人の基本的なアプローチ方法に大差はありません。ただ、タイトルにある「Grand Trunk Road」というのは、料理やスパイスが運ばれてきた道筋というような意味。そこからも読み取れるように、こちらの料理はモダンインド料理の中でもオーセンティック寄りと言えます。

取材でロンドンに3ヵ月滞在した時、一番気に入ったモダンインディアンレストランが、この本の著者の店でした。今はもうなくなってしまったのですが、カメラマンを連れて飛び込みで取材をお願いしたら、何品も料理を作ってくれました。モダンインディアンの中でも、よりオーセンティックに近いこの店が一番気に入ったということは、僕もなんだかんだでインドの伝統やカルチャーが好きなのかもしれない。奇をてらいすぎた料理は、ピンと来ないんですよね。

今回紹介した5冊の中では、もっとも実用的な本だと思います。実際に、昔は僕もここに載っている料理を作ってみたことがありました。地域別に料理が掲載されていて、料理の合間にはインドの街の様子が記されたエッセイと雰囲気のある写真も載っています。料理を作るだけでなく、インド料理の地域性や文化を学びたい人には最適な本だと思います。

ハーブ、スパイスに興味がある人へ

5

Herb and Spices
The Cook's Reference

Jill Norman 著　DK
2015年　20.3×23.9㎝　336頁

200種類を超えるハーブとスパイスを豊富なビジュアルとともに紹介。それぞれのハーブやスパイスについて、基本情報から歴史や逸話、栽培方法まで詳細な解説を載せている。後半にはハーブ、スパイスのブレンド事例、さらにそれらに合う料理のレシピも掲載。もとは2002年に出版されたもので、2015年に改訂版が出た。英語。

ハーブ、スパイス好きなら
「一家に一冊」と
すすめたいほどの
圧倒的情報量

ジャーナリストである
著者自身が
驚くべき知識を持っている

水野仁輔　カレー研究家

これは、世界のスパイスとハーブを網羅した事典のような一冊です。この他にもスパイス、ハーブに関する本はたくさん持っていますが、いまだにこの本を超える情報量の本には出合えていません。仕事柄スパイスやハーブはよく使うものの、自分が見たことのないようなスパイスとハーブもたくさん載っていました。実はこの本、かつて日本の出版社から依頼されて僕が翻訳・監修した日本語版もあるのですが、今は絶版になっています。

著者はジャーナリストの方で、とにかくその知識量に驚きますね。スパイスに関する本をいくつか出していて、日本で翻訳されているものとしては『スパイス完全ガイド』（山と渓谷社）が手に入りやすいと思います。

この他に気に入っている、料理も載っている事典的な本には『PEPPER』があります。タイトルどおりコショウに特化した本で、世界のコショウが紹介されています。フランスの高級スパイスショップ「テール・エグゾティック」が協力して作った本で、こちらも唯一無二の知識を得られ、情報量が多いので、資料としての価値が高いです。

こういった、スパイスやカレー作りに関わるような事典は、仕事柄手元に置いておく必要がありますから、見つけたら必ず買うようにしています。このハーブとスパイスの本に関しては、プロの料理人はもちろん、一般の方でよくこれらを料理に使う方なら「一家に一冊」とぜひすすめたいですね。

東山広樹

フードプロデューサー

ひがしやまひろき
1986年生まれ。東京農業大学醸造科学科卒業後、人材派遣会社に勤務。その後、食専門の出版社を経て汁なし担々麺専門店「タンタンタイガー」を創業する。現在は会員制レストランの主宰、飲食企業のレシピ開発コンサルタントなどを行い、料理ブログ「CookingManiac」を運営。著書に『スーパーの食材で究極の家庭料理』（大和書房）がある。

How to choose books

私の本の選び方

常に目の前に迫る課題やテーマのヒントになる本を、電子書籍で購入

自分が手掛ける店のメニュー開発を行ったり、他の飲食店のプロデュースを担当したりする関係で、私には常に、目の前に向き合うべきテーマや課題があります。本は、そのテーマや課題を掘り下げるための情報、アイデア、ヒントの宝庫ですから、料理関係の本や雑誌だけで、年間200冊ほどを読んでいますね。例えば最近の私にとってホットなテーマは豆と野菜です。それをキーワードにウェブ検索して、少しでも気になった本や雑誌は基本的にKindleで購入しています。
「Kindleで購入」と言いましたが、必要な情報を必要な時に、いかに労力をかけずに素早く取り出せるか、という点で考えると電子書籍の効率のよさは大きな魅力です。6～7年前までは書店が大好きで、新刊書店や古書店を巡って本を買い集めていたのですが、電子書籍が普及してからはもっぱら電子書籍派になりました。以前に購入したものや今では手に入らない絶版本、電子書籍にないものは紙の本を持っていますが、新たに購入する場合、電子書籍があれば100%そちらを選びます。参考になるレシピやいいなと思った部分は、スクリーンショットを撮影して個人的な「料理メモ」としてアプリにまとめておきます。さらに、その中のレシピの試作をしてアイデアを得て、自分の考えのもとに展開して新たな料理が完成したら「自作料理レシピ」としてストックしておく、という具合です。

このように毎日料理本を見て情報を整理していると、近年の料理本のレシピの傾向や注目されているテーマも見えてきます。これが、私が今辿りついた、自分なりに料理本をもっとも上手に使いこなす方法です。

家で作る料理を上達させたい人へ

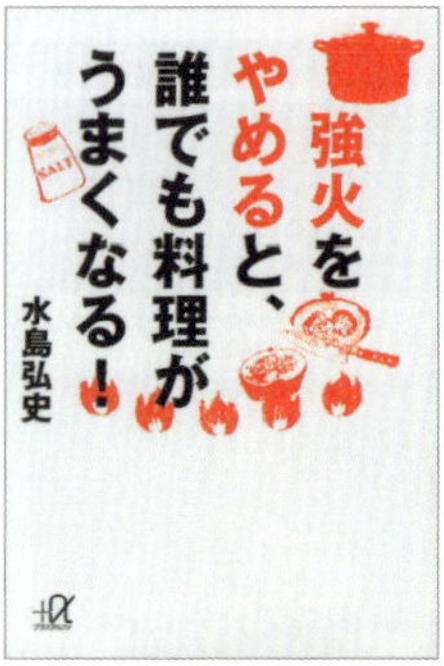

1

強火をやめると、誰でも料理がうまくなる！

水島弘史 著　講談社
2013年　A6変形判　208頁　650円

科学的な調理理論を取り入れた調理指導を行う著者が、今まで当然のように考えられてきた“料理の常識”を覆し、「火」「塩」「切り方」の３つのルールでおいしい料理を作るコツを、実際のレシピとともに紹介する。2010年に刊行された『美味しさの常識を疑え！強火をやめると誰でも料理がうまくなる』を文庫化したもの。

自分の人生を変えたと言ってもいい、
目から鱗の調理技が満載

「火加減」「塩加減」「切り方」の
たった3つで
普段の料理のおいしさが変わる

料理は感覚ではなくロジックが大切
と気づかせてくれた一冊

今では当たり前の
「調理科学」の視点が
いち早く取り入れられていた

実は、この本はタイトルを見て「いや、そんなことはないだろう」と半ば疑いの気持ちを持って購入したのですが、それが大間違い。まさに目から鱗のテクニックやロジックが満載で、「今まで自分がやっていたことは、一体何だったんだ！」と衝撃を受けました。そこから料理人生が変わったと言ってもいいかも知れません。と言うのも、私は中学生の頃からずっと日常的に料理をしてきたので、この本に出合う10年ほど前までは、自分の料理の腕にかなり自惚れていたと思います（笑）。しかし、この本によってそれが覆されたわけです。

調理中の火加減について、私が他の本から学び、当時世間でも主流だったと感じるのは、「食材のうまみを逃がさないようにするために、強火で調理してうまみを閉じ込める」という考え方でした。もちろん、食材やめざす仕上りにもよりますが、私自身は自分の経験からもその考えが正解だと思っていたので「強火をやめる？　何それ？」というのが、先ほども言ったようにこの本の第一印象でした。でも中をしっかり読むと、調理科学に裏付けされた内容が展開されていて、腑に落ちることばかり。著者の水島さんは、おいしい料理のルールは「火加減」「塩加減」「切り方」の3つにあると言っていて、中でも私が特に衝撃を受けたのが火加減と塩加減です。

例えば肉の加熱調理では、「たんぱく質は60℃から固まり始め、アミノ酸に変化する」ということが提示されていました。それを知ったことで、無駄に強火にする必要はなく、むしろ弱火でじっくり焼くほうがたんぱく質の変性がゆるやかになってうまみが増すという理論が理解できるようになりました。塩加減については、人間の血液の塩分濃度に近い0.8％が心地よいという提案があって、その通りにするとこれも納得のおいしさ。この理論を確かめてみたくて、精密秤を購入し、塩分濃度を細かく変えて味の実験をしたこともあります。

こういった調理科学、調理のコツ、レシピが合わせて紹介されているので、その通りに作った時のおいしさと、その理由が腑に落ちた時の気持ちよさは本当に爽快。今でも、私のバイブルの一冊です。料理に科学の視点を取り入れるという考え方は、今ではすっかりポピュラーになりましたが、この本はそれがまだ一般的ではなかった時代のもの。おいしさの理由を感覚的にではなくロジカルに、一般の読者にわかりやすく説明した先駆けの本ではないかと思います。

2

新・中国料理大全 四
四川料理

小学館 編　小学館
1997年　A4判　176頁　3800円（絶版）

多種多様な香辛料、調味料を用いて酸・麻・辣・香・苦の味を組み合わせ、色彩と香り豊かな料理を生み出す中国・四川地方。代表的な「麻婆豆腐」を始め、「水煮牛肉」「干焼大蝦」といった料理80品以上を、肉、魚介、野菜、スープ、点心といったカテゴリー別に紹介。現地の厨房で撮影しており、調理法を詳細に解説する。

古典的な四川料理の
正しい情報が
しっかり学べる、数少ない一冊

定番料理でも今とはレシピが異なり、
古典料理の作り手の意図が伝わる

写真や誌面作りが洗練されていない
ところも、“現地感”があって楽しい

地理や気候といった、その料理が
生まれるべくして生まれた
背景がわかる

東山広樹 フードプロデューサー

私は、料理書専門の出版社に勤務した後、汁なし担々麺専門店「タンタンタイガー」を創業しました。そのタイミングで、「四川料理の基本をもっと勉強したい」と考えて探し出したのがこの本です。中国料理に関しては、家庭向けのおしゃれで手に取りやすいレシピ本はたくさん出版されているのですが、古典料理についてしっかりと紹介されているものはあまり見かけません。この本はすでに絶版ですが、中国料理に携わる人は見かけたらぜひ入手してほしいですね。

私にとってこの本は、四川料理に関するバイブル。フランス料理の世界で言うと『エスコフィエ フランス料理』のようなものですね。伝統的かつ代表的な四川料理が、レシピや調理工程を含めて紹介されています。その他、四川の風土と料理の関係、使用される調味料やスパイス、中国野菜なども載っていて、四川料理の基本を学びたい人にとっては便利な一冊です。現地のキッチンで撮影を行っているため、日本国内で制作される料理本のような洗練された世界観はありませんが、それも中国らしいと感じます。

現在の日本で定番の四川料理であっても、この本と現在の日本では作り方が違うケースが多く見られるのも勉強になります。例えば、この本の「麻婆豆腐」のレシピには豆板醤が入っていなくて、豆腐は石膏で固めた石膏豆腐が使われています。実際にこのレシピで作ってみると、決してすごくおいしいというわけではないですが、「当時の現地の麻婆豆腐は、こういう味だったんだな」と実感することができます。

加えて、古典料理が「なぜそういうレシピで作られていたのか?」を考えるのも楽しい時間です。例えば、現在の麻婆豆腐の定番のレシピと当時のレシピとで異なる点としては、豆板醤不使用で、代わりに豆豉と唐辛子の粉末を使っていたり、石膏豆腐が使われていたりすることです。まず四川は、湿度が高く発酵文化が発達していたことから、発酵によるうまみが特徴的な豆豉が使われていたのだろう、と推測されます。また、海がない内陸だから、にがりは手に入らないため石膏で固めた豆腐が使われたのでしょう。このように、本で古典料理を知り、気候や地理的条件、歴史的背景からその料理の成り立ちを推測することは、料理を真に理解する上で非常に重要な方法だと思います。

野菜料理を上達させたい人へ

3

内田悟のやさい塾

旬の野菜の調理技のすべて 保存版 春夏／秋冬

内田悟 著 KADOKAWA
（メディアファクトリー）
2012年 B5判 223頁 1900円

フランス料理店での修業中に野菜への関心を深めた著者は、2005年にレストラン専門青果店「築地御厨」を創業し、本業の傍ら一般の消費者向けに無料の「やさい塾」を開講。本書ではそうした活動を続ける著者が、旬の野菜の部位ごとの扱い方や調理技、シンプルな料理を紹介。「春夏」「秋冬」の２冊展開で、2022年に改訂版を出版。

各野菜の特徴や向いている調理法などの情報が他に類を見ないほど充実している

著者の考えに基づいて作られたレシピは、納得のおいしさ

私はもともと企業勤めをしていた人間で、とにかく料理が好きで飲食業界に飛び込んだものの、調理師学校を卒業したわけでもなく、飲食店で修業を積んだわけでもありません。そのため、昔から家で料理を作ってきたとは言え、プロの料理人の方に比べると知識も技術も不足していました。そんな葛藤を抱えていた時に買ったのがこの本です。

著者の内田さんは、フランス料理店での修業を経てレストラン専門の青果店を営んでいるだけあり、旬の野菜に関する知識が本当に豊富。日本でよく使われる野菜に関して、特徴、目利きのポイント、向いている切り方、調理のコツ、そしてそれらを活かした料理のレシピと、必要な情報全てが網羅されています。これを常にキッチンに置いておけば、野菜料理を作ったり考えたりする時の〝お守り〟のような存在になると思います。

この本の中で特に感動したのはカブの項目です。カブを焼いたステーキに春菊のピュレを添えるレシピが出てくるのですが、「カブは皮の周囲と中心部分の食感が違うので皮は厚くむく」とか、「焦げ目をつけてから水やだしを入れて蒸し焼きにする」とか、自分ではこれまで思いつかなかった調理が提示されていて。その通りに調理すると、カブの香ばしい風味とホクホクとした食感がものすごく新鮮でした。料理自体はとてもシンプルなのですが、そのシンプルさからは想像もつかないくらいおいしいし、野菜同士の組み合わせには野菜のプロならではのオリジナリティが感じられる。野菜使いに関する本はたくさん出ていますが、自分にはこの本の考え方やレシピが一番しっくりきます。

日本料理人をはじめ プロの料理人へ

4

銀座 六雁 野菜料理のすべて

榎園豊治 著　世界文化社
2023年　B5変形判　424頁　5000円

春夏秋冬、旬の野菜だけを使用した料理を「銀座 六雁」の店主・榎園豊治氏のレシピで紹介。「家庭画報.com」に掲載された「野菜料理の“ちょっとしたコツ”365」をベースに、約650以上のレシピの中から423品を厳選して掲載する。季節と調理法ごとなどに分けて、おいしく作れるコツを美しい写真とともに丁寧に解説している。

先ほども野菜の本を紹介しましたが、こちらは完全にプロの料理人向けの料理本です。東京・銀座の日本料理店「六雁」は、全国各地から届く旬の野菜を駆使した料理に定評がある人気店。この本は、その店主の榎園豊治さんが伝授する春夏秋冬の野菜料理のレシピ集です。レシピ数がなんと423品と豊富で読みごたえがあるばかりか、榎園さんの野菜一つ一つに対する愛や哲学が感じられるのが特徴の一冊ですね。各野菜に対して「煮る」「揚げる」「焼く」というような調理法が提示されており、野菜と調理法を組み合わせて紹介しているという構成も個性的です。まさに永

著者の野菜愛と
料理哲学が
散りばめられた一冊

レシピ数が
多いだけでなく、
料理の作り方に丁寧さと
実直さを感じる

久保存版の野菜料理の本だと思います。
また、レシピがとても丁寧で、おいしさを実直に求める姿勢を感じます。例えば「ごま豆腐」で使うゴマについては、みがきゴマ（外皮をむいたゴマ）を単に「すりつぶす」のではなく、「中にある胚乳を外に押し出すイメージで搾る」というような具合に指示されていて、工程へのこだわりがとにかく細かくて丁寧。食材自体は手に入りやすいものですが、手間をしっかりとかけ、自らが考えるおいしさを突き詰めることでプロの料理は生まれるのだ！　と感動しました。個人的には海老芋が好きなので、この本の海老芋の炊き方を試してみたのですが、確かに相当手間はかかる（笑）。本のコンセプトは、「料亭のプロの味を、家庭でもおいしく作れるレシピで」となっていますが、正直、これを家で作るのはおそらく相当の料理マニアだと思います。でも、実際に作ると、本当においしく仕上がりますよ。

加熱料理を追求するプロの料理人へ

5

人気レストランが探求する

スチコンで作る魅力料理

料理人の感性を刺激する「加熱」の妙技

旭屋出版編集部 編　旭屋出版
2016年　A4判　192頁　3500円（絶版）

今やレストランでは欠かせない機器となったスチームコンベクションオーブン（スチコン）を使った調理は、料理人の感性、発想によって日々広がりを見せている。本書ではフランス料理、イタリア料理、スペイン料理、日本料理、中国料理、ラーメンという多彩なジャンルのシェフ19人がスチコンで作るオリジナル料理を紹介。プロの火入れの技が詳細に明かされる。

火入れという技術に対して、高い精度の情報が掲載されている

お店で実際に行われている調理なので、信頼性抜群

私自身はスチコンを持っていないのですが、さまざまな角度から食材に対する「火入れ」の勉強をしてみたいと思いこの本を購入しました。紹介されているレストランのジャンルは、フランス料理や日本料理からラーメン店まで、実に多彩。人気レストランの料理人による「スチコンで作るオリジナルの料理」というコンセプトなので、実際にお店で作られていたり、シェフの技術が反映されていたりするわけですから、レシピに信頼性があります。また、19人ものシェフが火入れを紹介しているので、加熱技術そのものに関する情報の精度が高い、情報が多いというのも特徴だと思います。

レストランのオリジナル料理だけあって、レシピ自体もクリエイティブで見ていて楽しいですし、バリエーションが非常に豊富。私は気になった料理を「自分の料理のアイデアの元」としてストックしておき、新しいメニューを開発する際に参考にしています。スチコンで高温で加熱する料理だけでなく、低温調理を用いた料理――鶏や魚介といったメイン料理から、おかゆ、デザートのレシピまで――も掲載されていますから、その料理自体の特徴や特性を考えたい時にも参考になることが多いですね。

索引が食材別になっているのも使いやすいポイントだと思います。食材ごとの火入れのケーススタディを、プロのシェフが実践している内容から学ぶことができるので、私のようにスチコンを持っていない方にもおすすめですね。

阿古真理

作家・生活史研究家

あこまり
1968年兵庫県生まれ。神戸女学院大学卒業。食の歴史とトレンド、食文化、女性の生き方や家族などをテーマに執筆活動を行う。著書に『日本の台所とキッチン一〇〇年物語』（平凡社）、『小林カツ代と栗原はるみ』（新潮新書）、『おいしい食の流行史』（青幻舎）、『日本外食全史』（亜紀書房）、『料理に対する「ねばならない」を捨てたら、うつの自分を受け入れられた』（幻冬舎）など。

＼ How to choose books ／

私の本の選び方

よいレシピ本の条件は、明確なテーマと再現性の高さ

料理を作る時は自分で試行錯誤するタイプなので、料理本を参考にすることはあまりありません。ではなぜ料理本を買うかと言えば、食の分野で執筆活動を行う職業柄「食のトレンド」を把握する必要があるからです。「時短レシピ」が流行っているようなら、そのジャンルの本をチェックする、という具合。2021年に刊行した『ラクしておいしい令和のごはん革命』（主婦の友社）では、今の人気レシピ本から日本の家庭料理の変化を分析しました。

たくさんレシピを見てきた経験もふまえると、テーマがはっきりしていて、再現性が高いことがいいレシピ本の条件だと思います。再現性が高いというのは、その料理の手順のコツやポイント、例えばどの段階で強火から弱火に切り替えるのかといったことが、わかりやすく記載され無駄がないということです。ただ、最近は世の中に存在するレシピが多すぎて、いいレシピ本も後から出た本にすぐに埋もれてしまうし、ウェブに至ってはレシピが氾濫していて何を基準に選べばいいかもわからないという状況。精度の低いレシピもたくさん見かけます。特に本では「文字数を減らすためにレシピを切り詰めすぎる」という傾向が見られ、世の中全体のレシピのレベルが下がっているようにさえ感じますね。

一方で、料理本は以前主婦向けばかりだったのが、男性向けを意識したものも増えています。また、認知症の人や身体が悪い人のためのレシピ本も見かけるようになりました。郷土料理本や世界の料理集といった、脳内再現で楽しむ料理本も増えているように思います。テーマに多様性が出てきたのは、近年の料理本業界のいい傾向と言えるのではないでしょうか。

物語の世界観を食の面から楽しみたい人へ

1

可愛い女へ。お菓子の絵本
可愛い女へ。料理の絵本

鎌倉書房書籍編集部 編　鎌倉書房
1978年　B5判　221頁　セット価格5000円（絶版）

『不思議の国のアリス』『赤毛のアン』『若草物語』などの西洋文学に出てきた人たちが食べていたものはどんな味だったのだろう——。そんなテーマに合わせ、それぞれの物語に出てくる菓子と料理の作り方を専門家たちが紹介。前半のカラーページでは物語と菓子や料理の写真、後半のモノクロページでレシピを掲載。

一時代ブームとなった、
物語作品の世界観を
楽しめる本

別世界への「憧れ」を、
食を通して実体験できる

制作陣は、信頼が置ける
料理研究家や専門家

当時の一般家庭では未知の菓子、
料理、材料が載っている

阿古真理 作家・生活史研究家

とにかく大好きな本です。絶版だし、出版元もすでにないですが、いろいろなところでこの本のお話をしています。この本のような、児童文学やアニメ、漫画といった物語の世界を題材にした料理本のパイオニアは、1976年に文化出版局から出た『プーさんのお料理読本』です。そこに続いたのが鎌倉書房で、こうした作品の世界観を楽しむための料理本は80年代半ばくらいまでブームになって、次々に類書が出版されました。『公式ハリー・ポッター魔法の料理帳』など、このジャンルは今も継承されていますよね。

この本は中学校の図書室で見て気に入り、誕生日プレゼントとして両親にもらったものです。私はその頃お菓子作りにハマっていて、いろいろなレシピ本を借りてはノートに写していました。ただ、この本に載っているレシピはいわば「妄想」で、「このとき『小公女』のセーラは○○を食べたにちがいありません」みたいな感じ。「白雪姫」が七人の小人のために作ったゼリーも、本来はフランスのパート・ド・フリュイのようなものがふさわしいのですが、ここに載っているのは日本のやわらかいゼリーです。でも、それでいいんです。料理製作は著名な料理研究家や辻調理師専門学校の先生たちですから、きっと全部わかった上で、日本の子供たちにわかりやすいように噛み砕いてレシピを提案してくれていたんですよね。

「赤毛のアン」のクッキーの項では、ピーカンナッツが手に入らないからと代替品を使っています。他にもナツメグ、コアントロー、ブラウンシュガー……今ではよく使われるものの、当時の一般家庭では聞いたこともない材料ばかりの未知の世界が広がっていました。私自身、実際に作ったお菓子や料理はそんなになくて、ビーフシチューパイを、中身をカレーに置き換えて作ったり、オートミールクッキーを、コーンフレークを使って作ったりしたくらい。フルーツケーキは、他のレシピと合体させて今も作っていますが。それ以外は、「きっとこんな味なんだろうな」と想像して楽しんでいただけです。それが、私のこの本の味わい方です。

文学の中でも特にイギリス文学には料理がたくさん出てくるので、関連本がたくさんありましたね。とは言えこの本のレシピは粗いし、文化や時代の考証も甘いんですが、本の性質上、それでも構わない。実用的ですぐに役立つ料理本がある一方で、自分では体験できない「憧れ」を紹介するこのような本がある。多様な料理本があるからおもしろいんですよ。

子供に加え、これまで料理をしたことがない大人へ

2

ひとりでできる 子どもキッチン

上田淳子 著　講談社
2018年　B5判　96頁　1400円

対象年齢を９歳以上とした、子供向けの料理入門書。共働き家庭で、夜まで一人で留守番している子供たちに料理の楽しさを教える。食材をたくさん使ったり、包丁で切る作業があったりするレシピは極力避け、ハンバーグもポリ袋に材料を入れて揉むだけなど、大人の手を借りなくても安全に作れるレシピを掲載。

子供たちが「自分で生きる」ための切実なレシピ集

レシピの約半分は包丁を使わずに作れるなど、子供への配慮が徹底的

プロの料理人にとっての「簡単」は、一般の人にとって「結構大変」だったりします。彼らはよりおいしくなるように「ひと手間」を加えますから。でも、一般の人にとってはそれが負担になることもあります。子供向けレシピにも同じことが言えて、料理人が関わった料理の楽しさやおいしさを伝えるような本がある一方、この本はその「ひと手間」が不要な、子供たちがリアルに自活するためのレシピ集です。

著者の上田さんに取材をしたことがあるのですが、親が遅くまで家に帰らず、子供がお腹を空かせても何も食べられないという事態が、現代の少なくない家庭で起きているといいます。そんな切実な背景があって、本書が出版されました。

この本の料理のうちおよそ半分は、包丁を使わずに作れます。身支度の仕方や野菜の洗い方といった基礎から始まって、例えば小学校低学年向けであれば缶詰の食材をご飯やパンにのせるだけのレシピが掲載されている。また、大人だったら包丁を使う場面でも、手でちぎるように指示されていて、安全性と作りやすさが最重要視されているのです。

子供向けの本ではありますが、これまで料理をしてこなかった大人も活用できます。いつも料理を作ってくれている家族が病気になった……そんな時には、この本でサバイブすることができるでしょう。絵が多く、プロセス写真も細かいので、文章を読むのが苦手な人にも向いています。

阿古真理　作家・生活史研究家

キッチン環境に恵まれていない人へ

③

極狭キッチンで絶品！自炊ごはん

きじまりゅうた 著　新星出版社
2024年　A5判　144頁　1300円

コンロが一口で、作業スペースが限られているキッチンでも作れる料理を60品以上掲載。章立ては「1皿で大満足！人気の定番おかず」「最速なのに激旨！ごはん・めん・パン」「2品同時に完成！極狭キッチンで献立」などに分かれ、豊富なコラムも掲載。漫画やイラストも交えて、狭いキッチンを使い倒す技の数々を紹介する。

劣悪な調理環境をポジティブにとらえる革命的な本

効率的に料理の進行を管理できるタイムスケジュールがわかりやすい

言葉を選ばず言うと「恐ろしく使いにくいキッチン」で一人暮らしの方が料理を作るための本です。この本で想定するモデルケースのキッチンがイラストで載っていますが、ごく狭い台所で誰もが知っている料理79品を作ることができます。

私は、キッチンに対しては並々ならぬ思いがあります。この前引っ越しした時には66件の物件を内見して、ようやく納得できる台所に出合うことができました。そもそも日本の家は欧米に比べてキッチンのスペースが狭いし、動線が配慮されていないのですが、一人暮らし用のワンルームともなると、コンロ一口、調理台はほぼなし、なんていうひどいキッチンもザラ。本来料理を作るには、仕込みや調理の途中の食材を置くスペースが必要なのに。

この本では、そんな環境でも、40代以下だったら好きそうな料理が一通り作れます。まずは直径20㎝の蓋つきフライパンを用意すべきと書いてあり、これで大体の料理をカバー。あとは、トースターの上などものを置ける場所をどこでも活用する、電子レンジや炊飯器を駆使して2品同時に料理を作れるようにする、材料を切ったらボウルではなく加熱前のフライパンに直接入れる……。こういった前提となるポイントが羅列されていて、さらにタイムスケジュールの形で手順が掲載されているので、素直にこの通りに作業すれば効率よくおいしい料理を作ることができますよ。

料理の腕をもう一段階上げたい人へ

4

くり返しつくると腕が上がる基本の10皿と、とっておきレシピ55

明日から、料理上手

山脇りこ 著　小学館
2016年　A5判　176頁　1300円

代官山の「リコズキッチン」を主宰する著者が、料理で一番大切だと思うこと、楽しみながら料理上手になる意外な近道を紹介。「野菜」「肉」「魚」の他、「献立と段取」「だし」「調味料」といった章を設けて、多角的にレシピを見せ、最終章では「同じ料理をくり返しつくってみる！基本の10皿」を打ち出す。

普遍的な調理理論が、
読みやすい文章で
わかりやすく解説されている

ポイントさえ理解すれば、
レシピを見ずともおいしい
料理が作れる

著者の山脇さんは文章がお上手。料理のコツなんかもわかりやすいので、すっと頭に入ってきます。東京に出てきた時に料理が大好きなおばさんと一緒に東京中を駆けまわって食材を集めたというような個人的な体験も綴られているのですが、それも読んでいて楽しいです。器や趣味の話題など興味深いコラムも載っています。

構成としては「そうそう！」と思えるような調理のポイントを解説した文章がまずあって、その後に基本のレシピが紹介されています。野菜をおいしくするには？　魚の下処理はどうする？　肉をおいしく焼くには？　そういったポイントが読みやすいエッセイ形式で記述してあります。だから、ここだけ理解すれば、料理の悩みが一気に解決する人もいる。この部分がこの本の肝だと思います。レシピ自体は和食寄りで、野菜であれば焼き野菜、蒸し野菜といったシンプルなものが多いのですが、ある程度料理を作る方ならレシピを見ずにポイントだけ読んでもおいしく作れるようになるでしょう。

近年、世にレシピが氾濫していることの弊害で、レシピを見ないと料理を作れない人が増えています。しかも失敗を過度に恐れる傾向があるようですが、料理は失敗しないとうまくなりません。これを読めばその失敗の原因がわかり「なぜ、その工程が必要なのか」というレシピの意味を理解できます。レシピを読む時の〝解像度〟が上がることは間違いありません。

阿古真理　作家・生活史研究家

大事な人の胃袋を掴みたい人へ

5

毎日のあたらしい料理

いつもの食材に「驚き」をひとさじ

今井真実 著　KADOKAWA
2022年　B5判　112頁　1500円

SNSやnoteで人気の料理家による初のレシピ集。「作った人がうれしくなる料理」をコンセプトに、身近な素材を使った「簡単だけど手抜きじゃない。手抜きじゃないけど疲れない」料理を掲載する。「30年間作り続けてたどり着いた 最後のカルボナーラ」をはじめ、メイン料理、副菜、おつまみ、ご飯と麺などを４章立てで約60点収録。

著者は近年珍しい王道の料理家で、「おもてなし」に使える料理がたくさん

発想が新鮮で、どこか引っ掛かりがある料理のタイトルがいい

本書が出版デビューの今井さんは、久々に登場した王道の料理家だと私は思っています。王道というのは、おいしいものをたくさん食べて育って、その経験をもとに料理を作っておもてなしをする。そういった恵まれたグルメ体験をされてきたという意味です。今井さんはおいしいものが好きな家族のもと神戸で育ったそうで、小学校2年生の時にはすでにカルボナーラの研究を始めていたとか。自らが重ねてきたおいしい体験や、小さい頃からの研究の積み重ねから生まれたレシピが、今では珍しい〝王道〟を感じさせます。

料理につけられている料理名も惹かれる要素で、「燻さないベーコン」「ローズマリーの鶏じゃが」「蒸しブリ」といった、「どういうことだろう?」と少し引っ掛かる、気になってしまうようなものが多いです。発想に新鮮味があり、それが料理名からも垣間見えるということでしょうか。なお、彼女のエッセイによると、昔は野菜が苦手だったようで、それゆえにこの本では「きゅうりのナンプラーマリネ」など、野菜を無理なく食べるレシピが充実しています。加えて「ニンジンの唐揚げ」「おとうフムス」などのお酒のアテになるような料理もたくさん。しかも、王道の料理本らしく、どれも気がきいたおもてなし料理に向いているイメージです。大切な人が家に来た時に、ぜひ作ってみてあげてください。

三浦哲哉

映画批評家・エッセイスト

みうらてつや
1976年生まれ。青山学院大学文学部比較芸術学科教授。映画批評・研究、表象文化論を専門としながら、食についての執筆も行う。食関連の著書に『食べたくなる本』(みすず書房)、『LAフード・ダイアリー』(講談社)、『自炊者になるための26週』(朝日出版社)がある。

＼ How to choose books ／

私の本の選び方

自分が持つ常識や料理観とは異なる 料理哲学を持つレシピ本に惹かれる

料理関連の本は、純粋に自分の喜びのために読んでいます。実際にレシピを作る場合もあれば、読みものとして楽しむだけのこともありますが、前者なら、家でお酒を飲むことが多いのでお酒に合うレシピをよく試しています。読みものとして楽しむ本は、著者の感受性の塊のような、小説に近いおもしろさがある本が好きです。最近では、今回ご紹介した本以外だと、細川亜衣さん、有賀薫さん、稲田俊輔さんの本をよく読んでいます。

特に惹かれるのは、自分がこれまで持っていた料理に対するイメージをぐっと押し広げてくれる本。常に「すごいものを読みたい」という欲求があり、文章やレシピの中で「そんなことをするの!?」とか「そんなことして、どうなるの!?」と感じること――自分が持つ常識とは違う、ある意味"狂っている"とも思える別の常識――に触れると、たまらなくワクワクします。例えば今回ご紹介した丸元淑生さんなら、「魚は死後硬直中でないといけない」とサラリとハードルの高いことを提唱していたり、ポシェする（弱火でゆでる）時の魚の火の入り方を２㎜厚ごとに検証していたり。有元葉子さんなら、揚げ物の油にとても高級なE.V.オリーブオイルを使っていたり。レシピから「この人は計り知れない美意識や哲学を持っている」と感じる人は、他の本も全て読みたくなります。

また、著者の人物像を掘り下げるのも僕なりの楽しみ方。出自や家族構成、経歴や趣味、さらには出版した本の内容と順番などから、その人が今の料理や哲学に辿りついた変遷について考えを巡らせるのが好きです。気になる方の本を読めば読むほどおもしろいこと、知りたいことが芋蔓式に浮かんできて、きりがないですね。

家庭料理を極めたい人へ

1

丸元淑生のシンプル料理

最新栄養学に基づいた
健康人のクッキング

丸元淑生 著　講談社
1993年　菊4変形判　159頁　2000円（絶版）

著者は作家・料理研究家の丸元淑生氏。日本の伝統的な食事は米（五穀）、豆、地元でとれる野菜と果物、海藻、沿岸で獲れる魚で構成され、それらの組み合わせにこそ民族の遺産と伝統があると考え、本書も野菜、魚、穀類料理のレシピで構成する。国内外の郷土料理や栄養学に基づいた料理、丸元氏のエッセイも収録。

真に素材を活かす、
素材にとってのベストな調理法が
示されている

国内外の素朴な郷土料理や
田舎料理のシンプルな
レシピが知れる

著者は文学者でもあるので
文章が読み物としておもしろい

「家庭料理の精髄」とでも
言うべきものが
ぎゅっと凝縮されている

三浦哲哉　映画批評家・エッセイスト

この本は僕が考える、戦後の日本が生んだ理想の一冊。予算と時間をかけて丁寧に本が制作されていた1990〜2000年代初頭の「料理本黄金期」に出版された本であり、初めての料理の教科書として学生時代から活用してきました。

著者の丸元さんは東大文学部を出た元文学者で、料理研究家になる前は編集者として活躍し、自分の書いた小説が芥川賞候補にもなった人物。他のレシピ本や作品からも、すごく高邁な理想を追う求道者のようなところが伝わってきます。自分と同時代の食の状況を嘆くくだりも印象的です。「日本の伝統的な食事を取り戻すべき」ということを、当時最新の栄養学の知識で検証しつつ、理路整然と語っています。最初は鰹節を削る話から入るので、料理書としてのハードルは高いですが、丸元さんのまるで文学書のような硬派な文章に引き込まれますね。時折おおげさすぎて、そこがチャーミングでもあります。

また、丸元さんは海外の家庭料理の名著にも精通していて、本書でも欧米各国の家庭料理やカリフォルニア料理を紹介しています。それらも含め、収録されている料理は、郷土料理や田舎料理にベクトルが向いている。洗練された華やかな料理ではなく、題名通りシンプルで素朴な料理が多く収録されています。国内外のローカルな家庭料理を再評価し、日本のかつての食生活を復権させながらも新しいレシピにアップデートしている、というバランスのよさが理想の一冊として推す理由です。

料理の難易度としては、それなりに手はかかるけれど「共働きの夫婦が普段の生活の中で作れる」という現代にも通じる設定。効率化を図るための道具類、無水調理のための多層鍋だとか、魚を新鮮なまま保存するための脱水シートなど、丸元さん独特のガジェット志向もあって、これも自分には魅力的でした。1980〜90年代は保存料や化学調味料への不安や公害問題が懸念された時代でもあるため、フードファディズム（食べ物や栄養が健康と病気に与える影響を根拠なく過大に信じること）にあたる描写が若干見られますが、現代に生きる僕たちは当時よりも正しい知識を備えているので、冷静に読めば大丈夫でしょう。

実際に作ってみると、やはり本当においしいと感動します。新鮮な魚や野菜のおいしさで感動するとはどういうことかが、丸元さんの本では魅力的な言葉で表現されているので、レシピ通りに作れば、料理と言葉の両面から説得されます。やや偏りは強いですが、家庭料理の精髄と言うべきものが凝縮された本だと、今もずっと思っています。

アートなど「表現すること」に関心がある人へ

②

高山なおみの料理

高山なおみ 著
KADOKAWA（メディアファクトリー）
2003年　A4変形判　133頁　1600円（絶版）

人気料理家・高山なおみ氏1作目のレシピ本。さまざまな料理に使えるソースやペーストが紹介された「すり鉢であたる」、パンや餃子の皮などを紹介した「粉をねる」、黒豆や大豆のゆで方、ジャムや鶏ガラスープを紹介する「鍋でコトコト煮る」で構成され、読みものとして楽しめるコラムも収録。2014年に新装版が発売された。

原始的な調理法で素材と
触れ合うことで、丁寧に料理を
作りたくなるし、作ることができる

一見不思議に見えるも
心に響く文章が魅力的

素材や料理自体を慈しむ気持ちを
思い起こさせてくれる

写真、文章、紙、ディレクション、
全てが美しく工芸品のよう

高山さんは、しなやかでやわらかな言葉を紡がれる方。感覚に訴え、すとんと腑に落ちる文章に惹かれて、新刊が出たらすぐ買うようになりました。この本は、レシピ集の第1作目です。2作目以降はもう少し読者が使いやすいよう変化していくのですが、こちらの場合、実用性は二の次で〝高山節〟が一番ピュアに輝き、突き抜けています。

例えば目次を見ると、章立てが「すり鉢であたる」「粉をねる」「鍋でコトコト煮る」の3つだけ。え?!　と驚きますよね。それぞれの章の中では、フライパンで焼くだとかの実用的な調理法もある程度は幅広く取り上げているのですが、全体の構えとしては、「家庭料理は普通こうやるもの」という常識からすごく自由です。つまり、「摺る」「練る」「煮る」という、太古から人が営んできた料理の根源を知り、それを継承してきた体の感覚を取り戻そう、という提案です。その根源を押さえれば、料理はおのずとできていきます、というような。特に高山節だと思うのが次の一節です。「煮込みもので一番大事なのは鍋の中をよく見ること。煮込まれている素材の気持ちに自分自身がなってみることです」。人によってはやや不思議な言葉のように聞こえるかもしれないけれど、「食材に今何が起きているのか」という見えない部分も含めて、感覚を鋭敏にして料理と繋がるイマジネーションを持つことが大切ということだと思います。高山さんの文章は、より深いところで料理や素材と繋がれる気にさせてくれます。例えばニンジンを調理すると、その故郷である畑や大地、自然とも繋がれる、というような。そのように森羅万象と響き合う表現が自然と使われていて、読むと料理観が変わります。電子レンジもやんわりと否定されていて、そのくだりも印象的です。「素材の変化していく様子が、肌を伝わってこない」と書かれているのですが、心が通わないという意味ではないでしょうか。合理的な道具が、実は料理の根源的な喜びから人を遠ざけることもある、と考えさせられます。

それから、アートワークも注目したいポイント。アートディレクションは立花文穂さん、写真は齊藤圭吾さん、イラストは川原真由美さん、コーディネートは高橋みどりさん、編集は丹治史彦さんと、まさにそれから各ジャンルの最前線を走ることになる方々が集結し、制作しています。裏話としては、「摺る」「練る」「煮る」だけの構成という規格外の本を作るのに大変な苦労があったと、丹治さんに直接聞いたことがあります。一冊の「本」としてとにかくユニークなので、アートなど表現すること自体に興味がある人に響くと思います。

「美しいもの」が好きな人へ

③

有元葉子
ソース・たれ・ドレッシング

有元葉子 著　ヴィレッジブックス
2007年　B5判　111頁　1600円（絶版）

ファッション業界の編集者を経て料理家に転身した有元葉子さんによる、ソース・たれ・ドレッシングに焦点を当てた本。かけるだけで食材がご馳走に大変身するトマトソース、マヨネーズ・グリーンマヨネーズ、ひき肉ドレッシング、みそドレッシングなど、多数のソース・たれ・ドレッシングとそれらを用いた料理を収録。

単にゆでたもの、
焼いたものがソースの力で
見違えるくらい美しくて
おいしくなる

斬新な
スタイリングにより、
知っているはずのものに
「出合い直せる」

有元さんの料理本は、その洗練された美意識に憧れて買い集めてきました。使用頻度もすごく高いです。お酒がすすむ味付けに思えるのもその理由です。有元さんはかつて、和食の伝統を集大成した辻嘉一の本を座右に置いて料理を研究されたそうですが、それら古典をふまえつつ、イタリアなどの外国料理の方法も組み合わせながら大胆にアレンジし、家で再現しやすい斬新なレシピを提案されます。簡単なのに抜群においしいです。

　この本もよく使い、レシピのいくつかは家で定番化しました。前書きには「ソースは素材の美味しさをストレートに食べるためのアイテムです」と書かれています。ソース・たれ・ドレッシングが、ゆでたり焼いたりした主素材を一気に見違えるような美しい一皿に変えてしまう存在としてとらえられていて、実際に作ってみて納得しました。

　有元さんの料理本は、シンプルでありつつ「洗練の極み」とでも言うようなものを感じます。例えば「ひき肉ドレッシング」は、薄手の透明なガラスのカップに、茶褐色のひき肉が入れて撮影されています。有元さんはかつて名うての編集者として視覚的構成の才能を発揮されていたそうですが、こんなふうに、組み合わせの妙が料理本の随所で見られます。単なるひき肉のはずなのに、えっ、ひき肉ってこんなに格好よかった？　という新鮮な感覚に襲われ、真似したくなるのです。いわば〝有元マジック〟ですね。またベトナム料理に傾倒した時期のある有元さんの料理は、香味野菜や生野菜を攻めたバランスで使うことが多く、シャープな印象があるのも格好いい。唯一の注意点は、有元さんが言うようにおいしいオリーブオイルを使うこと。それさえ守れば味の面でも有元マジックを実感できますよ。

魚料理をステップアップさせたい人へ

4

スゴイ魚料理
漁港の目の前にある
レストランのおいしい魚レシピ

依田隆 著　秀和システム
2019年　B5判　112頁　1500円

小田原港の目の前にあり、漁港から直接魚を仕入れることはもちろん、仲買人や漁師を手伝うこともあるという人気イタリアンレストラン「イルマーレ」のオーナーシェフが著者。そういった第1次産業との関わりに加え、“朝獲れ魚”の特徴を引き出す魚種別の調理法の提案や、アクアッパッツアなどの魚介料理のレシピを収録。

一番好きな魚料理の本です。魚の卸売をしている友人が、この界隈でとても尊敬されている方だと言って強くすすめるので、この本の著者である依田さんのお店へ食べに行ったのですが、涙が出るほどおいしかったです。魚はこんなにもおいしいのかと思ってしまいました。

この本には「醤油よ、さようなら。わさびも、さようなら。」という章があります。魚それぞれが個性的な風味を持つのだから、全て醤油味、わさび味にしてしまうのはもったい

魚種の個性や風味に
合わせた、
目から鱗の食べ方や
調理法が満載！

著者自身が魚の臭みが
苦手なので、
それを出さない
技術や工夫を学べる

ない、という提言です。イサキなら塩で締めた後にライムの皮をすりおろして枝豆やオクラを合わせる。イナダならオリーブとアンチョビのペーストと一緒に食べる。こういう具体的な提案に一つ一つ目を見開かされます。難易度も高すぎず、休日に気軽にできるくらいでちょうどいいですね。依田さんは魚の臭みに敏感な方で、もともとは魚が好きではなかったことから、店では臭みを出さない工夫を徹底しているとのこと。そうした技術も収録されています。

特に好きなメニューは、春に関東で出回る麦イカのフリットでしょうか。下処理が少々面倒だけれど、本に従って下処理をして、レシピ通りの衣をつけて高温の油でさっと揚げると、半生の内臓がまるでソース代わりになってたまらないんです。新鮮な旬の魚を使うことが前提なので、それを買い求められるよい魚屋さんをまずは見つける必要がありますが、もし条件を整えた上でこの本を使うなら、新しい扉が開くと思います。

お酒に合う料理を作りたい人へ

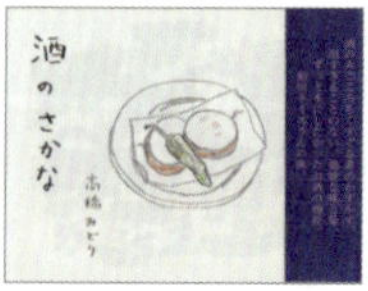

5

酒のさかな

高橋みどり 著
KADOKAWA（メディアファクトリー）
2007年　A5判　177頁　1300円

幻の小料理屋「ぽんぽん船」（東京・自由が丘／現在は閉店）や「にぼし」（神奈川・元住吉／同）で腕を振るい、著者が「お酒の師匠」と慕った船田キミヱさんの料理を98品収録。旬の素材がわかるように春夏秋冬に分けて紹介され、各料理の思い出やポイント、レシピを、文章とイラストで紹介。2014年ちくま文庫から文庫化。

少しの手間で、
気のきいた
酒肴を作ることができる

船田さんのレシピは
もちろん、
高橋さんの文章も
読み物として楽しい

三浦哲哉　映画批評家・エッセイスト

私が自炊するようになった動機の一つは、「家でゆっくり飲むためにおいしい酒肴を作りたい」という強い思いです。そのために今までたくさんの酒のつまみの本を読んできましたが、その中からベストワンを選ぶとすれば、こちらですね。

この本はフードスタイリストの高橋さんが、一緒に仕事をされていた小料理屋店主・船田キミヱさんの料理を集めた本。今はもうないお店なのですが、僕の理想の居酒屋はココだったのではないかな、と思うような料理ばかりです。何が最高かと言うと、ほんのひと手間の工夫で、気がきいた粋なつまみに仕上がること。しかし同時に、そのほんのひと手間の工夫は、素人が一朝一夕に思いつくものではないのだと感じさせられます。この本で解説される素材や調味料の組み合わせ方には必ず何かしらの驚きがあり、一見して何でもないはずのものが、格好いい料理に化けます。例えばタコの足の薄切りとエシャロットの薄切りをレモン汁で和え、同割の酒と醤油で味をととのえて、鰹節をさっくりと混ぜた「たこエシャ」。レシピを読んでいるだけで酒が飲めますよ（笑）。レシピに添えられた牧野伊三夫さんのイラストも、おいしいに違いないという確信を与えてくれます。

「イワシの塩ゆで」は、イワシを焼かずにしっとりゆでる料理ですが、鍋から上げる時には「箸だと皮が傷つくので素手で取り出し皿にもる」と書いてある。まるで赤ん坊をお風呂から上げるような書きぶりで、こういうところからも、おいしさに対するこまやかな気遣いが感じられます。普段使いはもちろん、お客を招いて家で飲む時の〝勝負つまみ作り〟の最強の味方になってくれる一冊です。

白央篤司

フードライター

はくおうあつし
1975年生まれ。フードライター、コラムニスト。現代人のための手軽な食生活の調え方と、より気楽な調理アプローチを主軸に企画・執筆する。主な著書に『にっぽんのおにぎり』（理論社）、『名前のない鍋、きょうの鍋』（光文社）、『はじめての胃もたれ　食とココロの更新記』（太田出版）など。

\ How to choose books /

私の本の選び方

信頼する著者の本や、気になる人が紹介していた本はまず読んでみる

書店にふらりと出かけて未知の本に出合う楽しさももちろんありますが、私が日頃から料理本を買うにあたって大切にしているのは「自分が信頼できる著者や紹介者を持つ」ことです。

料理家さんといった「著者」の場合は、まずその方の料理が好みかどうか（感性が合うかどうか）が最初のポイントだとは思います。ただ、その人の料理を好きになる背景には、その人が語る理論が信頼できるか、もっと話を聞きたいと思うか、といった要素があります。つまり、まず人間としての著者のファンになって「この人が書いているのなら、信頼できる」という観点で本を選ぶということが多いということです。今回お弁当の本を紹介した小田真規子さんはまさにその一人で、本を通じて心から頼りにしていました。

「紹介者」というのは、SNSなどで本を紹介してくださる方のこと。最近は特に、気になる人をフォローしていると、その方の投稿のおかげで素敵な料理本に出合うことが増えてきました。フォローする基準は「食べることが大好きな人」ですね。料理を仕事にしている人に限らず、とにかく食べることや料理を作ることが好きな方に惹かれます。そして、そういう方が紹介している本はまず読んでみることにしています。今回ご紹介した『祇園 鍵善 菓子がたり』は、SNSで出合って本当に好きになった本です。小説や漫画といった料理本以外のカテゴリーも同様だと思いますが、料理や料理本に関することで信頼できる“推し”を持っていると、自分の心にしっくりくる本を間違いなく手に入れられるという安心感を得ることができますよ。

毎日お弁当を作る人へ

1

決定版 つくりおきおかずで朝つめるだけ！弁当（別冊エッセ）

小田真規子 著　扶桑社
2009年　AB変形判　132頁　762円

お弁当だけでなく朝晩の食事にも役立つ215品の作りおきレシピを紹介。メインのおかずは、ハンバーグ、から揚げといった定番品を始め、豚肉、ひき肉、鶏肉、魚介、卵といった食材別にレシピを掲載。サブのおかずは、炒める、煮る、レンジ、あえる、漬けるといった調理法別になっている。おかずはすべて、1週間冷蔵保存が可能。

「なぜこうするのか」という
調理工程や食材使いの
理由が明確

おかずの種類が豊富で、弁当の作り手が
感じがちなマンネリの苦しさが晴れる

理知的で理論がしっかりしているのに、
本から“冷たさ”を感じない

家にある食材だけで、
「ありそうで実はない」料理が作れる

小田さんは、数多い料理研究家の中でも敬愛する先生の一人です。この本は、ある事情からツレのお弁当を3年ほど毎日私が作っていた時期に、心から頼りにしていました。おかずに困ると必ずこれを開いていた記憶があり、今でもこの本を見ると、あの頃の一生懸命な自分を思い出して胸が熱くなります。

小田さんの料理本が好きな理由は、「なぜ、こうするのか？」がしっかりと納得できるように書かれているからです。この本はお弁当作りに特化した本で、手間がかからず簡単に作りおきができるおかずがテーマなので、それに沿った食材使いや調理のポイントが「なぜ？」というところまで明確に書かれています。例えば、麻婆豆腐をアレンジした「ひき肉と厚揚げの味噌炒め」。麻婆豆腐で使われる普通の豆腐の代わりに厚揚げを使っているのですが、「お弁当だから、時間が経っても水気が出にくいように豆腐ではなく厚揚げを使う」ということを明示してくれていて、食材使いの理由がわかるわけです。「なるほど！」と、すとんと腑に落ちる気持ちよさがありますね。いいこと覚えたな、ちょっと得したなという嬉しさも感じて、それが料理の楽しさに繋がります。

理知的で、理論を持っていて、明確に答えを出す人は、一般的にはちょっと冷たい印象があることも多いと思うのですが、小田さんの場合はそれが全くないところも人気の理由だと思います。この本が２００９年に刊行されて以来のロングセラーになっていて、続編も何冊も出ているのは、「理論的で明快だけど、冷たくない」という著者や本が求められている結果だと感じます。

おかずは、定番のメインからサブまで種類豊富。どれもシンプルで、家にある食材で簡単に作れる品なのですが、〝ありがちなようで、ありがちではない〟ところがニクいところです(笑)。「アスパラのきんぴら」とか、「インゲンの明太炒め」とか、「ゴマをまぶす照り焼きチキン」とか、意外と自分では考えつかないですよね？　いつもの料理の食材をちょっと変えたり足したりするだけで全く違う料理になる驚きと新鮮さは、毎日の弁当や食卓をやりくりする人にとっては救いになります。「今日のおかず、思いつかないな」という時に、とりあえずこれを見れば安心の一冊です。

ルーティンとしての料理に疲れている人へ

2

賢い冷蔵庫

ラクするためのおいしい下ごしらえ

瀬尾幸子 著　NHK出版
2019年　A5判　128頁　1300円

食材を賢く使いまわすのは初心者には少しハードルが高いもの。そんな時に役立つのが、本書が提案する「ラクうま下ごしらえ術」というアイデアだ。野菜や肉はレンチンするだけ、塩をふるだけ。残った食材は醤油に漬ける、冷凍するといった簡単な下ごしらえ法を紹介し、「まずはこの一品」からメインのおかずまで約80レシピを掲載。

「できる人」ではなく「できない人」に寄り添うやさしさが感じられる

料理に対しての辛さを感じることなく、食材使いが自然と上手になる一冊

目から鱗の技が満載で、下ごしらえの先入観が変わった

この本にならって保存した食材の活用レシピがあるのも嬉しい

瀬尾さんも、頼りにしている先生のお一人。ご自身の料理観をきっちりと持っていながらも、「料理本を読んでもうまく作れない人」がいることを知っていて、そういう人たちに寄り添うやさしさを本から感じます。近年「時短」をテーマにした料理本は人気がありますが、そういう本の中には、一見丁寧に説明されていても「これくらいはできるでしょ」「何でそのくらいできないの」という思いが見え隠れするものがあることも……。瀬尾さんの本には、それを一切感じないのが、好きな理由の一つです。

また忙しい現代では、本当は料理が好きなのに、ルーティンワークとしての日々の料理に疲れている人が多いと感じます。そんな方にも、料理の楽しさを思い出させてくれるやさしさがある一冊です。自分もこの本に本当に助けられました。

野菜を買ってきたけれど使い切れなくて残ってしまった。そのまま使えず、ダメになって捨ててしまった。誰にでもそんな経験はあります。それでも、どうしたら料理が辛くならずに、かつうまく食材をやりくりできるようになるのか？　それをテーマにしたのがこの本です。「食材をどう使い切るか、無駄にしないか」という観点から、下ごしらえの工夫と保存法を紹介し、そしてそれを活かしたレシピを掲載しています。

例えばニラは、生のまま野菜室に入れておくよりも醤油に漬けておくと長持ちするとか、塩をふった野菜は、出た汁を捨てずにそのまま一緒に保存するとか、自炊をしてきた自分でも今まで聞いたことのないような下ごしらえの知恵が満載です。眼から鱗が何枚も落ちました(笑)。下ごしらえと保存が一石二鳥でできてしまうところや、さらにそれを活用する具体例としてレシピが載っているという本の構成も、とても使いやすいですね。下ごしらえは比較的簡単にできるものの、料理のレシピは決して簡単なものばかりではないのですが、この本を読んでいると「ちょっと手間のかかるものにも挑戦してみようかな」という気持ちになるのが不思議です。

お雑煮好きの人へ／他にない本を作りたい編集者へ

3

地元に行って、作って、食べた日本全国お雑煮レシピ

粕谷浩子 著　池田書店
2022年　A5判　128頁　1300円

著者は「お雑煮ほどおもしろい料理は他にない」と語るお雑煮研究家。日本のさまざまな地域のお雑煮の地域色の豊さ、独特の個性や奥深さに惹かれ研究を続けている。本書はそんな著者の活動とともに、実際に47都道府県で人の家を訪れ、食べ歩いたお雑煮の貴重なレシピを紹介。お雑煮を郷土料理と位置づけてその魅力を伝える。

これを超える
情報量と精度の
「お雑煮本」はない

実際に地方に住んで
情報を得たという
著者のバイタリティを
感じられる

これは、間違いなく日本全国のお雑煮研究とレシピの決定版。これ以上のものは、今後出ないと思っています。私自身もお雑煮が大好きで、毎年元旦にはSNSを通じてみなさんの地元のお雑煮を聞くということをここ数年やっているのですが、日本のお雑煮文化というのは本当に地域によって多種多様で、それぞれが独特の個性を持っています。

そんなお雑煮に特化して自分の足で研究を続けるのが、お雑煮研究家の粕谷さん。東北に移住して、そこを拠点にいろいろな場所に出かけて行き、人の家でお雑煮を食べ歩くなんて、どんなにお雑煮好きでもそんなことはなかなかできないですよね。そんな著者のバイタリティと、情報量のすごさ、精度の高さなど、全てにおいてお雑煮への熱量が伝わってきて圧倒されます。

例えば、熊本の「納豆に砂糖を加えて混ぜる雑煮」や、香川の「あんもち白味噌雑煮」、東北地方の「具沢山のお雑煮」など、47都道府県の個性あふれるお雑煮は、見ているだけでわくわくしますし、飽きることがありません。これらが、全てレシピつきで載っていて、それぞれの地域の食文化も垣間見える。本当に楽しい本です。

私自身も料理本を作ることがあるので、作り手の観点から考えると、料理本はまず「テーマを決めて特定の料理家さんにやってもらう」という作り方が多いですよね。でも逆に、熱を込めて打ち込むテーマがすでにある著者を見つけられた時の編集者の嬉しさは大きいと思います。この本の制作にあたった方も、きっと楽しい気持ちで本を作られたのではないかな、と想像しました。

自宅のキッチンが狭い人へ

4

狭すぎキッチンでもサクサク作れる超高速レシピ

今井亮 著　大和書房
2017年　B6判　128頁　1200円

「狭いキッチンなのでおいしい料理ができない」と諦めている人のために、手軽においしく、無理なく作れるコストパフォーマンス抜群のレシピを紹介する。レシピはすべて1人分、5分以下で完成するもの。料理家でありながら、狭小キッチンのワンルームで上京生活をスタートした著者自らの体験から生まれたアイデアが満載だ。

まな板も置けない、コンロは一つ、洗い物さえひと苦労……。今や中華料理のレシピ本で大人気の料理家である今井さんは、上京した時まさにこのような極狭キッチンの部屋に住んでいたそうです。そんな彼の経験から生まれたこの本は、同じ悩みを持つ読者に寄り添う一冊と言えるでしょう。

「キッチン環境からレシピを考える」というテーマが画期的でおもしろい

著者自身の経験から生まれた、ある一定のニーズに寄り添うレシピ

狭いキッチンで、できるだけ手軽においしく、無理なく料理を作る。こういう視点から書かれた料理本は、これまであまりありませんでした。ただ、実際にこういったキッ

チンで料理をしている人は多いと思います。オーブンや電子レンジは持っていなくて、オーブントースターしかないとか、コンロも鍋も一つしかないとか。これまでの多くの料理本は、この「環境」を置き去りにしていたのかもしれません。この本は、そんな環境でも作れるというレシピのおもしろさもありますし、何より今井さん自身がこういう部屋で生活をしていたという親近感も魅力です。今ある環境の中で、できるだけ快適に暮らそうという提案をするのも、料理本の役割ではないかと改めて考えさせられます。

加工品、レトルト、缶詰なども駆使して、1人分を5分以下で完成させるレシピが紹介されていますが、手の込んだ料理は当然ありません。火を使わない料理もあるので一人暮らしの気軽な食卓にも応用できます。また、「あまり料理に興味はないけれど、それなりに、簡単に作れるなら作りたい」というニーズに寄り添う料理本は少数派だと思うので、そういう意味でも貴重な一冊だと思います。

和菓子に興味がある人へ／茶道をたしなむ人へ

5

祇園 鍵善 菓子がたり

今西善也 著　世界文化社
2021年　B5変形判　192頁　3500円

京都・祇園にある老舗和菓子屋「鍵善良房」の15代目当主、今西善也氏による同店の菓子覚え書き。和菓子の基本、吟味された素材などにも触れられ、美しいビジュアルとともに和菓子の知識も深められる。同店が継承してきた四季折々の伝統的な和菓子、京都人の昔ながらのおやつ、異なるジャンルのクリエイターとのコラボ作品などを紹介。

和菓子を知らない人でも
見ているだけで
幸せになる
美しいビジュアル

京都の老舗和菓子店が
大切にする
伝統と革新が伝わる

白央篤司　フードライター

これは、京都の老舗和菓子店「鍵善良房」の15代目による、同店の和菓子作りの日々と歴史を著した本。純粋なレシピ本ではありませんが、同店の和菓子の美しさや魅力が満載です。まず、どのページのお菓子も本当に美しいのです。これをただ眺めているだけでも幸せな気持ちになります。実は数年前まで、和菓子に特段の興味はなく、詳しいわけでもなかったのですが、「和菓子をもっと知りたい」と深く思わせてくれるきっかけとなった本ですね。

著者の今西さんは、「発信する」「伝える」ことに意欲的な方で、鍵善良房の伝統や彼の哲学とともに、SNSでも積極的に四季折々の和菓子をご紹介されています。日本の伝統である和菓子を、もっと広い世代の人たちや世界中の人たちにも知ってもらいたいという思いが感じられてきます。私も知人とのつながりから彼のSNSやこの本を知りました。日本各地に老舗の有名和菓子店はたくさんありますが、哲学やあり方をここまで語ってくださる方は貴重ですよね。

最近は茶道をたしなまれる方も少しずつ増えているようですし、関連する和菓子の世界に足を踏み入れてみるのもいいのではと思います。実際に店を訪れてからこの本を読んで、さらに鍵善良房の世界に浸るのものよし、逆に本を読んで予習をしてから訪れるのもよし。ガイドブックのような意味合いでも使える本だと思います。「くずきり」がとても有名なのですが、この本に載っているような四季折々の上生菓子や他のお菓子もぜひ食べてみてほしいです。

大谷悠也

鮨ブログ「すしログ」主宰

おおたにゆうや
1981年生まれ。国際基督教大学卒業。鮨研究家、日本ソムリエ協会 J.S.A. SAKE DIPLOMA所持。鮨の本質を伝え、人気を高めるべく本邦随一の鮨ブログ「すしログ」を運営。また、広島県鮨アドバイザーとして活動しており「鮨と日本酒のペアリング」を積極的に提案している。自身の観点での店選びを得意とし、国内外で6500軒以上の飲食店を訪問。市場や生産者、醸造家のもとに足を運び、自らも料理する。

大谷悠也 鮨ブログ「すしログ」主宰

How to choose books

私の本の選び方

「食べ歩き」をもっと楽しくするために、プロ向けの専門書を読む

母親がハーブ研究家であることもあり、学生の時から世界を放浪して世界の料理を食べてきましたが、20代半ばにおいしい鮨に出合ったことで一気に鮨の虜になりました。一口でこれだけ味わい深く、感動を呼ぶ料理は他に存在しない、と。一口で多様な味覚を楽しませてくれる鮨の「一口の美学」に惚れた次第です。そこから、鮨に関する本には基本的に目を通すようになりました。さらに、日本料理の本も購入しますし、他にもイタリア料理やフランス料理をはじめとする海外の料理の専門書も、勉強のために買うようにしています。「勉強」というのは、自分の調理技術向上のためでもあるのですが、どちらかというと食べ歩きをする時の料理に対する"解像度"と体験価値を高めるためです。

その料理ジャンルならではの技術や食材に対する理解を持ち合わせていれば、外食をした時に、「この食材の取り合わせは秀逸だ」とか、「このソースを作るには、かなり複雑な工程と独創的な発想が必要だな」というように、目の前の料理から得られる情報量が多くなります。知って食べるのと、知らないで食べるのでは、楽しさがまったく違いますからね。表面的な味だけでなく、料理人の調理思想や発想を味わうことができる。僕は、食の知識によって料理の味は深まる、と信じています。

料理本を購入する際のポイントは、内容の独自性と、著者の哲学が感じられるかどうかです。レシピ本であれば、食材使いや調味料の組み合わせ、魚の扱いなどにその著者独自の視点と技術があり、新しい発見を得られる本に魅力を感じますね。また、著者や編者がその本を通して一貫性のある美学を表現していたり、思想やポリシーが文章として明示されていたりするものは、読みたくなります。加えて、今回紹介する本のように食文化を伝承する本には大きな価値を感じるので、積極的に購入しています。

鮨の食べ歩きが好きな人へ／若手・地方の鮨職人へ

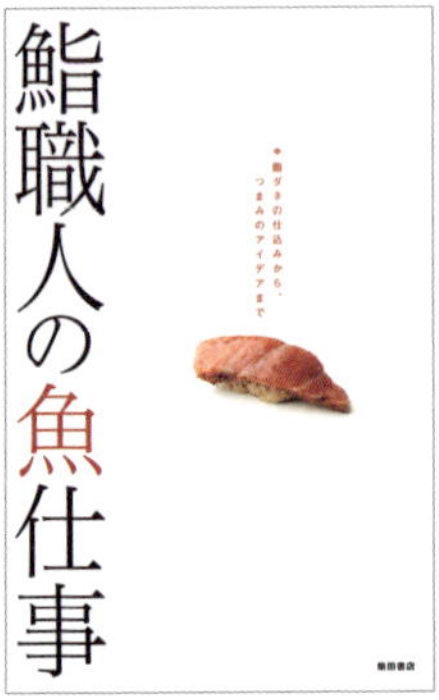

1

鮨職人の魚仕事
鮨ダネの仕込みから、つまみのアイデアまで

柴田書店 編　柴田書店
2018年　B5変形判　288頁　3900円

プロの料理人向け月刊誌『専門料理』の連載企画「鮨職人の握りと酒肴」を再編集してまとめた一冊。魚の目利き、切り方、熟成方法、酢締めや昆布締めの手法、煮炊きといった鮨店の仕込みの技術を35店に取材。代表的なタネについて74通りの仕込み方をプロセス写真とともに掲載する他、鮨店ならではの酒肴161品のレシピも紹介する。

35店もの実力派の
鮨店の技術が満載で、
店に行かなくとも“疑似修業”ができる

技術書が少ない
鮨の世界では貴重な、
鮨職人が“手のうち”を明かす本

握り鮨だけでなく、鮨店だからこその
酒肴のレシピも豊富に掲載

すし飯や煮切りといった、
江戸前鮨の根幹の仕事も
紹介している

大谷悠也　鮨ブログ「すしログ」主宰

鮨に関する本は見つけたらほぼ全て購入し、家に「鮨文庫」という本棚を作っているくらい、鮨の本には数多く目を通しています。それでも、本書ほど網羅的に重宝する本は、他にありません。

最大の魅力は、35人もの鮨職人の技が一冊にまとまっていることでしょう。掲載されている35店全てに実際に足を運ぶことができなくとも、この本を読めば疑似的に訪問や修業をすることができます。そもそも鮨の領域に関しては、他の料理ジャンルに比べるとプロ向けの技術書、専門書が少ない印象です。有名店を扱った写真集のようなビジュアル本や、店紹介を行うガイド本は数多くありますが、この本がスポットを当てているのは技術。魚の切り方や熟成方法、酢締めの手法、煮炊きといった鮨店ならではの仕込みの技術、さらに鮨店にとって欠かせないすし飯や煮切りなどの根幹的な仕事までも詳しく紹介しています。鮨好きが憧れるような実力店が、詳細な調理工程写真によって、その手のうちを明かしているわけですから、画期的な本だと言えます。握りだけでなく、酒肴のレシピを１５０品以上紹介しているのも嬉しいですね。

また、現代的な最先端の技術だけでなく、「煮いか」に代表される古風な仕事が紹介されているのもいいですね。先日、この本の作り方と、知人の鮨職人がすすめてくれた技法の両方を取り入れて家で煮いかを作ってみました。僕のような素人でも満足する仕上がりになりましたので、技術の高いプロの料理人の方が、この本に載っている伝統的な技術と自分の経験を組み合わせて独自の作り方を考案すれば、他の店にはないような仕事に繋がると思います。つまり、インスピレーションを得られる本です。

この本を特に読んでいただきたいのは、将来独立を考えている若手の鮨職人の方、あるいは、都市部の職人コミュニティの情報が届きづらい地方の鮨職人の方。酒肴も載っているので、和食店や居酒屋の方にも有用でしょう。そして、鮨通になりたい一般のグルメな方にもおすすめです。本書を読み込むことで、鮨の食べ歩きが格段に楽しくなること請け合いです。

なお、この本に限らず、複数の職人や料理人が登場する本のメリットとして、自分に近しい調理思想の人に出合える可能性が高い点が挙げられます。単著だと、その著者の調理思想と自分のそれが合わないということが、少なからずありますから。自分が興味があるテーマで、５人以上の共著となれば、個人的には絶対に「買い」ですね。端的に、お得です。

家飲み好きな人へ／ペアリングに悩んでいる料理人へ

2

最先端の日本酒ペアリング

千葉麻里絵、宇都宮仁 著　旭屋出版
2019年　A5判　192頁　2500円

日本酒バー「GEM by moto」の店長であった千葉氏が考案した日本酒と料理のペアリングを30種類以上紹介。酒を料理に合わせて熟成させたり、燗酒にしたり、オフフレーバーを活かしたりと、従来のペアリングの発想から一歩進んだ理論と実践を習得できる。日本酒の成分分析や品質評価に長らく関わった専門家との共著。

「日本酒ペアリング」
という分野の先駆者が
理論と実践を徹底解説

「なんとなく」の日本酒ペアリングを
脱却できるヒントになる

主観ではなく、科学的なエビデンスと
客観性を重視した提案

店でも家でも再現しやすいのに、
独創的な組み合わせを楽しめる

大谷悠也　鮨ブログ「すしログ」主宰

僕は2022年、日本ソムリエ協会が主催する「J.S.A. SAKE DIPLOMA」という日本酒・焼酎に関する認定試験に合格しました。試験勉強の過程で感じたのが、「日本酒の本当の魅力は日本人にすら伝わっていないのではないか?」という疑念です。例えば一部の高級鮨店では、日本酒をすすめず、鮨とは相性がいいとは言えないタイプのワインを推していたり……。鮨との相性を深く考えず、有名酒店から言われるがままに人気の銘柄を置いたり……。「日本酒は何を飲んでも同じ味」と言う日本料理人にも出会いました。もちろん、それぞれの好みや信念もあるので一概には言えないですが、鮨や日本料理の世界で、日本酒がないがしろにされているのは非常に残念なことです。

こうした極端な事例だけでなく、日本酒の銘柄をメニューに載せず「おすすめ」として提供している店であっても、日本酒と料理を「なんとなく合わせる」ケースが多いと感じます。日本酒は米から造られているので、米と合う料理にはなんとなく合ってしまい、ワインのように極端なネガティブ反応が起きない点も要因です。しかし、「なんとなく合わせる」ではマリアージュは生まれず、応用もききません。そのような「なんとなく」を客観的、科学的な根拠に基づいて解説、解決してくれるのがこの本です。これまで日本酒ペアリングの味覚的、嗅覚的なメカニズムを理論的に解説する本はありませんでしたので、非常に貴重な名著だと言えます。メカニズムを考えず、著者の主観に基づく「ペアリング」を紹介している本が多い中で、この本では、日本酒ペアリングの先駆者である千葉さんの提案が、研究者である共著者の宇都宮さんの科学的知見によって補強されています。具体的に言うと、日本酒の香気成分やフレーバーホイールを用いて、香りの表現とその由来を巻末で解説し、千葉さんの提案を補強するという構成になっているんですね。いい意味で変態的です。結果として、日本酒ペアリングにおける「理論」と「実践」がバランスよく配置されています。

著者の千葉さんが提案するペアリングは独自のイマジネーションが反映されていて独創的でありながら、非常に実践的かつ再現性が高いのも特徴です。例えば「ブルーチーズハムカツ」には「どぶろく」を合わせています。一般的には揚げもの料理には「辛口の日本酒」を合わせるところ、本書では真逆と言える提案をしています。そして、その心は、強い塩味とカリカリの衣の食感の〝隙間〟にどぶろくの粒々感ととろりとしたテクスチャーをソース代わりに合わせるイメージ。着想がすばらしいですね。家で作るには少し難易度の高い料理も載っていますが、そのまま作らなくても、紹介されているペアリングの理論や着想さえ理解すれば、応用がききます。

若手の鮨職人、特に関西出身の人へ

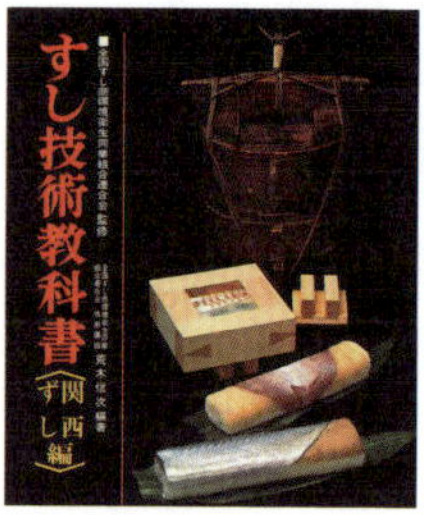

3

すし技術教科書〈関西ずし編〉

荒木信次 編著　旭屋出版
1990年　A4変形判　448頁　7282円（絶版）

大阪、京都、神戸の老舗や名店の技術を分析し、体系的に編集した「関西ずし」の教本。魚のさばき方や「押し」の技術といった関西ずしならではの技法を豊富な写真とともに紹介する。江戸前鮨店が採り入れることができる技術も解説し、関西の食文化に関するコラムも充実。廃れつつある関西の食文化を今に伝える貴重な資料。

たとえ世間ではマイナーかつ刊行が古いものであっても、文化的に価値がある本に惹かれます。本書はその好例と言えるでしょう。ここで扱われている「関西ずし」は、鯖の棒ずしや箱ずしなどに代表される押しずしが主体です。見た目は美しく、江戸前鮨とは異なる調理法が駆使されているため、今の時代に示唆に富む内容です。温故知新の源泉です。

しかし、悲しきかな、そんな魅力の詰まった関西ずしは、本場である大阪でも今や絶滅寸前です。現代的に見た目に華がある江戸前鮨（握り鮨）の人気に押されてしまい、後継者が育っていないことが背景にあります。それでも関西ずしは、大きなポテンシャルを秘めていると僕は確信しています。本場である関西の鮨職人の方は、関西ずしの文化を再発見して、他の地域の方にアピールしてほしいと願っています。

アピール方法は、いろいろ考えられます。例えば、関西ずしはポーションが大きくてお腹にたまりやすいために敬遠されることがあるのですが、その一方で最近は、一人分のポーションで言えばもっと大きい「おにぎり」がブームになっていますよね。売り方次第でどうにでもなるはずです。そして、必ずしも関西ずしの専門店でなくても、江戸前鮨のコースにハイブリッドさせたり、大阪が誇るだし文

廃れつつある
「関西ずし」の情報は貴重。
関西ずし復権の
起爆剤になってほしい

日本料理店や
江戸前の鮨店でも
活かせる技術が満載

化や割烹文化と組み合わせたりすることで魅力を提案することは可能です。また、外国人や現代の日本人には脂がのった魚が好まれる傾向があるので、金目鯛のような深海系の魚を使った料理を開発するのもいいですね。大阪が得意とする昆布締めとの相性もいいので、郷土性を付加することも可能です。江戸前鮨とは異なる関西ずしが息を吹き返し、普及することで、すし業界全体がさらに発展することを期待しています。

日本の古くからの食文化に興味のある人へ

4

聞き書ふるさとの家庭料理 第1巻 すし なれずし

農文協 編　農山漁村文化協会
2002年　A5判　262頁　2381円

農文協が編集・刊行した「聞き書」シリーズの「料理別」全10巻のうちの一冊。日本各地に古くから伝わるすしについて地域住民から聞き取り、その成り立ちや作り方を詳細に記述している。華やかなばらずしや巻きずし、握りずし、押しずし、なれずしといった、日本全国のバリエーション豊かなすしの数々が登場する。

この農文協の書籍「聞き書」シリーズには、「都道府県別」と「料理別」の2つがあり、ともに傑作です。「料理別」では、この「すし なれずし」の他、「漬物」の巻もおもしろいです。日本で残念ながら廃れつつある乳酸発酵の漬物を、全国から集めた本なので。「漬物」は米食文化の日本において郷土性をうかがい知れる食品です。とは言え、今回は自分の専門でもあるので「すし なれずし」の方を紹介します。まあ、これらもいわば「魚の漬物」ですからね。

日本のすしの郷土性について深く学べる一冊

失われつつあるレシピが書き留められていて、知られざるすしの世界に出合えるこの本に載っている「すし」は、江戸前鮨ではなく「郷土ずし」の分野です。日本各地、特に祝祭や保存を目的として山間部で作られることが多い郷土ずしは純粋におもしろいし、素朴だからこそ見た目が美しい。文化として残さないといけないと思います。やみくもな文化の保存ではなく、調理をアレンジすれば、現代でも十分通用するすしも少なくありません。保存食の延長線上にある郷土ずしは、全体的に甘味と酸味が強すぎる傾向があるので、そこを調整すれば現代の方にも受け入れられるはずです。野菜や湯葉などを使ったヘルシーなすしも、現代の健康志向にマッチするのではないでしょうか。例えば、広島県内陸部の「あずまずし（卯の花ずし）」が挙げられます。これは米ではなくおからを使ったすしで、米が貴重であった時代に作られたものです。その「あずまずし」を現代的にアレンジして、魅力を提案している江戸前鮨の人気店が広島市内にはあります。アレンジ次第でおもしろくなるのが郷土ずしです。

近年は各地の古い食文化に興味を持つ人も増えているように思いますが、それでもやはり大半の郷土食は知られていなくて、失われつつある。ですから、地域の方に取材して作り方をしっかり掲載したこの本は非常に貴重と言えます。

東京で店を営む日本料理人へ

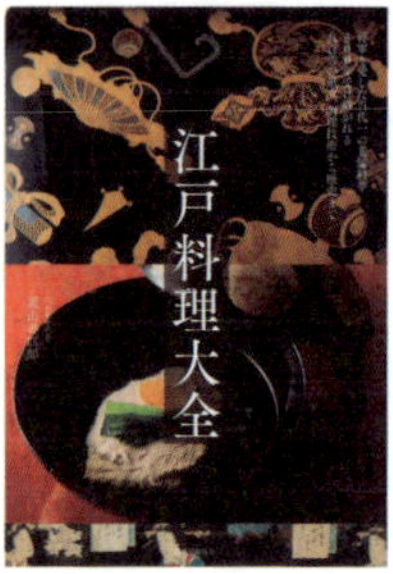

5

江戸料理大全

**将軍も愛した当代一の老舗料亭
300年受け継がれる
八百善の献立、調理技術から歴史まで**

栗山善四郎（八百善十代目）著　誠文堂新光社
2017年　B5変形判　224頁　3500円

1717年創業の料亭「八百善」の10代目である著者が、同店に残る5000以上の献立の中から、「これぞ江戸料理」と言えるものを厳選して130品を掲載。「ねぎま鍋」や「初鰹のげた造り」といった江戸の庶民が愛した味から当時「長崎風」として話題を集めた卓袱料理の数々まで、会席料理の形式にのっとって調理技術を幅広く紹介する。

“絶滅危惧種”の
「江戸料理」にフォーカス。
和食の料理人も知らない
ような料理が満載

多彩で創造性豊かな
江戸料理の世界を
この一冊で体験できる

大谷悠也　鮨ブログ「すしログ」主宰

こちらは江戸時代に江戸(=東京)で生まれた「江戸料理」の本です。ご存じの通り、現在東京で営業している日本料理店は、京料理の流れをくむ店ばかりです。これは、1923年の関東大震災やその後の戦禍によって東京の江戸料理店が打撃を受け、店の系譜が途絶えてしまったところに京都の料理店が進出し、アドバンテージを握ったという背景があるとされています(江戸前鮨が爆発的に全国展開したことの逆パターンです)。

そのため「江戸料理」と聞くと、江戸前鮨(握り鮨)や天ぷら、うなぎ、蕎麦といった、会席のような流れがなく単体で成立する料理をイメージする方が多いかもしれません。しかし、かつて存在した会席として提供される江戸料理にもおもしろいものが多数あります。刺身一つを取ってみても京料理とは異なるアプローチがとられていて、他にも気のきいた酒肴や、かつての江戸前=東京湾の旬の魚介類から生まれた鍋ものなど、バラエティに富んでいる。現在主流の料理には見られない調味や仕立て方もたくさんあります。

江戸料理は、観光客の方はもちろん、東京在住の方にも知って食べてほしいし、東京で働く和食の料理人にもっと注目してほしいと切実に思います。江戸料理は見た目こそシンプルながらクリエイティブに富むので、自身の料理に取り入れればお店の独自性が高まるのは明らかです。江戸料理はいわば東京の郷土料理ですから、東京で掘り下げない手はありません。そして、固有の魅力をうまく伝えられればお客さんから必ず支持されるはずです。僕は江戸料理の貴重なお店「江戸前 芝浜」のご主人、海原大さんのお料理をいただいて確信しました。

現在主流の京料理をベースとしたレシピに比べると調理の手数が少なく、気軽に作って食べられるレシピも多数あるので、一般の方にも気軽に試してほしいのが江戸料理です。いつもとは異なるアプローチで食材を使うと、食材の違う側面を発見できます。

若林知人

「辻調理師専門学校」
フランス料理教員

わかばやしともひと
辻調理師専門学校を経て、辻調理技術研究所を1992年に卒業後、同校に入職。フランスの一流レストラン「ピラミッド」での研修経験を持つ。テレビ番組「どっちの料理ショー」や「上沼恵美子のおしゃべりクッキング」などメディア出演多数。2019年のG20大阪サミットでは首脳夕食会の調理を担当。20年より一般社団法人日本エスコフィエ協会理事を務める。

＼ How to choose books ／

私の本の選び方

料理人生の中で長く活用できる本であることが前提。その上で技術の裏付け、最新知識、客観性を重視

調理師学校の教員として学生にすすめる料理本、もしくは私自身が興味のある本の特徴としては、まず流行を追いかける本ではないということが挙げられます。流行を無視しているわけではありませんが、料理人という職業、または料理に携わる期間を通して「長く」活用できるものであってほしいという思いがあるからです。ですから、ベーシックなもの、料理の本質をとらえているものを選びたい。そのため「調理技術の裏付けがあるか」「基礎的でありながら時代に合わせてアップデートができているか」「著者の主観によるものでなく、客観性を持った内容であるか」という点はチェックしています。「アップデート」と言いましたが、特にこの20年ほどで調理科学は飛躍的に進化しています。おいしさの科学や料理人の調理技術を研究している川崎寛也先生（味の素株式会社）のような方も出てきました。私たち料理分野の教育に携わる者としても、若い頃に学んだことをそのまま継承するだけでなく、知識を更新する必要を感じています。今回紹介した『Modernist Cuisine at Home ～』はまさにそうした目的に適うものですね。

また、例えば最近、パテ・アン・クルートについてのフランスの本を購入しました。パテ・アン・クルートは近年国際大会が開催されていますし、パテ自体、見直しが進んでいるフランス古典料理の一つですが、昔と今のレシピはテクニックの面でも明らかに変わっています。昔のパテ・アン・クルートは「焼きっぱなし」だったのが、現代では中身の詰めものと外側のパイに対する火入れ具合を変えるなど、火入れの精度が上がっている。古くからある料理のどの部分が継承されていて、どの工程が変わったのか。その伝統と革新の両方を確認するために、本を活用しています。

初心者から熟練した人まで、全てのフランス料理人へ

1

基礎からわかるフランス料理

辻調理師専門学校 監修
安藤裕康、古俣勝、戸田純弘 著　柴田書店
2009年　A4判　280頁　4800円

フランス料理の「普遍的な技術・技法」を柱に据え、基礎の基礎を丁寧に解説。前半の「技術編」では、包丁の使い方、素材の下処理、ソテ・ロースト・ポワレといった加熱技法、フォンやソースの作り方といった基本的な技術を紹介。後半の「料理編」では基本技術によるフランス郷土料理から現代的技術を使った料理まで56品を掲載。

料理のレシピ、背景、
調理工程の理由まで詳しく
説明されていて、再現性が高い

調理師学校での指導内容が
そのまま学べる教科書

料理のプロと研究スタッフが
タッグを組んでおり、
説明が抜かりなく行き届いている

料理熟練者が初心者に
教える時の「言語化」トレーニングの
教材としても最適

若林知人　「辻調理師専門学校」フランス料理教員

辻調の技術と知識が詰まった一冊で、私たちがいつも授業で教えていることが言語化された、精度と密度の高い内容です。料理全体の作り方だけではなく、ソースや付け合わせといったパーツの作り方も細かく載っているので、レシピの再現性が非常に高いのが特徴。さらに料理の背景や、調理工程の理由までもが説明し尽くされています。

普段、私たち教員が学生に教えている内容をテキストに起こそうとする時、「ちょっと間引いた内容になってしまったな」と感じることがよくあります。つまり、通常対面で料理を教えている側からすると、文章に起こす時に言語化を省いてしまう傾向にあると言いますか、「視覚で伝わっているだろう」と無意識に思い込んでいる部分があるのでしょうね。その点、本書は料理を作る・教えるプロフェッショナルと、歴史的な流れも含めて文献をベースに研究するスタッフが一緒になって制作されているので、細かい部分まで論理的に構築された、精度の高い文章になっています。私たちが普段言語化できていないところも、研究スタッフがしっかりカバーしてくれているのが特筆すべき点です。

フランス料理の初心者はもちろん、基礎を学んで応用に繋げたいと考えている人、それから熟練したベテラン料理人にも読んでほしいという気持ちがあります。ベテランになると、厨房で料理を作るだけでなく、料理を教える側にまわることがありますよね。しかし長年料理をしていると、経験が体にしみついており「料理が自然にできてしまう」ため、他の人に教える・説明するための言葉を忘れてしまっているケースがあります。そういう方に、ぜひこの本を活用いただきたいと思うのです。私たちの学校の卒業生でもたまに「就職先のシェフや先輩から、あまり料理を教えていただけなかった」という理由で仕事をやめてしまうケースを見かけます。もちろん、互いにさまざまな事情はあると思いますが、厨房を指揮する料理人に教える力・説明する力を発揮していただれば、もしかしたらそういった事態を避けられることになるのでは……とも感じるのです。ある関西のホテルのレストランでは、料理長クラスの方にこの本を学び直してもらうという社員教育をしていると聞きました。やる気のある若い料理人と、人手が必要なレストランの厨房、互いを繋ぐのが、「料理や調理を言語化して人に説明する力」と言ってもいいと思います。

今の自分の料理に迷いがある料理人へ

②
海の幸フランス料理

高橋忠之 著　柴田書店
1980年　B5変形判　184頁　4800円（版元在庫なし）

食通の間で広く知られた志摩観光ホテルの料理長、高橋忠之氏による、魚介料理を中心にした料理本。オードブル42品、スープ8品、伊勢志摩の海の幸を使った料理66品を掲載しており、その他にフュメやソースも紹介。151頁までは林浩二氏の力強い写真が掲載され、以降に簡単なルセットが続く。1982年に第二弾が出版。

出版年は古いが、料理がまったく古びておらず、新しくすら見える

王道のフランス料理の「強さ」と、シェフ自身の圧倒的な個性の両方が伝わってくる

この本のすばらしさは、まず料理写真の美しさ。今見ても全く古びておらず、新しくすら見えます。伊勢海老や鮑といった素材の新鮮さも、写真から強く伝わってきますね。料理が古びていないと感じるのは、料理が「フランス料理の王道」だからでしょう。食材の火の通し方も一つ一つ考えられていて、各素材を一番おいしい状態で皿に集約させようという丁寧な姿勢を感じます。

高橋シェフは海外での修業経験がなく、オーギュスト・エスコフィエなどの古いフランスの料理本から独学で料理を学んだ方です。この前後から、フランスで修業して帰国した日本人シェフが、現地の料理を日本で出すスタイルが主流となっていったのですが、高橋シェフは地元・志摩の海産物を使うフランス料理という軸を独自に作り上げた。現代で言う「ローカル・ガストロノミー」の先駆けですよね。ある程度経験を積んだ料理人が読むと、その人の料理ジャンルがなんであれ、おもしろいと感じるはず。とりわけ、料理で自分の個性を出す際に、どこか迷いがある人に響く本ではないでしょうか。この本を見ると、王道を崩さなくても、強烈な個性は出せるのだということが伝わってくるからです。高橋シェフが使うのは志摩近辺の食材なので、食材の種類は決して多くない。しかし産地に赴き、生産者と話をした上で料理を作っているのが、一つの個性として皿にしっかり反映されています。

海外の料理通へ／若いフランス料理人へ

3

現代フランス料理宝典

学習研究社（絶版）

※出版元での事実確認が難しく、
書籍情報については掲載を控えさせていただきます

フランス料理店で「かつて行われていた作業」が、今の自分の料理へのヒントになるかもしれない

1980～90年代の有名店のスペシャリテや店の実際の雰囲気がわかる

これはフランス料理研究家で当校の創設者でもある辻静雄が監修したもので、1980年後半にフランスを中心としたヨーロッパのレストランで取材を行って出版された、全12巻の大作です。当時のミシュランの星つきレストランを中心に著名な300軒について、スペシャリテの料理から店作りまで、いろいろな情報が掲載されています。

今は世界中の情報をウェブですぐに見ることができますが、80～90年代頃の若者は、海外のものを見るチャンスがほとんどなかったわけです。私はこの本のおかげで、さまざまな国のレストランと料理を知りました。フランス料理の授業で先生が有名店の説明をしてくれた時にも、この本を参照することで確認ができたんです。今改めて見ると、各店の変遷を感じられるのも楽しいですね。例えば、2000年前後に「分子ガストロノミー」として一躍有名になったスペインの「エル・ブジ」が掲載されているのですが、この本の当時はまだ、普通のフランス料理を作っている。こうした有名店の料理の移り変わりを発見するのも、特に世界の料理界をご存じの方にはおもしろいはずです。また若い料理人にとっても、ヒントがあるのではないでしょうか。最近は、クラシックなフランス料理店であっても調理工程を省いたり、時間のかかる工程をアウトソーシングしたりするケースがあるので、「今、失われている作業」を知ることができると思います。

家庭料理をより簡単に、かつレベルアップさせたい人へ

4

Modernist Cuisine at Home 現代料理のすべて

ネイサン・マイアーボールド 著・写真、マキシム・ビレット 著、
辻調グループ 辻静雄料理教育研究所 監修 他　KADOKAWA
2018年　27×34㎝　456頁　1万7000円

世界初のサイエンス・レシピ・ブックとして、革新的な調理法を科学的視点から紹介・網羅した６巻組の『Modernist Cuisine』をコンパクトにまとめた翻訳書。著者の一人は元マイクロソフト最高技術責任者で科学者。調理中の調理器具内の断面図が多数掲載されており、調理中の変化を可視化したのが画期的な点だ。調理科学に基づいた406のレシピを紹介。

新しい調理法を可視化、数値化、言語化したことで一般の人にも伝わる本になっている

調理中の食材や機器の「断面」を見せるという唯一無二の表現方法

まず、純粋な料理人ではない人が主となってこの本を作ったのがすごいと感じます。この本の原書は２０１１年に６冊組として米国で出版されたものですが、その前から世界の料理界では、真空調理や分子調理などといった現代的な調理法が広がっていました。そういった新しい革新的な調理法を、「科学者の視点」から説明した圧巻の本です。

科学の視点と言うと難しく感じるかもしれませんが、可視化、数値化、言語化が徹底されているので、一般の人にもわかりやすく伝わる内容になっています。例えば本書内で紹介される「ステーキの焼き方」では、実際に調理途中の肉を加熱機器（フライパンや鍋、時にはオーブンなど）ごと切った「断面図」が紹介されています。つまり、調理中に「見えない」ところが可視化されていて、肉や加熱機器の内部で何が起きているかがよくわかる。そしてそこに言語化、数値化された科学的な説明が添えられています。この伝え方が唯一無二ですばらしいですね。私たちも非常に勉強になった本ですが、特に家庭で料理を作る人に読んでいただきたいです。例えば、骨付きの鶏を焼く時には、火の通りにくい骨ぎわに金串を入れると伝導熱で火が通りやすくなるなど、家庭でも応用できるテクニックとロジックが満載ですから。調理中の衛生面に関することと、料理を作る前の心構えが書かれている点にも、料理本としての信頼性を感じます。

若林知人　「辻調理師専門学校」フランス料理教員

全ての料理人・サービススタッフへ

5

シグネチャー・ディッシュ

食を変えた240皿
SIGNATURE DISHES THAT MATTER

スーザン・ジャンク他 選、辻静雄料理教育研究所 監修 他
KADOKAWA　2020年　A5変形判　452頁　5800円

英・タイムズ紙の「FOOD BOOK OF THE YEAR」を受賞した英国発の本の日本語版。食のジャーナリストら7名が選ぶ、食の歴史を変えた「シグネチャー・ディッシュ」240品を、料理人、店名、料理の生まれた国、発表年とともに紹介する。それぞれの味わいを想起させ、背後のストーリーもよくわかる解説が秀逸。巻末にレシピも収録されている。

通読することで、
レストラン文化数百年の発展を
知ることができる

「絶対的なおいしさ」や
「時代を変えた味」を
読み解くのが楽しい

こちらは世界中のレストランなどのシグネチャー・ディッシュ（看板料理、特製料理のこと）が紹介されている本。ここに出てくる240品は、ここ数百年の世界のレストラン文化に大きな影響を及ぼした料理と言えます。掲載されているうち、料理としてはもっとも古い1798年のものから現代までのシグネチャー・ディッシュを網羅しており、今でも残る料理の数々が見られます。その料理が生まれた100年前、200年前と完全に同じ作り方ではないにしろ、その品が今でも残っているということは、例えばフランス料理のソースに代表される「絶対的なおいしさ」があるのだろうと感じています。

ですから、この本の読み方・楽しみ方としては、まず、それぞれの料理について時代を超えた「絶対的なおいしさ」がどこにあるのか探りながら読むこと。そして次に、その料理の何が時代を変えたのかを考察しながら読むこと。この2つの視点から読むことで、美食とレストラン文化の発展、そしてその料理が作られた時代の背景が頭の中で立体的に浮かび上がってくるように思います。

この本は、料理人はもちろんなのですが、サービスに従事する方にもぜひすすめたいですね。もしこの本に掲載されている料理を店で提供している場合は、料理にまつわる物語もレストランの〝味〟になるので、それをお客様に伝えるのもいいと思います。

長谷川美保

『オレンジページ』編集長

はせがわみほ
大学卒業後、1997年に株式会社オレンジページ入社。生活情報誌『オレンジページ』の料理テーマを中心に編集制作に携わり人気企画を担当。『絶対おいしいキャンプごはん』『romi-unieのうちで作るからおいしいおやつ』などムック本も多数手がける。『こどもオレンジページ』の立ち上げ、オレンジページ副編集長などを経て、2024年より現職。

How to choose books

私の本の選び方

作りやすさはもちろん、写真の“強さ”と著者の思いを感じるコメントを重視

仕事柄、書店巡りをしていろいろな本に目を通します。特に大型書店に足を運び、それぞれの書店がどこに力を入れているのか、どんなものを平積みにしているのか、どんな本が“推し”なのかを気にしつつ、本を入手することが多いですね。

一方で、自分が料理するために買う本を選ぶ時は、ページをめくるたびにワクワクする「写真が強い本」に惹かれます。強い写真とは、撮り方、料理セレクト、レシピがマッチし、その料理が作られる場所や季節、作る人が醸す空気感まで漂ってくるような写真のこと。例えば今回ご紹介した『ケンタロウの島ごはん』は、その料理が生まれた暑い場所の高揚感が伝わってきます。また、レシピが見やすいレイアウトかどうかも選ぶポイント。料理本においては「簡単そう、すぐにできそう、作りやすそう」と思えるかどうかが重要だと感じるので、材料表のまとめ方、調理工程の見せ方が気になります。

さらに今回、紹介する本を選んでいて気づいたのですが、私は「作りたい欲」を刺激し、背中を押してくれるような著者のコメントが載っている本が好きなようです。試作メモやコツ、こぼれ話といったコメントは、「読者に近い誌面作り」をテーマにする『オレンジページ』が大切にしているポイントでもあるので、気づかないうちに、私自身もそうした温かみを感じるコメントが載っている本を手に取っていました。ちなみに、2000年代の本が多いのは単に好みです。出版業界の事情で言うと、今は何か“強いフック”がないとなかなか本が出せない時代ですが、当時はストレートに「この人の料理を見たい」というシンプルな理由で制作された本が多かったイメージですね。

普段の食卓に少し新しい風を吹かせたい人へ

① 伝言レシピ

高橋みどり 著　マガジンハウス
2006年　A5判　160頁　1500円

雑誌『クウネル』の人気連載をまとめた本。著者は食まわりのスタイリストとして活躍する高橋みどりさん。料理家やカメラマン、飲食店のシェフなど、仕事やプライベートで出会った料理好きから「口伝えに教わったレシピ」を72品紹介する。著者による手書きのレシピや作ってみた際の感想コメントが特徴。愛用のキッチン道具や調味料、常備菜も掲載。

誰かがくり返し作ってきた
信頼が置ける料理ばかり

雑誌などでおなじみの人が
普段何を食べているのか知れる

簡単なのに、素材の合わせ方などに
発見のある料理が多い

高橋さんの一言コメントが
料理を作る後押しになる

長谷川美保 『オレンジページ』編集長

スタイリストの高橋さんが、仕事やプライベートの中で出会ってきた人に聞いたレシピを〝伝言〟のように紹介している本で、高橋さんの人脈のすばらしさがわかる錚々たる人が作ってきた料理が掲載されています。仕事柄、私が知っている方のお名前も多く、その方たちが普段、どんな料理を食べていたのかを知れるのも興味深いですね。しかもこの本は、その方々がくり返し作ってきたお気に入りの料理だけを、さらに高橋さんが実際に作ってみた感想やポイントを挟んで紹介するという構造。いわば信頼が置ける二重のフィルターがかかっている状態で、「どの品も間違いのない味」という絶対的な思いがあって、シリーズ全て持っています。

レシピは、簡単な工夫で素敵な一品になるものばかり。例えばざく切りにした水菜をE.V.オリーブオイルと塩、すりゴマで和えた「水菜のルッコラ風サラダ」は、水菜が、まるでゴマの風味を持つルッコラのように感じられます。レシピが親しみを感じる手書き文字で書かれているのも魅力的ですし、レシピや写真に添えられた高橋さんのコメントもいい。例えば、先の「水菜のルッコラ風サラダ」には「水菜とごまでアラ不思議。ほんとにルッコラみたいな味になる」とあります。他の品でも「冷えた白ワインが合うよ」「シンプルなレシピだから、いい素材を選んでね」などなど語り口調のコメントが続きますが、読んでいるうちにその一言がじわじわと効いてきて、本当に高橋さんから伝言を受けている感覚に。「そんなに言うなら作ってみようかな」という気になります(笑)。

『オレンジページ』でも、レシピを提供してくださる料理家の方によるレシピを編集部員が実際に作ってみた時のコツやこぼれ話を「編集部試作メモ」として入れています。「おいしいものを、失敗せずに作りたい。でも、今まで作ったことがないちょっと新しいものを作りたい」という時には、そういった誰かのリアルな声が「作りたい欲」を刺激してくれると思うのです。この高橋さんの本は、レシピの難易度としてはシンプルで簡単なものがほとんどなのですが、実は試すのに少し勇気がいるような珍しい素材合わせの料理も多い。そういう時に、高橋さんの温かい一言が背中を押してくれる気がします。

料理初心者へ／料理上級者だけれど基本に返りたい人へ

②
味つけ黄金比率で基本の料理100

オレンジページ
2019年　AB判　132頁　980円

「味付けがうまくいかない人」に向けた基礎的な料理本。豚の生姜焼きやカルボナーラなど、定番おかずの味付けをわかりやすい「黄金比率」で紹介し、いつ誰が作っても味付けが決まることを謳う。構成は「和食」「洋食」「中華とエスニック」「副菜」「ドレッシング」。巻末には全品の味付けをまとめた「味つけ黄金比率」早見表も。

料理初心者も上級者も発見があり、くり返し作ると**応用がきくようになる**

定番の家庭料理を**100品網羅**している

味付けの時の調味料の比率に注目した一冊です。料理写真の上に大きく調味料の〝黄金比率〟の配合がアイコンで記されていて、味付けが一目でわかりやすいレイアウト。豚のしょうが焼きや肉じゃが、マカロニグラタン、ハンバーグといった100品の定番料理を間違いなくおいしく作ることができるため、かなり実用的だと感じます。何度もくり返し作ることで味付けの配合を頭に入れることができるので、私にとっては何度も読み返し、立ち返る位置づけの本。また、例えばコールスローの味付けの配合はキャベツ以外の野菜にも応用できるなど、味付けを違う食材に応用できるのも魅力です。

わかりやすさ、覚えやすさを重視した初心者向けの本ですが、料理上級者にも重宝する本だと思います。今までの味付けとの違いに気づき、「この料理にはこの調味料も使っていいんだな」「これを入れるとよりおいしくなる」といった新しい発見があるからです。おそらく70代くらいの、私の友人のお母様もこの本にハマって、全品作って楽しまれていたと聞きました。そうした、今まで幾度となく定番料理を作ってきた大ベテランの先輩も、長年慣れてきた「自分流」とは違う調味料の配合や、それらによって味や食感が大きく変わったことに感動したようです。そう考えると、定番料理こそ奥が深いですよね。どの味付けや作り方も正解ではあるのですが、たまに基本に立ち返るおもしろさを改めて感じました。

気負わず、気軽にお菓子を作りたい人へ

3

みんなのおやつ
ちいさなレシピを33

なかしましほ 著 東京糸井重里事務所（現・株式会社ほぼ日）
2013年　逆AB判　120頁　1300円

「ほぼ日刊イトイ新聞」に掲載されていた人気企画「ちいさなレシピを１ダース」。同企画内でTwitter（現「X」）に発表されていたなかしましほ氏のおやつレシピに、33品を加えて書籍化したのが本書だ。近所に売っている素材で簡単に作ることができ、特別な道具もほとんど不要。１人～３人分のサイズで気軽におやつ作りに取り組める。

小ポーションだからこそ気軽におやつが作れる

バターの代わりに油を使うレシピが多く作りやすく、軽い味わいに

1～3人分の小ポーションのおやつを気軽に作れるレシピ集です。材料の量も少なくて済むので、「さあ、おやつを作るぞ！」という意気込みは必要なく、「まあ、作ってみようかな」くらいの気持ちで作れるのが魅力ですね。それでいて、掲載おやつのラインナップは幅広く、定番のクッキーやアイスクリームに加えて、お団子や中華まんなんかがあるのも嬉しい。さらにゆべしのように、本を見ないと作ろうと思わないようなものもあるので、週末の休みに、ページをめくって何を作ろうか考えるのが楽しいです。大勢の方にお菓子を配りたい時や、日持ちのするお菓子の時は大量に作るのがいいけれど、そうでない場合は、少量を作っておいしいうちにさっと食べるのが理想ですよね。使う材料も少量ですから、万が一、失敗したとしてもダメージが少ないですし（笑）。

著者のなかしましほさんは、体にやさしい素材を使って作るナチュラルなおやつを得意とされている方。特にバターの代わりに米油といったオイルを使う提案をされることが多いのが特徴で、それが人気の理由の一つだと思います。小麦粉にオイルを練り込むと混ざりやすいですし、バターに比べて器具も洗いやすく後片付けがしやすい。さらに仕上がりも軽くておいしいんです。レシピに添えられた一口メモも気がきいていて、作るコツだけでなく、作った後の食べ方までフォローしているコメントもあって嬉しいですね。

アジア好きの人へ／いつもと違う料理を作りたい人へ

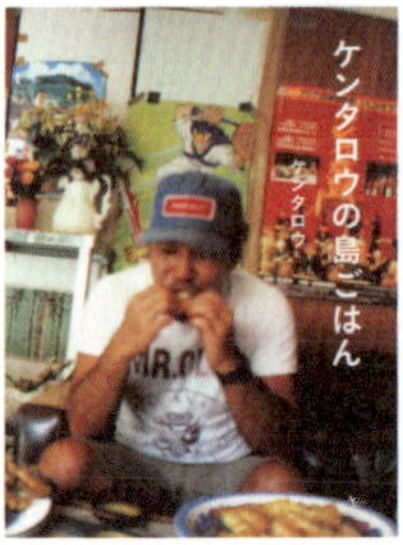

④

ケンタロウの島ごはん

ケンタロウ著　アスコム
2005年　A4変形判　93頁　1300円（絶版）

沖縄料理を中心に、タイやマレーシア、ベトナムといったアジア料理をテーマにしたレシピ集。主菜になる「大きいおかず」、副菜にちょうどいい「小さいおかず」、〆の「ごはんと麺」「甘いもの」で構成。沖縄料理とエスニック料理の人気の定番品がずらりと並び、著者の沖縄旅行記も収録され、写真集や読みものとしても楽しめる。

南国の高揚感を感じる
写真が楽しい

日本の素材で作れて、
失敗を感じにくい味付け

暑い場所の料理だということが伝わってくるキラキラした光を感じる写真など、南国独特の高揚感があるインパクトの強い写真が特徴で、夏になると見返したくなる一冊です。「島ごはん」というタイトルから一見、沖縄料理の本かと思うのですが、沖縄料理を中心に、アジア各国の料理も収録されている、いわゆる「アジア飯」の本。タイトルと中身が微妙に違っているのですが（笑）、文章から感じられるケンタロウさんのおおらかで陽気なキャラクターや、写真の雰囲気が、そんな細かいことは気にならないような気分にさせてくれます。

レシピも、それに通ずるような「ユルい雰囲気」が魅力の一つ。例えば、細かい工程写真を入れてしっかり紹介してもいいような長い調理工程が、「時々アクを取りながら3時間煮込む」とだけざっくり書かれているなど。そのレシピのシンプルさが、まだあまりなじみのなかったアジア飯を「作ってみよう」と思わせるハードルの低さに繋がっているのだと思います。掲載料理の中で特に好きなのは「切り干し大根のパパイヤ風サラダ」。本来現地ではパパイヤを使うところ、切り干し大根で代用する品です。作りやすいうえに、似た食感と味わいになることに感動しました。またケンタロウさんは何かしらの味が際立ったしっかりした味付けをされる方なので、たとえもし工程を間違えてしまっても、味のインパクトで失敗を感じにくいような気がします。

食材自体のおいしさを楽しみたい人へ

5

枝元なほみさんの根菜&豆おかず

枝元なほみ 著　主婦と生活社（絶版）

※出版元での事実確認が難しく、
書籍情報については掲載を控えさせていただきます

いつもの根菜や豆が、
手軽なのに一味違う料理に

枝元さんの、食材への
愛情深いコメントが楽しい

この本が発売された当時、私の知る限りでは豆をテーマにしたレシピ本があまりなかったことや、私自身が「もっとうまく豆を使いたい」と思っていたことから手に取った本です。豆は日本の昔ながらの食材、またはスローフードや健康的な食材として語られることが多いですが、この本では豆が野菜と同じ感覚で使われており、普段の食事に気軽に取り入れられるレシピが魅力です。私は特に「ひよこ豆のディップ」や「豆入りキーマカレー」といった海外のデリ風の料理に惹かれましたね。

またもう一つのテーマは根菜で、ニンジンやゴボウ、ジャガイモなど、普段からよく目にする食材ばかりが登場します。それなのに、枝元さんのレシピや語りを通すと、目先が変わるのがおもしろい点。「こう調理するとこう変わるんだ」「簡単な手間でこんなにおいしくなるんだ」といったいくつもの発見が生まれるんです。例えば「長芋のバター煮」のように、ひねりすぎてはいないけれど、それでいていつもとは違う味になる塩梅がちょうどよくて、どのレシピもよく作りました。煮る、炒める、揚げるなど、調理法によって食材の表情が大きく変わるのも特徴です。枝元さんは食材への愛情がとても深く、「食材をちゃんと見て調理しましょう」という姿勢の方。そうした考えや食材に対する愛情が随所に反映されている本だと思います。

淀野晃一

『月刊専門料理』編集長

よどのこういち
1978年生まれ。日本大学芸術学部映画学科卒業。編集プロダクションを経て、調理師学校の夜間部に通ったのち、2005年に食の専門出版社である柴田書店に入社。『cafe-sweets』編集部へ配属後、07年にプロの料理人向けの月刊誌『専門料理』編集部へ移り、12年より編集長を務める。担当書籍に『ワンオペ完全マニュアル』『ワンオペ店の仕込み術』『フランス料理の巨匠たち』。

＼ How to choose books ／

私の本の選び方

多様な料理本に目を通す中で、純粋に驚きを感じるのは「類書がない本」

新しい企画や記事での執筆内容などを考える時に料理本を見ることはありますが、読み込むというよりは、あくまでもアイデアのベースにするために眺めるイメージ。そういう時は、何か一つのテーマについて網羅的に情報が載っているもの、そして著者の色が前面に出ていないものを選びます。例えば、日本料理で使われる素材と定番料理について一覧化されている本や、フランス料理の多様なソースが一冊にまとまったレシピ集などですね。もちろん、取材相手である料理人さんの著書を読んだり、会社に日頃送られてくる料理関係の本に目を通したりと、仕事の流れで自然と料理本に接する機会も多いです。それ以外だと、時々家からアクセスがいい駅にある大型書店に寄り、平積みにされている本や、世間からの注目度が高い本をチェックしています。

そんな中で、読んでいて純粋に「この本すごいな」と感じるのは、類書がない本と、内容に独自の切り口が一つでも見られる本です。世にこれだけ料理本があふれ、テーマや企画、情報が出し尽くされている中で、類書や似た位置づけのものがない本が今も生まれている——。その事実に「まだまだやれることがある」と言われているような気がして、編集者として大きく勇気づけられます。もちろん、自分自身が雑誌や書籍を作る上でも、かなり意識してそこをめざしています。

個人的な話をすると、家で料理をするのも好きなのですが、レシピ本を見てその通りに作ることはありません。レシピ本を使うとしても、ぱらぱらとめくっておもしろそうな食材の組み合わせやその品に使われている調味料をインプットするくらいで、あとは自分の経験にまかせてささっと作ることが多いですね。

料理を通して向田邦子の考え方に触れたい人へ

1

向田邦子の手料理

向田和子 監修・料理製作　講談社
1989年　B5変形判　131頁　1600円

脚本家、小説家、エッセイストとして活躍した向田邦子氏が生前好んで作った料理を収録し、彼女の"人となり"とともに紹介する本。忙しい仕事の合間に自ら作り食した、手早く、簡単でおいしいおかずの数々が掲載されている。彼女の手料理のよき理解者でもあった妹の向田和子氏が料理製作を行い、思い出とともに再現しているのも見どころ。

エッセイやドラマの
脚本の裏側にあるリアルな生活を
垣間見ることができる

料理研究家でもないのに、
この人の料理だけで
本が作られたという驚き

料理と器のセレクトに
日常を楽しむ人柄が表れている

15〜20分ほど眺めることで、
仕事を忘れて頭をからっぽにできる

先ほど本の選び方や「すごい」と思う本についてお話ししましたが、この本はちょっと別枠。私は大学時代から、向田邦子さんの書くもの、特にエッセイが大好きで、その裏側にある「よりリアルな生活」を知るために購入した本です。彼女のエッセイのおもしろさのヒントになっているものが、普段作っていた料理にもあるのではないか。またそのヒントを知ることで、自分も魅力的な文章を生み出せるようになるのではないか。いつもそんな思いで、この本を開いています。正直なところ料理写真は少し古びて感じますし、彼女のライフスタイルを取り上げた本で他におしゃれな本もあるのですが、リアルな生活、料理を知れる本として今回こちらを選びました。

登場する料理は、本当に普通のおかず。気の張るような料理や高級食材を使った料理はなくて、日常的に食べたり、人にふるまったりしていたんだろうな、と感じられる料理ばかりです。メニューは、例えば「トマトの青じそサラダ」「常夜鍋」「ピーマンの焼きびたし」などがありますが、言葉を選ばずに言うと、本当になんてことない素朴な料理。でもそんなところに、飾ることなく、なんでもない日常を楽しむ人柄が表れているように思うのです。使われている器も、素敵ではあるけれど必ずしもすごく上等のものではない。例えば誤って誰かが割ってしまったとしても、そこまでくよくよしないくらいのもの。そんな料理と器選びに、彼女の考え方が読み取れます。

本の作り手の視点から話すと、料理研究家でもないのに、この人の日常の料理だけで本が制作されるのはすごいことですよね。まさに「著者性の極み」とも言える本だと思います。しかも、向田さんが1981年に亡くなってからもうしばらく経ちますが、この本はいまだに重版を重ねているようです。亡くなってこれだけ年月を重ねてなお、人を惹きつける理由はどこにあるのか？　そこに思いを馳せるのも楽しい時間です。もちろん、向田さんの書くものが好きな身としては、この本の中にもエッセイやドラマの脚本と関連する話が出てくるのでそれだけでおもしろいですが。家にいても、仕事やチームマネジメントについて考え込むことが多いので、料理を作ったり、この本を読んだりして、意識的に頭をからっぽにする時間を作っています。

②

The Family Meal ファミリー・ミール

フェラン・アドリアの家庭料理

フェラン・アドリア 著、
辻静雄料理教育研究所 監修 他　KADOKAWA
2019年　A4変形判　384頁　4800円

世界一予約が取れないと言われた伝説のレストラン「エル・ブジ」のフェラン・アドリア氏による、初の家庭料理集。ファミリー・ミールは同店のスタッフが毎日食べていたまかないを指し、手に入りやすい食材を使ったシンプルな品々を、手順ごとに大きな写真つきで解説。食事は前菜、主菜、デザートの３品セットで、メニュー構成も含め紹介。

完成料理が小さめで、工程写真が大きめという斬新な誌面レイアウト

下準備や調理のタイムスケジュールは価値のある情報だと感じる

この本は、誌面レイアウトやコンテンツの見せ方が新しくて、純粋にすごいと感じた一冊です。われわれ料理本の作り手は、誌面で料理の完成写真を大きく使いがちなのですが、この本は完成写真が小さい。小さいというか、調理工程の写真とほぼ同じレベルの扱いになっていて、その代わり工程写真が一般的な料理本よりも大きく使われています。掲載料理はいわゆる「まかない」で、シンプルな料理が多いのでそれでも驚きがありました。

加えておもしろいのが、工程写真に対する説明の入れ方です。大きく使われた工程写真の中に短い一言のキャプションがのっている形で、この見せ方はそれまで見たことがありませんでした。また前菜、メイン、デザートの3品で構成されるまかないを時間通りに完成させるための、下準備や調理のタイムスケジュールが可視化されているのも斬新な点です。料理自体がそこまで変わったものでなくとも(あくまでまかないなので)、見せ方によってはおもしろい本になると再認識しました。

語弊があるかもしれませんが、今はレシピや料理写真自体に情報としての価値はないのかもしれません。その両方が、本やウェブですぐに手に入る時代ですから。今はレシピや料理の裏側にあるもの――この本にあるような調理の準備工程や、シェフの発想の元など――が知れる本にこそ、価値があると感じています。

ジャンル問わず全ての料理人へ

3

京料理のこころみ

柴田日本料理研鑽会 著　柴田書店
1990年　B5判　343頁　4660円

京都の料亭の主人が集い、1966年に月刊誌『専門料理』誌上で発足した柴田日本料理研鑽会。本書は、２代目のメンバー「瓢亭」髙橋英一氏、「天㐂」石川輝雄氏、「中村楼」辻雅光氏、「ひろや」廣谷和仁氏、「美山荘」中東吉次氏、「菊乃井」村田吉弘氏の６名が毎月一つの素材に向き合い、思考し、その結果を調理・試食した過程を記すものである。

料理人同士の対話から料理が生まれていく過程がおもしろい

他ジャンルの考え方を取り入れるなど当時の日本料理としては先進的な試み

京都の名だたる料亭の料理人たちが複数名で一つの食材について相談し合い、ゼロから料理を生み出して、完成まで持っていく。そしてその完成にいたるまでの過程と試行錯誤、対話を全て見ることができる。そんな本は、今も昔も他にないのではないかと思います。「1人の料理人が考えた料理を発表する」のではなく、「料理人同士の対話から新しい料理が生まれていく」おもしろさは、ジャンル問わず全ての料理人さんに感じていただけると思います。

ここで生み出された料理は、実際に各店で提供されたわけではありません。だからこそ、チャレンジングな試みや失敗も多く、失敗の要因も含めて書かれているので、料理人の思考回路がよくわかります。また、今でこそ日本料理にフランス料理の技術を取り入れるなど「ジャンルミックス」の考え方は当たり前になりましたが、当時は一般的ではありませんでした。そんな中、この本ではフランス料理や中国料理の考え方も提案されていて、当時の日本料理としては相当先進的。他ジャンルの考え方を参考にしつつも、あくまで日本料理のフォーマットにのっとって作られた完成料理自体もおもしろいと思います。料理用語に対する注釈の入れ方にも時代を感じますね。今はどのジャンルの料理人でもトリュフやアメリケーヌソースはご存じかと思いますが、当時はまだ浸透していなかったためか、それらに詳細な解説がついています。

新しい創作のヒントを得たい料理人へ

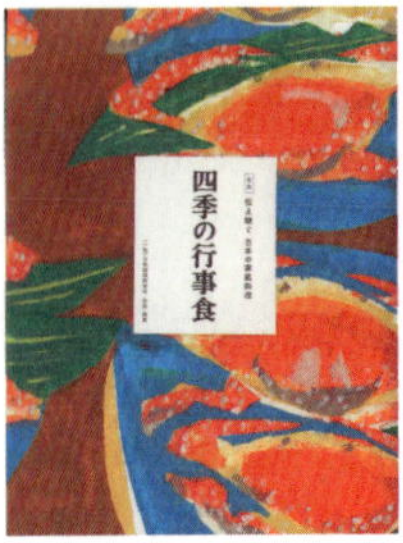

4

四季の行事食
（全集 伝え継ぐ 日本の家庭料理）

日本調理科学会 企画・編　農山漁村文化協会
2021年　B5変形判　130頁　2800円

日本調理科学会が日本各地で昭和35～45年の食生活を聞き書きしてきた中から選ばれた、家庭で作れる四季の行事食を紹介。地域の人々が次世代も作ってほしい、食べてほしいと願う料理が集められている。「汁もの」「野菜のおかず　春から夏」といったテーマごとに分かれた全16巻のうちの一冊で、安価なハンディ版も発売されている。

残さないと
失われてしまう料理を
しっかりと記録している

昔のレシピを元に料理を作って
新規撮影しているので、
写真がきれい

この本が含まれる『全集 伝え継ぐ 日本の家庭料理』シリーズは、第13回辻静雄食文化賞を受賞していたことから、その存在を知りました。先ほど、今の時代、レシピや料理写真には情報としての価値がないかもしれないとお話ししましたが、「残さないと失われてしまうレシピや料理」は別です。このシリーズで紹介されている昭和35～45年の食生活や料理は、伝え続けていくこと自体に価値があります。そういう意味ですばらしい書籍制作プロジェクトだと感じ、今回紹介しました。昔のレシピを元に料理を新しく作って撮影しているので、料理写真がきれいで、料理内容がわかりやすいのもいいですね。シリーズの中で「四季の行事食」を選んだのは、世代や地域を越えて話題にしやすいテーマだと思うからです。

今、「家庭料理のエッセンス」とでも言うべきものが、世代が変わるにつれてどんどん薄まってきているのを感じます。例えば同居世帯が減り、これまでおばあさんからお母さんへ受け継がれてきた家庭料理がなくなっていく。そんな現状があるので、地域ごとに昔から作られてきた料理がいずれ消えてしまうような気すらしています。ただ近年、料理人さんたちから「日本の郷土料理を参考に料理を考えてみた」という声をよく聞くようになりました。店がある地域に昔から伝わる料理を深掘りすることが、実は新しい創作のヒントになり、またその料理を後世に残すことに繋がるのかもしれません。

淀野晃一 『月刊専門料理』編集長

料理本から刺激を得たい人へ

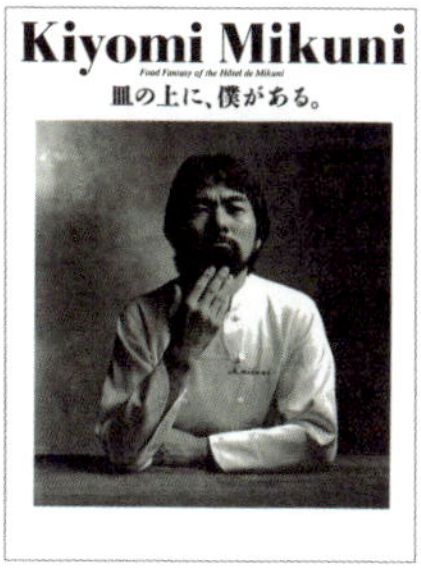

5

皿の上に、僕がある。

三國清三 著　柴田書店
2016年　菊4変形判　210頁　6000円

YouTubeでの活躍も目覚ましいフランス料理人の著者が、自店「オテル・ドゥ・ミクニ」を開業した翌年の1986年に出版した同名の書籍の復刻版。トマト、オマール、仔羊といった20の素材を取り上げ、それぞれに対する考え方、調理方法を自身の言葉で綴る。料理120品は全て円形の白皿に盛って真上から撮影。ビジュアルでも独自の世界観を表現する。

表紙と料理写真の構図に
圧倒的なインパクトがある

「詳細なレシピが
載っていなくても価値がある本」
という矜持を感じる

まず、なんと言っても表紙が圧倒的ですよね。料理本なのに、料理写真ではなくシェフ自身の大きなポートレートを打ち出すというインパクト。しかもポートレートはモノクロで、料理本の表紙としてはかなり異質で目を引きます。そして本を開くと、なんと誌面レイアウトと料理写真の構図も、表紙に負けず劣らずのすさまじいインパクトです。料理は全て白い丸皿に盛りつけ、真俯瞰から撮影するという共通フォーマットなのですが、この料理写真の構図の力によって、まるでアートブックのような佇まいを醸し出しています。

しかもこの本、料理本ではありますが、詳細なレシピは掲載されていません。「レシピがなくても価値がある本だ」と読者に宣言しているようなもので、表紙や誌面作り同様、コンセプトも非常に個性的です。著者である三國シェフに加え、制作チームの強い意思を感じます。レシピという「料理写真に対する解答」がないからこそ、結果的に料理をより深く考えさせる仕組みになっているのもおもしろい点です。

三國シェフは今でこそフランス料理界の重鎮ですが、この本は自店を出したすぐ翌年、まだ31歳の頃に作られているというのも驚きです。フランス現地で修業した料理をそのまま持ち帰って日本で表現する料理人が多かった中で、「自分の料理」を追求した三國シェフは目立った存在であり、それがこの本にも表れていると思います。

綛谷久美

編集者

かせやくみ
30年以上の出版社勤務を経て、2020年に独立。料理本専門の商業出版編集者として活動するかたわら、料理本書評サイト「COOKBOOK LAB.」を運営する。(一社)日本ガストロノミー協会理事を務める他、料理研究家向けコンサルティング事業や、一級建築士事務所運営の夫とともに「暮らしとコンテンツの企画編集」を行うなど、活動の幅は多彩。

紹谷久美 編集者

＼ How to choose books ／

私の本の選び方

レシピと見せ方の新しさ、そして“ページの進み”に違和感がないかを重視

料理本の刊行実績がない出版社で、個人的に好きだった料理本の編集をやらせてもらえることになり、手探りではじめたのが十数年前。以来、料理本の動向にいつも注目しています。フリーランスの料理本編集者になった今も、書店の料理書コーナーに行って平積みの新刊を見て、まずは表紙デザイン、タイトルなどの好みで手に取り、次に奥付をチェック。著者プロフィールに加えて編集者、デザイナー、カメラマンなどの制作スタッフを確認し、「この制作陣なら間違いない」と購入を決めることもよくあります。そんなこんなで集めているうちに、蔵書は2000冊を超えました。

中身を見る時に意識するのは、レシピ自体や、料理の見せ方に新しさを感じる切り口があるかどうか。そして、パラパラとめくってページの進み方に違和感を感じないかどうかです。ただしレシピを大量に集めた単純な構成のレシピ集は個人的に好みではなく、どちらかというと章立てや構成にストーリー性を持たせ、それを違和感なく見せる編集手法に惹かれます。なんと言ったらよいでしょうか、ページをめくるうちに、まるで小説のように著者の言いたいことや本のコンセプトが伝わってくると感じる本が好きですね。時間がある時は、気になる本の構成を自分で台割に起こす作業もしています。本の構成を設計図のように視覚化できるので、ストーリーがよりはっきりと浮かび上がって明確化されますし、レシピの順番やコラムの配置などに編集者の意図を感じたりもして、自分の勉強になるんです。もちろん、仕事や勉強に使うだけでなく、料理本を眺めて今夜のメニューに思いを巡らせ、本を見ながら実際に料理を作るのも大好きですよ。

「家飯」をアップデートさせたい人へ

①

プロの味が最速でつくれる！ 落合式イタリアン

落合務 著　ダイヤモンド社
2024年　B5判　112頁　1600円

予約のとれない人気イタリアン「ラ・ベットラ・ダ・オチアイ」の落合務シェフによる“家飯”レシピ集。パスタ、肉料理、ご飯もの、ドルチェなどのレストランの厨房でくり返し作ってきた定番料理を、家庭で失敗なく作れるように工程をそぎ落としてアップデート。おいしさのコツをしっかり押さえつつ、３ステップで作れる56品を収録。

料理人である著者の
自炊から生まれた
完成度の高い家飯レシピ

すべての文章にプロのコツが満載。
口達者なシェフの解説を
堪能できる

レシピは3ステップに
簡略化され、きちんと読めば
絶対に失敗しない

著者が言いたいことが
バシッと伝わる。
力強いデザインと無駄のない構成

紹谷久美 編集者

もともと2014年刊行の、同じ著者が記した『「ラ・ベットラ」落合務のパーフェクトレシピ』(講談社)を愛読していたので、著者の(現状の)最新刊であるこちらも発売を心待ちにしていました。『パーフェクトレシピ』では、「レストランのイタリア料理」を論理的にわかりやすく解説してくれていましたが、本書の切り口はなんと「家飯」!落合シェフ自身が3食自炊して気づいたことが生かされたというレシピが満載です。

トマトソースを作る際にトマトジュースを煮詰めたり、ソースのコクづけに味噌やゴマを使ったりと、身近な食材で、しかも短時間で作れるレシピばかりなのですが、「あくまでイタリア料理であるという筋は通す」というのが本書の特徴の一つだと思います。巻頭では、イタリア料理らしさを出す食材として、オリーブオイル、パルミジャーノチーズ、赤ワインビネガー、ローズマリーやローリエなどのハーブ類だけは最低限必要と謳っています。逆に言うと、それさえちゃんと揃えれば、あとは身近な材料だけでイタリア料理のおいしさが表現できるということ。家庭でも作りやすいように考え抜かれた、完成度の高いレシピばかりだと思います。

各料理の工程は1品につき3ステップで統一されていて、そこまでそぎ落とした落合シェフも、編集者もすごい。しかし落合シェフは口達者な方なので「口数が多い」、つまり工程はシンプルだけども、解説が多い見せ方になっているのも魅力です。料理に添えられたキャッチコピーや小さな文字も飾りではなく、すべて何らかの大事なことを言っている。レシピ外の解説文にもコツが満載なので、料理に取りかかる前には、先に隅々まで読んで脳内でシミュレーションするとよいと思います。

言いたいことがバシッと伝わる力強いデザインや無駄のない誌面構成もすばらしく、編集者の強いこだわりを感じます。最初に展開される「落合シェフの人生ベスト」の10品から作っていけば、落合シェフが家飯レシピに込めた思想が理解できるはず。「料理人人生60年、圧倒的な知識と経験の、集大成にして入門書」という帯コピーに偽りナシ!です。なお、時短や失敗しないことを謳っていますが、まったくの料理初心者というよりは、多少料理を作り慣れている人におすすめ。そういう方がこの本を参考にすると、もう一段階、腕が上がること間違いなしです。

1人分から気軽に家でフレンチを作りたい人へ

②

フランスの台所から学ぶ 大人のミニマルレシピ

上田淳子 著　世界文化社
2023年　A5判　144頁　1700円

人気料理研究家、上田淳子氏の著書。フランスの家庭に倣ったおしゃれでおいしい家庭料理を、最低限の材料・調理法で１人分から手間なく作れるように展開したレシピ集。まずはフランス人の食卓が"ミニマル"である６つの理由を具体的に解説した後、たんぱく質と野菜を一皿に含めたメイン料理と、野菜が中心の前菜を紹介する。

材料は1人分、
道具一つで作れるので
気軽に作れて洗いものも少ない

材料も調理法も時間も
道具も最低限なのに
「おいしさ」ははずさない

上田先生は大学を出てから調理師専門学校で学び、そこで講師もなさって、スイスやフランスのレストランで修業してから料理研究家になられた方。これまでも家庭で作りやすいフランス料理を著書で数多く紹介されてきましたが、「ミニマル」をタイトルに冠した本書は、先生のレシピの中でも材料、調理方法、道具などがそぎ落とされた内容だと感じます。そもそもフランス人の家庭料理って、凝ったことはしないでフライパン一つでメイン料理や付け合わせ、ソースまで完成させてしまいますよね。そのシンプルさが究極に表れたのがこの本だと思います。使う道具は基本的に一つ。例えばフライパンでメインの肉に焼き色をつけた後に取り出し、同じフライパンに野菜を加えて肉を戻し、蒸し煮にして完成、という具合です。手を抜くところは抜くけれど肉を上手に焼くポイントは押さえるなど、おいしさの定石ははずしません。

　ここ数年、「ミニマル」「必要最低限」を謳う料理本が増えました。コロナ禍で、それまで料理をしなかった人も自炊をする期間が生じ、少ない材料で簡単に、短時間で料理を作れるレシピのニーズが高まったからだと思っています。上田先生は双子の男の子を育て上げた母でもあるので、どんなテーマでもプロの味を落とし込みつつ、家庭を慮ったレシピを作ってくれるところが大好き。本書の想定読者である子育てを終えた親の世代が作りやすいレシピであること請け合いです。

初めて自炊をする人へ

3

世界一美味しい手抜きごはん
最速! やる気のいらない100レシピ

はらぺこグリズリー 著　KADOKAWA
2019年　B5変形判　192頁　1300円

「手間抜き料理研究家」として活躍するはらぺこグリズリー氏によるレシピ集。大人気ブログで日々投稿していた「安く、おいしく、簡単に作れる一人暮らし向けの料理レシピ」に、数多くの未公開品を加えて紹介。つまみ、麺類、おかず、スイーツなどから100レシピを厳選した。材料、全工程ともに写真つきで、料理入門者にもわかりやすい。

真俯瞰の工程写真など
斬新なレイアウトに
目を奪われる

自炊に向かわせる
若い人を増やした
究極の手抜き料理レシピ

2016~17年頃からウェブやSNSで料理を発信する若い人の料理本が続々と出版されるようになり、世間から求められる料理本の傾向が変わったと感じる時期がありました。中でも、人気の料理ブロガー、はらぺこグリズリーさんの超ベストセラーである本書や『世界一美味しい煮卵の作り方』(光文社)などは、私の中でそれを象徴する本です。固形コンソメや麺つゆを普通の調味料と同じ感覚で使ったり、電子レンジを当たり前のように本加熱の方法として使っていたり、そのあっぱれな手抜き加減があまりにも衝撃で……。「自分にはこういった本は作れない」と、潔く気持ちよく出版社を退職したことを覚えています(今でも料理本の編集はしていますが)。

斬新なレイアウトにも目を奪われました。工程写真は鍋やフライパンを真俯瞰から撮影したもので、大きく掲載されている。材料や調味料の量、火加減なども一目でわかり、料理が苦手な人でも「作ってみよう!」と思える誌面構成になっています。料理本のデザインに新たな時代が到来したことを感じました。ここまでの手抜き料理は、仕事にしてもプライベートでの料理作りにしても自分には向いていないのですが、多くの若い人を自炊に向かわせたという意味で、間違いなく名著と言えると思います。「偏愛」とは少し違うもののぜひ読んでみてほしい一冊です。

いつもの食事に変化をつけたい人へ

4

有賀薫の豚汁レボリューション

野菜一品からつくる50のレシピ

有賀 薫 著　家の光協会
2021年　A5判　128頁　1300円

多数の著書やメディア、SNSなどでバラエティ豊かなスープレシピを紹介している「スープ作家」有賀薫氏が、豚汁だけで50品ものレシピを紹介する一冊。「一品でも豚汁。」「二品でも豚汁。」の他、「フードロス豚汁」「これも豚汁。」「日曜豚汁」「豚汁お悩み相談室」等ユニークな章立てで、時短で簡単、かつ食欲をそそる豚汁を提案する。

豚汁のイメージを覆すレシピが満載。新しい豚汁のおいしさに出合える

「豚汁」だけで一冊という驚きあふれるテーマ立て

スープ作家の有賀先生は、いろいろな切り口のスープ本をたくさん出されていますが、まさか「豚汁」という狭いカテゴリーだけで一冊にまとめてしまうなんて非常に驚き。このテーマだけでしびれました。章立てもユニークですね。

レシピについては、まず豚汁の作り方が「煮る」「炒める」「蒸す」という3つにカテゴライズされているのもおもしろいし、素材の組み合わせも斬新。塊肉やスペアリブを使った豚汁や、ぶっかけ飯や麺料理もあったりで、自分の中の豚汁の既成概念が覆されます。私もレシピを見ながら何品か作ってみたのですが、一番のお気に入りは表紙の「焼きネギ豚汁」。具材は豚肉と香ばしく焼いたネギだけで、簡単なのに本当においしかったですね。

この本のページ構成を自分で台割に起こしてみて気づいたんですが、「この豚汁はこんな時に食べてほしい」といったコラムと写真の配置の仕方のバランスが絶妙。後半にはエッセイもあり、有賀先生が紡ぐ「豚汁のある食卓のイメージ」がドラマチックに表現されていて、まさに私が好きな「ストーリーがしっかり感じられる本」でした。巻末には、調理法別の他、「朝食なら…」「日曜は…」という具合に、いろいろなシチュエーション別に楽しめる豚汁が一目でわかる豚汁INDEXがあって、これもまた、とても使い勝手がいいんです。

料理本をデザインする人へ／無水調理用鍋がある人へ

5

ストウブで無水調理

食材の水分を使う新しい調理法
旨みが凝縮した野菜・肉・魚介のおかず

大橋由香 著　誠文堂新光社
2017年　B5変形判　112頁　1400円

フランス製の鋳物ホーロー鍋「ストウブ」で作る無水調理レシピ集。著者はストウブで作る料理が人気のカフェ「はるひごはん」を営む料理研究家、大橋由香氏。煮込み料理用に留まらないストウブの魅力を伝え、野菜のおかずからメインの肉・魚の料理、揚げもの、おやつまで幅広く収録。「魚介」「肉」「野菜」に特化したシリーズ本もある。

中身のデザインとスタイリングもはっとするくらい印象的

黒い背景と鍋と文字で構成された表紙のデザインが目を惹く

時々、表紙のデザインに強く惹かれて料理本を購入することがあるのですが、この一冊がまさにそれ。私はストウブ鍋を持っていないし、購入予定もないのに、黒バックに黄色いストウブ鍋と白い文字が浮かび上がる印象的なデザインに自然と手が伸びてしまいました。表紙の下に、パッと見では帯に見える部分があるのですが、実は帯ではなくカバー自体に宣伝文句が印刷されているというデザイン。この遊び心がとにかく格好いいですね。この後、この本がすごく売れたようで、『ストウブで無水調理』はシリーズ化されて合計4冊刊行されています。表紙はすべて同じデザインで、テーマ食材と鍋の色が違うだけ。〝表紙買い〟した私の見立ては間違いなかったと言えますよね（笑）。

　中身も、個人的には「もしかしてデザイン優先でページ構成を変えたのか？」と感じるくらい、大胆かつ楽しげ。盛りだくさんの要素を、イラストも使いながらきれいにまとめています。ストウブと別の鍋を比較したメリットを見せる生真面目なページも格好よくまとめられていて、随所に差し込まれたストウブのある食卓のスタイリングもおしゃれです。著者はストウブ料理中心のカフェを営業している大橋さん。私はストウブの代わりにル・クルーゼの鍋で作り、無水調理に開眼しました。ストウブやル・クルーゼを持っている方はそもそも料理好きでしょうから、このレシピは挑戦しやすいと思います。

鈴木めぐみ

選書者・編集者

すずきめぐみ
食を中心とした雑誌の編集者を経て、かつて東京・渋谷にあった料理本専門店「COOK COOP」(のちに移転しCOOK COOP BOOKに)のブックディレクターに。現在は食にまつわる書籍のセレクト業務や編集を行う他、「ハオチーブックス」という屋号で台湾関係の書籍やイベントを手掛けている。著書に『料理書のデザイン』(誠文堂新光社)がある。

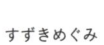

＼ How to choose books ／

私の本の選び方

レシピの奥に著者の「暮らし」や「背景」が垣間見える本に惹かれる

雑誌の編集者をしている頃は、食べることは好きでしたが自分で料理をすることはあまりありませんでした。外食も多く、どちらかというと人気のお店や新店の情報や、食のトレンドとその裏側に興味がありました。

料理本を自分の生活に取り入れて料理を作るようになったのは、レシピの奥にある著者の暮らしやバックグラウンドがまるで哲学のように感じられるようになり、それがおもしろいと気づき始めてから。ちょうど、2003年に雑誌『クウネル』（マガジンハウス）が発刊されて、「ライフスタイル」という言葉が盛んに聞かれるようになった頃だったと思います。その後、2008年に料理書専門の書店「COOK COOP」で仕事を始めてからは、選書も自分で行っていたので、料理本に触れる機会もぐんと増えました。料理人や飲食関係のお客さんも多かったのでプロの目にとまるような難しいものから、料理初心者でも気軽に作れるもの、時代の流れをくんだものまでを扱っていました。お客さんからおすすめをしてもらうこともありました。

自分のために本を買う時は、まずは好きな著者のものから手に取り、次にテーマから選ぶ、という流れが多いでしょうか。テーマは、シンプルな料理や定番料理を取り上げたものに目がいきます。また、最初にその本を見て料理を作る時はレシピに沿って作りますが、最終的には自分の好みの味に寄せていくこともあります。「自分の感覚を乗せる余地のある料理本」を自然と選んでいるように思います。

また、私はレシピを読みものとして読むことも多いですね。純粋に文字だけを追って読みながら、工程や完成までのイメージを頭の中で膨らませるのも楽しいです。

毎日、家で料理を作る人へ

①

土井善晴さんちの名もないおかずの手帖

土井善晴 著　講談社
2010年　A5判　144頁　1400円

メディアでも大人気の料理研究家である著者が提案する、「料理名ありき」ではなく、「素材ありき」の“名前のない”おかずレシピを集めた一冊。素材別の50音順で、「青菜の煮びたし」や「アボカドの共あえ」「じゃが芋の酢の物」など、ヘルシーでホッとするようなおかずが紹介されている。2015年に再編集された文庫版もある。

タイトルの
「名もないおかず」という
ワードがとてもいい

身近な食材を使った
簡単な料理なのに、
なぜか一品一品に存在感がある

ご飯のおかずとしても、
お酒のつまみとしても優秀な味付け

見開き頁で1品ずつ紹介していく
レイアウトが潔くてリズミカル

鈴木めぐみ　選書者・編集者

この本のどこが好きかと言うと、何と言ってもまずタイトルです。ここにある「名もないおかず」とは、普段家で何気なく作っているおかずのこと。毎日の食卓に出てくるおかずは、冷蔵庫を開けた時にそこにあるもので簡単に作る、料理名こそついていないものが多いように感じます。土井さんが提案する、そんなおかずのレシピを集めたのがこの本です。

50音順で野菜のおかずが紹介されていて、その後に魚介・肉・卵・豆腐類のおかずが続くという構成。見開きの2頁で1品を紹介していくという固定のレイアウトも見やすくて、リズム感があるところが好きです。どれも簡単で身近な食材を使ったものですが、実際に作ってみると一品一品に不思議と存在感がある。語られている調理のポイントや解説に説得力があります。また、「おかず」と言っても必ずしもご飯に合わせる必要はなく、お酒とも相性がいい料理が多いのも嬉しい点ですね。

この本の中でよく作る料理の一つが「じゃが芋の酢の物」です。まず、ジャガイモを酢のものにする、という発想が自分の中になかったのでびっくりしました。皮をむいて千切りより少し太めに切ったジャガイモをさっとゆでて、三杯酢で和えるというおかずで、ジャガイモのシャキシャキ感がサラダのようでクセになります。レシピとしては簡単ですが、ゆで時間が長いとジャガイモの食感がやわらかくなりすぎてしまうので、ジャガイモを引き上げるタイミングが肝心。そんな調理のポイントもさり気なく添えられています。

他には「きゅうり酢のなます」「アボカドの共あえ」「れんこんのガレット」なども愛用しているレシピです。かと言って野菜が中心のおかずばかりではなく、「まぐろのしょうが焼き」とか「かみなり豆腐」とか、食欲をそそるものも多い。食べるシーンや作る相手によって、いろいろな使い方ができる本だと思います。

この本の出版は、2010年。料理本は、世相やその時の流行を反映したものも多く、何年か経つととても古く感じてしまう本もある中で、これはいつの時代も、家で料理をする方なら誰にでも役立つ、息の長い料理本だと改めて感じます。

料理本における「自由さ」を楽しみたい人へ

②

つづきまして伝言レシピ

高橋みどり 著　マガジンハウス
2009年　A5判　168頁　1500円

雑誌『クウネル』の連載、「高橋みどりの伝言レシピ」をまとめた本の続編。著者が、料理家、レストランシェフ、料理上手な友人などから口伝えに教わったレシピ73品を、手書き文字と写真で紹介。前著の巻末につけられた応募ハガキで寄せられたレシピも掲載する。簡単で作りやすく、かつ日常に取り入れやすいスタイリングもポイント。

「料理は人から人へ伝承していくもの」というメッセージが感じられる

料理は自由でいい、と教えてくれた一冊

高橋さんは好きな著者のお一人で、この『伝言レシピ』シリーズは、雑誌『クウネル』の人気連載を単行本にまとめたものです。まず、いろいろな方のいろいろなレシピを、手書きメモのようなレイアウトで、まるで伝言のように紹介していくというスタイルがユニーク。レシピは本来、人から人へ伝承していくもの、という意味合いも感じられます。

レシピページは、人から聞いたメモ書きのような感じで、「自由さ」があるのも魅力です。料理写真も、例えば材料に書いてある白ゴマをふり忘れた状態のものが載っていたり。しかも、ふり忘れたことが書き添えてあります(笑)。私にとってこの本は、「料理は自由であっていい」ということを教えてくれて、肩の力を抜かせてくれた本でした。

私は普段から、その本に掲載されている中でリピートするレシピはだいたい3~4品。この本の中で圧倒的にリピートしているのは、「春菊とちくわのナムル」です。ナムルにちくわを入れるというのが新鮮でしたし、手に入りやすい食材ばかりで作れるという気軽さも好き。春菊を適当にちぎって、カットしたちくわや白ネギと一緒にタレと和えるだけなので手軽です。春菊が出回る秋から冬、店頭からなくなる春先まではよく作っています。

いろんな人のレシピを垣間見ることができるのも楽しいし、ほどよい自由度が心地よく、料理を楽しめる本です。

手間をかけた家ご飯に挑戦したい人へ

3

煮込み料理をご飯にかけて

作りおきして安心。ひと皿で大満足。

坂田阿希子 著　文化出版局
2014年　B5判　88頁　1500円（絶版）

“煮込み料理＋ご飯”という、親しみやすく、かつ満足感の高い組み合わせにフォーカスして多彩なバリエーションを紹介する。煮込み料理は、鶏肉、牛肉、豚肉、ラム肉、ひき肉、ソーセージ、魚介の食材別に掲載。サイドメニューとご飯のバリエーションも掲載されているため、好みの組み合わせで煮込み＋ご飯を楽しむことができる。

「煮込み」をご飯にかけるというユニークなコンセプト

ちょっと手間はかかるけれど、じっくり料理を作るのを楽しみたい時に

坂田さんの料理本は、新刊がでるたびに手に取るようにしています。フランス料理を本格的に学んだ方らしく、少し手間はかかるけれど〝正統派〟のレシピが多いイメージです。その中でもこれは、「煮込みをご飯にかける」というユニークなコンセプトの本。タイトルを見た時に、どんな煮込み料理をかけるのかな、とまず気になり、それが本のテーマになっているところに興味を惹かれました。肉類各種やソーセージ、魚介といった素材別に、ご飯にかけることで完成する煮込み料理のレシピが紹介されています。

フランス料理がベースにある坂田さんだけに、結構本格的で手間のかかるレシピが多いです。使用食材も多いですし、スパイス使いも結構複雑です。でも、結果的に味がまとまって、間違いなくおいしく仕上がります。しかも、手間がかかるとはいえ、煮込み料理1品とご飯で完成するので、今日は1品、じっくり作ろうという気持ちにもなります。そう考えると、取り組みやすくなりますね。

この本の中で、一番作ったのは「チキンのプルーン煮込み」。好きで何回も作っているから、水やプルーンの量などについては、そのつどアレンジしたメモを貼ってそれに沿って作っています。それでも毎回少しずつ味が違うのですが、それも楽しさの一つです。少し手間をかけた料理に挑戦したい人や、おもてなし料理を作りたい人にぴったりの本だと思います。

4

献立が10倍になる
たれの本

栗原はるみ 著　文化出版局
1989年　A5判　112頁　1180円

「たれ」にフォーカスし、それぞれのたれから展開される料理のレシピとともに紹介する。焼肉のたれから中華の油鶏たれ、めんだれといった料理の味のベースとなるしっかりしたたれ、基本の甘酢、練りみそ、ごまだれといった常備しておくと便利なたれ、ラー油やねぎ油など著者が日頃から愛用するたれなど、バリエーションも豊富。

デザインが力強くて、
説得力がある

「たれ」を主役に
レシピを展開し、
家庭料理の敷居を低くした

古本屋さんで料理書を見ている時に、内容とデザインの〝強さ〟に惹かれて購入しました。ページを開くと、たれの料理や料理写真の割合が大きくて、パーンと目に入ってくるのが何よりのインパクト。誌面に余白があまりなく、たれや料理の存在感が大きいんです。近年あまり見かけることがないレイアウトのようにも思いますが、不思議な説得力がありますね。

内容は、たれのレパートリーを紹介し、そこからレシピを展開していくもの。いきなり焼肉の「もみだれ」と「つけだれ」の紹介から始まるのもどこか親近感を感じます。私は、どちらかというとブックデザインのインパクトで購入したこともあり、掲載レシピでは「めんだれ」くらいしか作りませんでしたが、一つのめんだれがサラダにも、丼にも、炊き合わせにも、あんかけにも展開できる。一つのたれさえ作れば何品にも応用できるのは、料理初心者に嬉しいポイントだと思います。たれと料理のレシピを読んでいくと、どれもしっかりとした味付けとメリハリを感じます。

この本が出版された1989年頃と言うと、家庭料理は「一汁三菜」が理想的で手間をしっかりかけて作るべし、という思想から解き放たれて、自由度が増していた時期だったように思います。この本も「おいしいたれさえ、ちゃんと作っておけば大丈夫」というコンセプトなので、より自由で気軽な家庭料理を提案する方向ですね。

料理本の楽しさを感じたい人へ

5

ベジダイアリー

おいしい毎日のための野菜日記

長尾智子 著　文化出版局
2009年　B5変形判　128頁　1600円（絶版）

フードコーディネーターの著者が、そのライフスタイルも垣間見られるような日記形式で紹介する野菜料理のレシピ本。「シンプルに野菜を食べる」「気楽な保存」「調理法で食べ方をアレンジする」「スープと煮込み」などのカテゴリーに分けて、旬の野菜を主役にしたレシピと、フルーツを使ったデザートを紹介している。

素材を活かした料理の
奥深さを知ることができる

普段あまり使わない食材でも
手に入れて
作ってみたくなるレシピ

長尾さんの著書は、私が料理本を好きになったきっかけでもある「レシピを通して、著者のライフスタイルやバックグラウンドが垣間見えること」が魅力です。料理がいわゆる「生きる糧」ではなく、人生を楽しむためのもの、暮らしの豊かさを表現するもののように私の目には映り、その世界観に憧れました。真俯瞰で撮影した料理写真や写真の光の入り方なども新鮮に感じられました。また、食器やカトラリーなどのスタイリングからも普段の暮らしに触れることができるようで、楽しくページをめくっていましたね。

この本は、野菜が主役のレシピのバリエーションブック。料理はシンプルなのに食材の組み合わせに驚くことも多く、想像が膨らみました。例えばハーブを加えた湯で野菜をゆでたりと、ハーブやスパイスを無理やり加えるのではなく自然に使っているところなどです。自分が普段使っていない食材があっても、買って真似してみたくなる魅力的なレシピです。

私が、料理本をおもしろいと思い始めた頃に購入した本なので、この中のレシピは結構作りました。「塩ゴーヤー」は、今でもよく作ります。みじん切りにしたゴーヤーを塩漬けにするだけなので簡単ですが、ホタテの和えものに加えたり、豆腐と一緒にスープにしたり、ご飯に混ぜ込んでうなぎの蒲焼をのせたり……というように、料理のアクセントとして活用できるので気に入っています。

辻本力

編集者・ライター

つじもとちから
1979年生まれ。文化施設「水戸芸術館」の演劇部門勤務を経て、フリーランスに。ライフスタイルマガジン『生活考察』を創刊し、その他、文芸、カルチャー、ビジネス系の媒体でも執筆を重ねる。著書に『失われた“雑談”を求めて』(タバブックス)、『コロナ禍日記』(同)などがあり、企画・編集・構成等を手掛けた書籍も数多い。

辻本力 編集者・ライター

＼ How to choose books ／

私の本の選び方

調理工程がシンプルで、使う食材や道具が少ない「ミニマル」なレシピ本に目がいく

食のジャンルの本について原稿を書いたりすることはあるものの、僕はその方面の専門家というわけではありません。でも、食べるのも作るのも大好き。家にある料理本は、もっぱら自分が料理するために買ったものであり、中でも今回紹介する５冊は日々使い倒していて、自分の血肉になっている本です。

共通するのは、調理工程がシンプルで、使用する食材や道具が少ない、今で言う「ミニマル」な料理本。材料欄がコンパクトでレシピがシンプルな「これだけで料理が完結するのか」という驚きがあるものに惹かれます。僕は主に在宅で仕事をしていて、料理は仕事の合間に作ることが多いので、さっと作れるレシピがライフスタイルに合っているのもあります。あるいは、下準備の手間がかかったとしても、それさえ作れば何品にも展開できる「結果的に時短」というタイプの本も好き。とは言え、どんなに簡単でもその本を貫く「おいしさに対する最低限のこだわり／手間を惜しまぬ精神」はあってほしい。時短という視点は嬉しいですが、そこに全振りされている本はあまり買いません。

あとは、野菜をたっぷり摂れるレシピや、一つの食材だけをテーマにした本も魅力的に映りますね。今回紹介しきれなかったのですが『毎日が豆腐主義』（高橋書店）、『酒粕レシピ からだにやさしい発酵食料理100』（講談社）などは、「これだけでよく一冊作ったなぁ」という驚きがあります。

今はウェブでいくらでもレシピが得られますが、個人的には紙の本が、自分が今作りたい料理に最短でアクセスできると思っています。レシピ動画を１本見るよりも文字のレシピを見る方が早いですし、ウェブやSNSのレシピ投稿には魅力的なものがたくさんありますが、ネットの波ですぐに流れてしまうので投稿を探し直すか、事前に保存する必要がありますからね。

市販のうま味調味料の味に飽きてきた人へ

1

スープ・レッスン

有賀薫 著　プレジデント社
2018年　A5判　128頁　1300円

スープ作家・有賀薫氏がcakesで連載していた「スープ・レッスン」に加筆とレシピ追加を行って書籍化。メインとなる旬の野菜を一つ選んでたっぷりと使うことを特徴に、最小限の味付けで簡単に作れるシンプルなレシピを紹介。スープのある生活を通じて、忙しい毎日をもっと楽に、もっと楽しく暮らすことを提案する。

特殊なものを一切使わないのに、
驚くほどおいしいスープができる

「スープをメインにする」ことで
日々の食卓に
バリエーションが生まれる

市販のだしに慣れきった舌に
しみわたる、食材のうまみたっぷりの
スープが心地よい

一つ定番の作り方を覚えて
展開の仕方がわかると、
他の料理にも応用できる

辻本力　編集者・ライター

使う食材も調味料も最小限としながら、誰にでもできる簡単な調理法でおいしいスープを完成させるという、まさに僕が求めるミニマル路線に合致した本です。本当に、特殊な材料を一切使っていないのにおいしいという点がまず驚き。しかも、スープは食卓の中だとサブの要素というイメージがあると思いますが、具材をたっぷり使っているのでメインとしても通用する満足感がある品が多い。スープだけでもメインが張れるんだなぁという発見がありました。

味の面では、いわゆる市販のだしの素や顆粒のコンソメ、鶏ガラスープといったうま味調味料の使用は最低限で、その代わり食材のうまみを引き出すテクニックが随所に書かれているのが特徴です。僕は以前、便利さから市販のうま味調味料をガンガン使っていた時期があったのですが、味が安定する一方で、どれも似通った味になるので自分の料理に飽きてしまっていました。頼らずになんとかならないものか？　と考えていた時、ちょうどこの本と出合いました。こちらを参考にいろいろ作ってみて気づいたことは、野菜や肉など「食材自身が持っているポテンシャルをもっと信用していいんだ」ということです。その点で一番びっくりしたのが「にんじんの塩スープ」。むいたニンジンの皮も一緒に鍋に入れて蒸し煮にする品で、材料は本当にニンジンとオリーブオイルと塩と水だけ。これだけミニマルな材料で本当に成立するのか半信半疑でしたが、素朴ながら、心からおいしいと思える仕上がりでした。

この本は春夏秋冬という章立てで構成され、それぞれの季節の野菜をたっぷり使ったスープが登場するので、旬のおいしい野菜を選ぶということも大切なのだと改めて実感。あとは油のおいしさや塩の役割など、それまで意識が足りなかった部分での気づきがありましたね。

次の頁の『ミニマル料理』と同様に、最初に基本形の料理があって、次にアレンジメニューが紹介されているので、一つのスープを覚えてその展開の仕方がわかると、他の料理へといろいろ応用できるのも嬉しい点です。個人的にはラーメンやパスタなど、麺料理への展開が気に入っています。基本的な「スープ・レッスン」でありながら、定番から展開形への「アレンジ・レッスン」という側面もある。一冊で二度おいしく楽しめます。「スープ一皿で満足」を追求した続編『スープ・レッスン2　麺・パン・ごはん』もぜひ。

料理の味がいまいち決まらず もやもやしている人へ

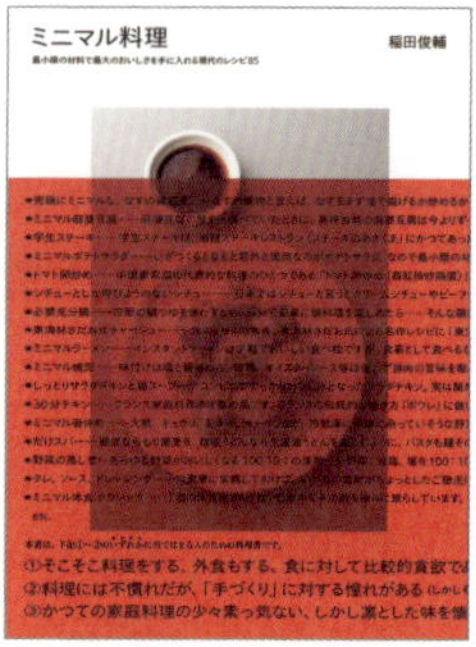

②

ミニマル料理

**最小限の材料で最大のおいしさを
手に入れる現代のレシピ85**

稲田俊輔 著　柴田書店
2023年　B5変形判　136頁　1600円

著者は料理人・飲食店プロデューサーであり、執筆活動も盛んな稲田俊輔氏。「失われつつある普通の家庭料理を、現代の私たちが作るなら？」というテーマのもと実験をくり返し、再現性にこだわりつつも食材を最小限として工程もシンプルにした85品のレシピを紹介。レシピは工程写真つきの基本形と、アレンジを加えた展開形に分けて掲載。

ミニマル路線の料理本が
好きな人にはぴったりな本

最低限の材料と調理法で
こんなにおいしさが
得られるという驚きがある

定番の基本形から
数品に展開するアイデアと
時にアクロバティックな変化が楽しい

分量がほぼすべてグラム表記なので、
その通りに作れば味がぶれない

著者の稲田さんが「その料理を料理たらしめているものは何か?」を探り、実験を重ね、最低限の肝となる部分を残したミニマルな家庭料理の数々が紹介されています。ある意味、稲田さんの料理哲学書とも言える一冊です。

料理本は、著者がその通り作ってほしいと思ってはいても、作り手はおそらく材料や調味料を家にあるものでまかなってしまったり、分量をそこまでシビアに計量しないことも少なくないと思います。でもこの本は、計量することが大前提とされていて、食材も調味料も誤差が出ないよう、塩、コショウですらも「少々」などと曖昧にせず、ほぼ全てグラム表記されている。最低限の食材で作っているだけに、食材の配合による総体的な味のバランスがとても重要ということを教えてくれているわけです。もっとも、使う食材は最低限なので、計量にあたっても作り手にそこまでの手間は感じさせません。

僕もこの本でかなりの品数を作りましたが、例えば「ザ・シチュー」なんて、材料はジャガイモ、タマネギ、豚バラ、塩、水、ベイリーフだけなのに、「どうしてこうなる?」と頭を抱えてしまうくらいうまいんですよ(笑)。タイトル通り、まさにミニマルな料理の理想形です。前書きに「家庭用調味料の味に、少々ウンザリしていた」と書かれていることにも共感しますし、食材自身のだしや塩以外の調味料なくして、この味が出せることに正直今でも驚いています。

本の構成もよくて、まずごくシンプルで簡単な基本形の料理があって、そこから展開させていく料理数品が紹介されており、たとえば先ほど話したシチューは、余ったらジャガイモを潰してチーズをかけてグラチネ(いわゆるグラタン)にするというアクロバティックな展開に。基本形の料理さえしっかり作っておけば、その後には思いがけないおいしさが待ち受けているというのも楽しいです。計算し尽くされたレシピだけあって、展開形もどれもはずれがありません。

「ミニマル料理は、到達点であり、また別の出発点でもあります」と書かれているように、いろいろ作って料理のおいしさの基本となる分量や調理法がなんとなくわかってきたら、レシピを飛び出して自分好みの味に変えていくこともできます。なので、今まで目分量で料理を作っていて、「いまいち味が決まらない……」と思っている人にぜひおすすめしたい。まずは一度、騙されたと思ってこのレシピに忠実に作ってみて、驚きのおいしさを体験してみてください。

鍋のさらなる可能性を知りたい人へ

3

重ねて煮るだけ！おいしいおかず

牛尾理恵 著　学研プラス（Gakken）
2017年　B5判　112頁　1400円

料理研究家・フードコーディネーターの著者が、鍋一つで簡単にできる「重ね煮レシピ」を紹介。材料を火の通りにくいものから鍋に重ねて調味料を加え、蓋をして火にかけるだけという重ね煮のテクニックを披露する。レシピは「10分でおいしい！さっと煮」「ボリューム満点！肉のごちそう煮」「具だくさんおかずスープ」といったジャンル別。

ストウブ鍋を買って以来、頼りにすることが増えた本です。僕は自宅で仕事をしている合間にさっと料理をすることが多いのですが、家にはいるので鍋を火にかけっぱなしにできる。そんなライフスタイルにちょうどフィットしたんですよね。コロナ禍を経て在宅ワークをされる方が増えた今、とても有用な一冊だと思います。また、本の中に「朝仕込みのお留守番鍋」という章があって、これは昼間外出される方にもぴったり。あらかじめ鍋に材料を仕込んで朝冷蔵庫に入れておき、帰宅したらその鍋をしばし火にかけるだけで、まるで手間ひまかけたかのような満足感のある料理が味わえます。ルックスのいい鍋を使うとテーブルにそのまま出しても絵になりますし、洗いものも減ります。

この本のレシピは、基本的に材料を切る→鍋に順に重ねて調味料を加える→蓋をして火にかけたらできあがりといった、いわゆる「ほったらかし料理」が多いんですが、とてもおいしいんです。無水調理のような状態になり、素材から出るうまみが凝縮されるからでしょう。僕の中で、「時短」や「楽ちん」をコンセプトにしたレシピは、時においしさが少し犠牲にされているように感じることもあるのですが、この本は利便性と味とが見事に両立されているところが好きですね。

「ひき肉となす、オクラのカレー煮」「豚肉と長いもの梅肉

鍋を火にかけておくだけで完成するので、在宅ワークにフィットする

簡単なのに、蒸し煮によって素材のうまみが凝縮したおいしさに

煮」といった主菜もお気に入りですが、特によく作るのは副菜系で、「カリフラワーといんげんのオイル煮」や「青菜のにんにくごま油煮」など。メインの食材にニンニクや塩、油を加えて3〜4分くらい蒸し煮にするだけで完成します。適当に残りものの野菜を使ったり、魚醤やしらすを加えたりと、自分なりのアレンジを自在に楽しんでいます。

今ある道具で料理のレパートリーを増やしたい人へ

④

フライパンひとつで作る 炒めもの、煮もの、蒸し焼き
片手鍋ひとつで作る 炒め煮、マリネ、スープ

角田真秀 著　主婦と生活社
2018年　B5判　96頁　1380円

フライパン、片手鍋という二大調理道具を一冊ずつで取り上げ、道具の選び方を交えながら、“ワンパン”で作る料理のコツを伝授。フライパンは「さっと炒める」、片手鍋は炒めてからうまみを引き出す「炒め煮」など、それぞれ道具に合った調理法に着目し、シンプルかつ時短で作れる副菜から主菜を一挙紹介。

こちらは、調理道具がフライパンもしくは片手鍋だけあればOKというコンセプトの本。セットとして2冊紹介します。

手持ちの調理道具のポテンシャルを実感、「もっと使いこなさねば」と背筋が伸びる

フライパンや鍋一つで完結するので後片付けの手間が省ける

人は料理がマンネリ化してくると新しい調理道具を買って打開しようとしがちですが、それだとモノばかりが増えていって、スペースが圧迫されてしまいます。しかしこの本は、普段から使っている道具でも十分料理のバリエーションを増やせることに気づかせてくれます。調理道具の数が最低限で済むという点もすばらしく、料理によってはボウルも、なんなら包丁とまな板すらも必要なく、フライパン／鍋一つで完結するスタイル。手間はもちろんのこと、洗いもの削減にもなって、しかもちゃんとおいしいので重宝しています。

　フライパンの本の方は、「黒酢炒め」や「レモンしょうゆ炒め」など、酸をうまく使った、切れ味がよく食欲をそそるような料理が多く、これがまた自分好み。例えば黒酢炒めの場合は「黒酢1：酒1：醤油1」といった調味料の比率も書かれているので、アレンジもしやすいです。

　もっとも作る頻度が高いのは「ゆで豚とにらの黒酢和え」。鍋の中で醤油や酢、砂糖などの調味料を火にかけて、砂糖が溶けたらニラとゆで豚（もちろん同じ鍋を使用）を入れて和えるだけ。材料少なめ&調理道具は最低限というミニマル性があり、自分が好むレシピの方向性がはっきりしていることを再認識させられた料理です。

ワンランク上の時短料理をめざす人へ

⑤

時間をかけない本格ごはん、ひとりぶん

ちょっとの工夫、からだが欲しがる料理を10分で

有元葉子 著　KADOKAWA（メディアファクトリー）
1999年　A4判　88頁　980円

子供が独立したことを機に料理にかける時間が減った著者が、1人分で作れるシンプルでおいしいごはんの作り方を紹介。Stock & Variationのコーナーでは、基本の料理／下ごしらえをした食材を軸に、ごく簡単にできるそのアレンジ料理が並ぶ。「おいしく作るための必要な手間をないがしろにすることなく、むしろ楽しむ」という姿勢が表れた一冊。

最初にかけるひと手間で、
おいしさや結果的な
時短という大きなリターン
がやってくる

「食」を真剣に、
貪欲に楽しもうとする
著者の言葉が心に刺さる

この本は、一人暮らしをすることになった時、料理好きの母からこっそりくすねてきたものです(笑)。著者の有元さんも娘さんたちが独立したことを機に、一人暮らしをするようになってこの本を書かれたようです。1999年に出版されているのですが、当時、分量が1人分で書かれた1人用の料理本は今考える以上に目新しかったのではないかと想像します。2000年代に起こった「おひとりさまブーム」の前でもありますしね。

内容としては、最初に多めに料理のベースを作ってストックしておき、その後にそれを使ってバリエーション豊かな料理を作ろうという提案が主軸になっています。一人であれば、自分の「食べたい」に忠実に料理をすることができます。その時に、この多彩な展開例、すなわち選択肢の多様さは魅力的に映るのではないでしょうか。例えば、最初にトマト缶を使った野菜たっぷりのスープを作っておいて、そこにパスタをポキポキ折って加えてミネストローネっぽくしたり、アサリを加えたスープやカレーにしたり、といった具合。最初に作る料理のベースは、まあまあ時間がかかるものもあるのですが——鶏肉を香味野菜とともにアクをすくいながらゆでたり、豆を一晩水に浸してからゆでたり、など——、それさえ作っておけば、さまざまな料理に展開できて結果的に時短になります。

この本には「料理をちゃんとやるというのは、時間をかけることではなく、必要な手間をないがしろにしないこと」「むしろ手間を楽しむべし」といった、有元さん流のメッセージが散りばめられています。つまりは、「時間」ばかりかけていても、肝心の「手間」が抜けていては味が締まらない。逆にほんの少しの適切な手間をかけさえすれば、とびきりの味が作れるし、その結果を思えば労働も楽しめるのでは、といった考えです。

実際にレシピをなぞってみると、確かに最初のひと手間のリターンは大きいなぁと実感させられます。出版年こそ少々古いですが、食への真剣な姿勢に満ちた、現代にも通じる説得力を持つ本です。

藤田康平

グラフィックデザイナー

ふじたこうへい
1975年生まれ。大学卒業後、デザイン事務所勤務、ニューヨーク留学などを経て、2009年にデザイン事務所「Barber」を設立。ショップグラフィックデザイン、エディトリアルデザインを手がけ、アートディレクション、デザインを担当した料理本も多数。共著書に『ブルックリン・ネイバーフッド NYローカル・ガイド』(P-Vine Books)がある。

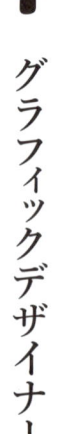

＼ How to choose books ／

私の本の選び方

ウェブの時代だからこそ、「料理本はもっと自由でいい」という視点を持つ

料理をするのが好きなので、以前はレシピ本をよく買っていましたが、今ではウェブのレシピも活用しています。検索しやすさや手軽さで言えば、どうしてもウェブのほうに分がありますから。逆に言えば、ウェブでは知ることができない、例えば海外の料理文化や食材に関する知識が載っている本を買うことが多いですね。加えて好きなのは、デザイン、写真、文章を通して著者の思いが強く感じられる本。今回挙げた、落合務シェフの本がまさにそれにあたります。

デザイナー目線で話すと、駆け出しの時はどうやったらレシピが見やすくなるかなど、基本的なことを既存の本から学んでいましたが、最近は意識的に見ないようにしています。実際に自分が料理本をデザインする時には、自分のやりたいデザインを押し通すというよりは、著者である料理家や料理人、スタイリスト、フォトグラファー、ライター、編集者といった、チームのメンバーの得意分野を引き出して、「チャーミングで生き生きした本」にすることを心がけています。

その上で、読者ターゲットを明確に設定したデザインを意識。例えば20代の"意識高い系男子"を購買層として想定した料理本では、ビジネス書のメソッドを拝借したデザインを試みたりしました。そのように、料理本・レシピ本の枠に収まらない発想やデザインの本があってもいいと思います。今回紹介した『lovers' cookbook』もそんな一冊ですし、特に洋書には遊び心にあふれているものがたくさんあって、こんな仕事をしてみたいな、と思うことが多々あります。ウェブでレシピが簡単に手に入る時代だからこそ、料理本には型にはまらず、もっと自由であっていいのではないでしょうか。

イタリア料理の奥深さをまだ知らない人へ

1

ラ・ベットラ落合務のイタリア料理事典

落合務 著　講談社
2003年　A4判　112頁　1700円（絶版）

日本のイタリア料理界を長年にわたって牽引する料理人、落合務氏の著書。イタリアの料理や菓子、食材、酒、現地の食文化など138項目についての解説を五十音順で、迫力のあるカラー写真とともに掲載する。巻末にはイタリア各州の食文化マップや本編に登場する料理のレシピも付録している。

見ても、読んでも、作っても楽しい。
人によってどんな使い方も可能

コントラスト強めの
ぐいぐい迫ってくる写真が、
イタリアらしくてそそられる

一流シェフの「血の通った言葉」で
イタリア現地の文化が学べる

「この本を持ってイタリアを旅したい」
という気持ちにさせてくれる一冊

藤田康平　グラフィックデザイナー

若い頃に1年間、ニューヨークに留学していた時期がありました。その時に自炊をするために活用していた思い出深い本です。もともとイタリア料理は好きだったし、パスタなら1人前でも作りやすいと考えてこの本を手に取ったのですが、結果的に一番のお気に入りになりました。

この本に惹かれたのは、単なるレシピ集ではなく、イタリアの料理や食材を五十音順に紹介していて、タイトル通り事典のような構成になっているところ。料理のレシピは本編のカラーページにもところどころ載っていますが、大半は後ろのほうにまとめてあります。各ページには大きなカラー写真が載っていて、それが最近はあまりないような、コントラスト強めでぐいぐい迫ってくる感じ。イタリアらしくてそそられます。

自分が見たことも聞いたこともない食材や料理が載っているので、ぱらぱらめくっているだけでイタリア料理の歴史や文化を学べるのですが、けっして硬い話ばかりではありません。イタリアに住んでいた落合シェフならではの、リアルでライブ感のある文章が載っているんです。例えば『アーリオ・オーリオ（・エ・ペペロンチーノ）』は、日本では人気だけどシンプルすぎるから向こうの食堂のメニューにはない」といった料理の話に加え、「チョコラータ（チョコレート）は、イタリアでは女性への誉め言葉にも使う」など口説き文句に応用できそうなネタまであるのが楽しい。落合シェフの血の通った言葉が散りばめられています。

こういった小話からも、落合シェフが日本の読者にイタリアの食文化を伝えたいという熱量が感じられます。自分も以前、ニューヨークのガイド本を共著で出版したことがあるのですが、その時も現地の楽しさを知ってほしいという強い思いがありました。「どうしても伝えたい」という著者や編集者の心の声が表現されていれば、いい本になる。デザイナーとして本の仕事に長く携わっていると、そのように感じます。

この本は、イタリアの料理や文化に興味がある人はもちろん、普段はファミリーレストランで満足している方々にもすすめたい。イタリア料理の奥深さ、おもしろさを知り、自分の世界を広げてほしいんです。個人的にはいつかこの本を携えて1ヵ月くらいかけてイタリア全土を回りたいです。レストランに入ってページを広げて、指差しで料理を注文して……なんて、やってみたい。この本で表現されているイタリアの空気にぜひ触れてみたいです。

「食」について楽しく学びたい人へ

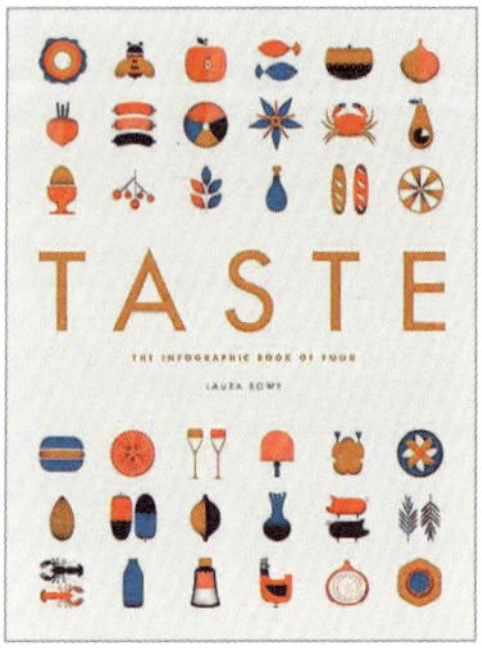

2

Taste
The Infographic Book of Food

Laura Rowe 著　White Lion Publishing
2015年　18.9×24.6㎝　224頁　30ドル

野菜や果物、肉、魚、乳製品といった素材、調味料、酒などをイラストと図解を駆使して説明した、「食」にまつわる事典。肉であればその部位ごとの使い道、野菜であればどのような料理に活用されるか、加工肉や乳製品であればその製造方法などを、豊富な図解とユーモラスなキャッチコピーとともに紹介する。英語。

食材のイラストがとにかくかわいい。
食について、目で楽しく学べる

食べ物を説明する
見出しなどが遊び心満載で、
くすっと笑える

見せ方は
型にはまっていなくて楽しいが、
内容は信頼性が高い

「食育本」としても活用できるので、
日本語版を出してほしいくらい

タイトルの〝Infographic〟というのは「視覚情報」といった意味です。要は、食べもの全般に関してイラストや図解を使って解説する事典のような本ですね。イラストがとてもかわいくて、気になったのでウェブサイトで購入しました。例えばチーズの項であれば、フレッシュチーズは牛乳に塩を加えて作るというようなことが視覚的に示されています。キャベツの項であれば、コールスロー、ザワークラウトといった世界のキャベツ料理がこれもイラストによって図説されています。サンドイッチといった料理の項目もあって、バインミーやキューバサンドといった各国のサンドイッチがイラストで紹介されている、というような具合です。

この中に出てくるキャッチコピーがいちいち気がきいているんですよ。ニンニクの項には〝The best things in life are 3〟（人生において最高なものは3つ）という見出しがついていて、これは「ガーリック、黄身、オリーブオイル」「ガーリック、オニオン、セロリー」という3つの素材で、調味料や料理ができてしまうということを表しているんです。ビーツ（beet）の項ではマイケル・ジャクソンの歌に引っかけた〝beat it〟という見出しがついていたり、寿司の項はオアシスの曲〝Roll with It〟とロール寿司がかけられていたり。著者は音楽好きなのかな？　くすっと笑える遊び心満載です。

僕も自分で本をデザインする時には、なるべく〝遊び〟を入れるようにしているので、この本にはとても共感できます。真面目な、型にはまった本ばかりではつまらないですからね。洋書のほうが比較的、こういったユーモラスで余裕が感じられる、型からはみ出しているような本が多いように思います。

ただこの本、見せ方は楽しいですが、内容はしっかりしていて勉強になります。例えば海藻の項では、「海藻を食べてみたいと思いますか？」という質問が最初にあって、「イエスならばこっち」とコーナーに誘導され、そこではいつくかの海藻が紹介されています。「ノー」であれば、「それでも実はゼリーとして食べていますよ」（海藻はゼリーの原材料として使われることがある）というように、ある食品の成り立ちについて説明していたりもするんです。そういった面から見るといわゆる「食育本」として活用できますから、どこかの出版社に日本語版を出してほしいです。

大切な人に料理を作りたい人へ

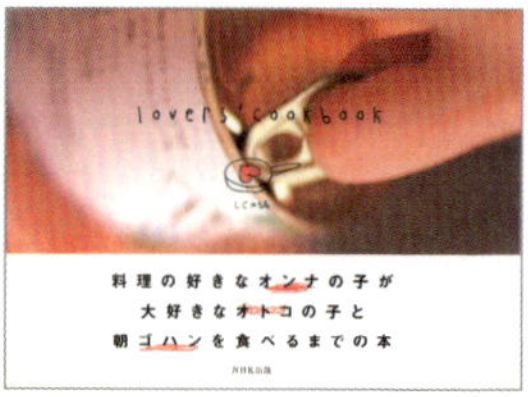

3

lovers' cookbook

L.C.M 編　NHK出版
1999年　B5判　95頁
1600円（版元在庫なし）

コンセプトは「料理の好きなオンナの子が大好きなオトコの子と朝ゴハンを食べるまでの本」。一緒にドライブやピクニックに行ったり、彼が家に遊びに来たりといったシチュエーションを想定し、その時に気になる彼のために作る料理を紹介。豊富なイメージ写真やデートの心構えを綴った女性目線のエッセイも挿入されている。

写真やデザイン、
脱力文字が醸す
ゆるい雰囲気が素敵

「料理って楽しいかも」
「料理を作りたい」
という気持ちにさせてくれる

　グラフィックデザイナーとして働き始めて1年目に出合った本です。横長のハードカバーで、絵本みたいな装丁。とにかくかわいくて素敵だなと思って手に取りました。「これは何の本なのだろう」というのが第一印象でしたが、中身をめくってみると、好きな男の子に料理を作ってあげたい女の子に向けたレシピ本でした。

　いきなり「好きなひとができたって?」という文言から始まるんです。そこから、彼と一緒にドライブに行ったり、家で一緒にご飯を食べたり……といったストーリーがくり広げられる。例えばドライブに行く時に作るお弁当の章では、「おべんとうというと、女の子はどうしてもサンドイッチをつくりがちである。だが、男の子は90%おにぎり派」なんて、言い切っちゃう。また、レシピ本とはいえ「全部を手づくりする必要はない」みたいな、妙にリアリティが感じられるような文言もある。こんなテンションで突っ走っていく本なのですが、それがおもしろくてどんどん読みすすめてしまうんです。家で一緒にご飯を食べる時は「BGMはCDよりもラジオがおすすめ」といった、『POPEYE』みたいな記述があるのも微笑ましいですね。

　その上、マウスで書いたような脱力文字や、料理と全然関係ないイメージ写真が多用されていて、全体的にゆるい。料理写真も、ピントが浅くて透明感がある〝雰囲気重視〟のものなんですが、写真が説明的でないぶん、自分でイメージを膨らませられる。結果的にそれが料理を作ろうというモチベーションにも繋がっている気がします。女性向けに編集された本ですが、男性が女性に料理を作る時に参考にするのももちろんいいと思いますよ。

家でも簡単におしゃれな料理を作りたい人へ

4

基本のイタリアン

オレンジページ
2000年　A4変形判　95頁　600円（絶版）

「とりあえずこの料理さえ作れれば」シリーズの一冊。ボロネーゼ、ボンゴレロッソ、リゾット、カルパッチョ、ピザといった誰もが知っている定番イタリア料理のレシピを掲載する。ニンニクのロースト方法、スパゲティのゆで方、ピザ生地のこね方など、プロセス写真とともに基本から丁寧に解説し、料理初心者にも対応。紙版は絶版だが電子書籍あり。

デザイン事務所勤めで毎日のように深夜残業していた時、チェーン店で外食か、コンビニ弁当かというような荒んだ食生活を送っていて。「これではだめだ」と一念発起して、コンビニで購入した本です。このシリーズは和食や中華版なども出ているのですが、20代の頃は格好つけてちょっとおしゃれな料理を作りたくなるもので、最初にイタリアンを手に取りました。こんな料理を家で作ったら喜ばれるかな、という気持ちもありましたね。

とにかく簡単で、
誌面も見やすく
自分でも作れそうと
思える

文字が大きいので、
台所の隅に
広げて置いたまま
見ながら作業ができる

余裕のある、優雅な生活を送りたい人へ

ページデザインは、余白を十分に取ってあって見やすい。一方で細かい工程のポイントも押さえてあるから、この通りに作れば、まず間違いなくおいしくなります。加えて「手順アドバイス」というコーナーでは全体の流れを簡潔に記述してあるので、全部を読まなくても作業工程をイメージできて非常に取り組みやすいんです。例えばブルーチーズのパスタは、麺をゆでている間にチーズを溶かすだけ。これを見ると、なんて簡単なんだろう！　と思えて作りたくなります。

何より、文字が大きいのがいいんですよね。台所の隅に本を広げて見ながら作業ができますから。こういった点もとても実用的で、長く売れ続けるのがわかる気がします。親身に読者に寄り添って編集やデザインが手がけられたことを感じます。

この本の中では「ミラノ風カツレツ」や「鶏肉のソテーバルサミコ酢」をよく作っていました。バルサミコ酢なんて、この本を見て初めて買ったと思うんですが、こんな気のきいた料理を自分で作れるというのが快感でした（笑）。

5

マーケットから生まれる 12カ月のイタリア料理
トリノ＆出雲＆東京

板倉布左子 著　風鈴社
2022年　B5判　144頁　1800円

イタリア・トリノに10年間住んでいた料理研究家による、家庭で作れる本格的なイタリア料理のレシピ集。「４月 春を運ぶ野菜」「５月 夕暮れ時のアペリティーボ」「６月 金曜日の魚料理」……というように、１年を通じて旬の食材を用いた78品を掲載する。イタリアの食材や生活に関する短いエッセイも収録。

自分が理想とする生活を送るための参考書のようなイメージ

スタイリングを含めた写真の構成が完璧！丁寧に本作りがされているのがわかる

藤田康平 グラフィックデザイナー

この本に惹かれた一番のポイントは写真でした。そこに写っている料理はもちろん、スタイリングや誌面構成、デザインも含めて完璧で、その中でもスタイリングが特にすばらしいと感じます。月ごとにレシピを紹介しているので、12の章ごとに扉があるのですが、とりわけそこの写真が素敵。「5月 夕暮れどきのアペリティーボ」というところでは、まさにそれを連想させるようなスパーリングワインとおつまみの写真が載っています。「2月 野菜だしのリゾット」では米を散らしてあるのですが、その散らばり具合が絶妙。相当に計算を重ねて撮影したのかもしれませんね。

本の作り手から見ると、僕がいつもめざしているように、各スタッフのいいところを引き出し合いながら、丁寧に時間をかけて本を制作していることが感じられます。この本のようなきめ細やかな仕事を見ると、背筋が伸びる思いになります。

一方で、本自体の内容にも憧れますね。ここに載っているような優雅な1年間をすごしてみたい、余裕のある生活を送ってみたいと感じます。庭でハーブを育てて、料理の仕上げに使ったりしているんですが、うちには実際には庭もないし、そもそも時間がなくて、ここに載っているような手の込んだ料理を作ることさえなかなか難しい。だから、この本を見てこういった生活をしているような気分に浸るしかないんです(笑)。でも、いつかはこういった生活を送りたいと夢見ています。

大野里沙

「紀伊國屋書店 新宿本店」
料理書担当

おおのりさ
1990年神奈川県生まれ。書店員としてトータルで８年ほど児童書売り場を担当した後、現在は紀伊國屋書店 新宿本店の料理書担当として２年ほど勤める。一人暮らし歴は６年目で、自炊をよくしている。

＼ How to choose books ／

私の本の選び方

店の客層に合った専門書と、複数のテーマを内包する家庭料理書を中心に選書

私は今一人暮らしで、「体にいいものを食べたい」「バランスよく野菜を摂りたい」「簡単に作りたい」という思いで自炊をしています。自分のために買う本は、その思いに合致する実用的なレシピ本が多いですね。選ぶ時は表紙、中面の写真を見るのはもちろん、「はじめに」などで書かれているコンセプトを読んで判断することが多いです。また、常に当店の料理書コーナーの売り上げを見ていて売れている本が自然に情報として入ってくるので、店のお客様から魅力的な本やトレンド本を「売り上げ」という形で日々教えてもらっている感覚。そうした情報も頭に入れつつ、自分では考えつかないメニューがたくさん載っていたり、その時の自分の気分に合う料理があったりする本を購入します。

仕事としての選書の考え方の特徴は、新宿という場所柄、主な客層である一人暮らしの男性客やプロの料理人が手に取りたくなるものを意識している点です。プロ向けの専門料理書は、まずは出版社を確認することが多く、柴田書店や旭屋出版などの本は広く取り揃えていますね。一般向けの家庭料理書の場合は、近年「簡単」「時短」といったワンテーマが掲げられているだけでは売れにくいと感じています。そこで、例えば「簡単」を入り口にして、プラスアルファでもう一つテーマのっかっている本や著者が持つ独特の視点が感じられる本、あるいはとにかくレシピ数が多く情報が厚いものをセレクトするようにしています。もちろん、SNSでバズっているレシピや本を参考に選書することも多々ありますが、先ほど話したようなワンテーマだけではない、本として手元に置いていろいろ作りたくなるような本が売れ筋になる気がしています。

基礎から家庭料理を学びたい人へ

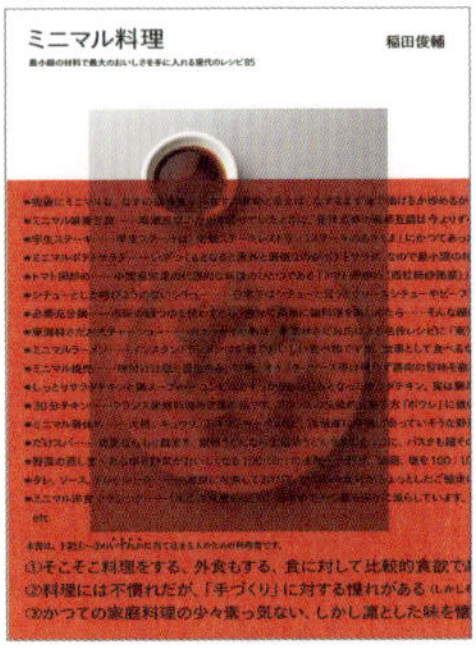

1

ミニマル料理
最小限の材料で最大のおいしさを手に入れる現代のレシピ85

稲田俊輔 著　柴田書店
2023年　B5変形判　136頁　1600円

著者は料理人・飲食店プロデューサーであり、執筆活動も盛んな稲田俊輔氏。「失われつつある普通の家庭料理を、現代の私たちが作るなら？」というテーマのもと実験をくり返し、再現性にこだわりつつも食材を最小限として工程もシンプルにした85品のレシピを紹介。レシピは工程写真つきの基本形と、アレンジを加えた展開形に分けて掲載。

その料理がおいしくなる理由が具体的で明確

専門書の理論的な面と初心者向けの簡単さが融合している

料理名が楽しくてつい作ってみたくなる

シンプルで“ミニマル”な提案が、現代の暮らしにちょうどいい著者の稲田さんがSNSやメディアで発信される料理論や食にまつわるエピソードがおもしろくて、発売前からこの本が出るのを楽しみにしていました。家庭料理の入門書でありながら、一通りの定番料理を網羅して習得できるので、これから家庭料理を学びたい人にも、家族から教わる味以外を学びたい人にもぴったりだと思います。

家庭料理の本とは言え、食専門の出版社、柴田書店から出ているだけあって「専門書らしい読みごたえ」があります。そこに、使いやすさや初心者目線を大切にした「家庭料理書のよさ」が融合されているイメージで、当店の売り場でも他にないタイプの本ですね。先ほど話した専門書らしさとは、紹介されているそれぞれの料理の〝方程式〟となる基本形の1品を覚えれば、その基本形をアレンジすることでいかようにも展開形を広げられる本の構成になっている点です。「その料理がなぜおいしいのか」「なぜその味に着地できるのか」という理由が具体的で明確なので、基本形を理解してくり返し作るうちに、本で紹介されている展開形だけでなく、もう一歩進んでオリジナルの料理を作れるようになると思います。

自分で作って特に感動したのは「ミニマル麻婆豆腐」。豆板醤を使わなくても、一味唐辛子、ネギ、豆腐、ひき肉、醤油だけできちんとおいしくなることと、レシピの再現性に驚きました。また、それぞれの料理のネーミングも楽しくて惹かれますね。例えば、牛のひき肉を押し固めて豪快に焼いた「学生ステーキ」とか、一つの具材だけしか使わないパスタ料理「だけスパ」とか、市販の鍋つゆを使わなくとも満足のおいしさの「必要充分鍋」とか（笑）。

稲田さんの著書は『だいたい15分！本格インドカレー』も持っていますが、そちらも「自分でも確実においしく作れそう！」と思える本で、ハマっています。両者とも「料理はシンプルでいい」と提唱されていることや、この本のタイトルにもなっている「ミニマル」という概念に、現代の料理本における大切なキーワードがあるように感じています。人口や経済が縮小したり、核家族や一人暮らしが当たり前になったり……と、何もかもが「コンパクト化」する中で、それでも豊かに暮らして豊かに食べるシンプルな方法をみんな求めているのではないか、という意味です。実際に当店で売れる本や雑誌のタイトルにも「ミニマル」がついていることが増えていて、世相を感じます。

「体にいいもの」を食べたい人へ

2

基本調味料で作る体にいい作りおき

齋藤菜々子 著　主婦と生活社
2021年　B5判　96頁　1350円

普段から家庭にある「基本調味料」をフル活用し、作りやすい78品の作りおきレシピを紹介。塩、醤油、味噌、酢、砂糖など調味料別に構成し、目次には「免疫力アップ」「血を作る」「アンチエイジング」など、国際中医薬膳師である著者による薬膳の知見を活かしたマークをつけて期待できる効能も表示する。

どの家にもある調味料だけで
簡単に料理の作りおきが可能

薬膳の視点が入っていて、
体調や悩みに合わせた
料理を作れる

今回挙げた本の中では普段から一番よく使っている本です。自炊では「体にいいものを食べたい」「バランスよく野菜を摂りたい」「簡単に作りたい」という前提があるのですが、この本は2〜3日で食べ切れる料理をストックできるのが、一人暮らしとしてはとても便利です。

料理を昔から作ってきた超上級者！　というわけではない私にとって、野菜料理のバリエーションは自分ではあまり思いつかないこともあり……。この本には、例えばキュウリのヨーグルトサラダなど、自分だったら考えつかない料理が多数あったことも手に取った理由です。難易度も簡単で、どの家にもある塩や醤油など8つの調味料だけで作れます。サラダなどの副菜だけではなく、主菜になるようなガッツリした肉料理やスープが収録されているのもポイントですね。

著者の齋藤さんは国際中医薬膳師の資格を持っていて、薬膳の視点から考えられた健康的なレシピが魅力の一つです。この本の目次にも「免疫力アップ」「アンチエイジング」「消化を助ける」「血流をよくする」など効能のアイコンが各メニュー名に配置されていて、期待できる効能が一目でわかるのが嬉しい。先日も、出産後、母乳が出にくいと悩んでいた姉妹に「血をつくる」メニューを作ってあげて喜ばれました。自分や家族の体の不調やその時の悩みに合わせてメニューをセレクトしています。

効率よく料理を作りたい人へ

3

バル・ビストロ・カジュアルレストラン
ワンオペ店の仕込み術

柴田書店 編　柴田書店
2023年　B5判　136頁　2200円

一人で料理もサービスもこなす"ワンオペ店"の仕込みにフォーカス。作りおきや冷凍保存、真空パックなどを駆使した仕込みパーツと、それらを組み合わせて仕上げる料理を紹介する。登場する店は6軒で、店ごとにそれぞれのワンオペ術や常備する万能ソース・タレ、メニュー構成の工夫や仕込みの段取り、1日のスケジュールなどを掲載。

プロが実践している、リアルなワンオペの仕込み術を学べる

作りおき用のソースやたれのレシピがたくさん

この本のタイトルにある「ワンオペ（ワンオペレーション）」も現代の料理本のキーワードだと感じるくらい、当店でよく売れている本です。これは、柴田書店から出ているワンオペの飲食店向けの本の第2弾なのですが、X上で、プロの料理人ではなく一般の方の間でバズった本。一人暮らしの方や子育てをワンオペで行っている方などから「家で飲む時の仕込みに使おう」「自宅はワンオペ店のようなものだと思って買った」「自宅キッチンでも応用できる」との声が挙がっていて、プロも一般家庭も共通する点が多いのだな、と感じたきっかけになりました。

例えば、ピザ生地を仕込んでおけば、焼けばピザになるし、小さくカットして揚げればニョッコフリットにもなる。ソースを製氷機に入れて冷凍しておけば、1人分だけ使いたい時に便利だし、調理の手間と洗い物を最小限にできる。そういった、家でも応用したくなる調理効率化のアイデアや、「ここまで公開していいの？」といったプロの技がおもしろいんです。ワンオペ店の料理人さんの1日のスケジュールも紹介されているのですが、時間の使い方が参考になりますね。

実際に作りおきのソースやたれのレシピも数多く収録されていてレシピ本としても秀逸。プロ向けのため、料理の難易度は少し高いですが、丁寧に料理をしたい人や、休日に手の込んだものを作りたい人にはぴったりです。

サラダもメインも食べたい、一人暮らしの人へ

4

白飯サラダ

今井亮 著　主婦と生活社
2021年　B5判　88頁　1350円

「たっぷり野菜をとるのは難しいから、サラダを食卓の主役に」をテーマに、米好きな日本人のための“ご飯ドロボー”なサラダレシピを96品収録。簡単な「ささっと作れる！秒速白飯サラダ」、素材別の「ボリューム満点！ガッツリ白飯サラダ」「野菜ひとつの白飯サラダ」、「番外編　麺サラダ」で構成。今井家の作りおきドレッシングのレシピも収録。

副菜と主菜を兼ねる
メニューが多く
満足感が高い

読者の食欲をそそる
工夫がなされている写真が
魅力的

サラダのレシピ本は料理書コーナーに星の数ほどたくさんありますが、こちらは「ご飯に合うサラダ」を提案していて、お肉を使っているレシピも多いのが特徴的です。そういったサラダは1品で副菜にも主菜にもなるところが魅力で、同じように「ひと皿で満足」「サラダとご飯」をテーマとする本もたくさんあるのですが、単純に写真が一番おいしそうで購入しました。ご飯に一口分をワンバウンドした写真だったり、食べる直前や作りたてのシーンを切り取った写真だったり、見ているだけで食欲がそそられてお腹が空いてくる写真が豊富。これが、売れている理由の一つかなと思っています。

著者の今井さんは、中国料理店で修業されていた経験から、中華やエスニック風の味付けが多いのも特徴。例えば「ひき肉のエスニック春雨サラダ」「まぐろと春菊のコチュジャンサラダ」など、ネギ、ショウガ、ナンプラーといった中華やエスニックで使われる素材をうまく組み合わせたメニューがいっぱい。簡単だけれど定番すぎず、自分では考えつかない料理が多くて楽しいですね。

一方で、味付けはガッツリと濃すぎないところが、健康志向の自分にとっては好みです。今井さんの家で実際に作りおきされているドレッシングやたれのレシピもたくさん掲載されているので、味に飽きることがないのも嬉しいです。

お弁当作りを断念したことがある人へ

5

藤井弁当

お弁当はワンパターンでいい！

藤井恵 著　Gakken
2020年　B5変形判　128頁　1200円

「1.卵焼き器に湯をわかして野菜を茹で、2.卵焼きを作り、3.続けて主菜を作る」を基本スタイルとし、使う道具は卵焼き器だけ、おかずは3品で食材も3種だけ、そしてわずか３ステップで作るお弁当を提案。長年子供にお弁当を作るも苦痛を覚え、最小限の道具と材料、調味料、時間でのお弁当作りを追求した著者ならではの一冊。

道具も食材も少なくて済み、
3ステップで手軽に
お弁当が完成！

「ワンパターンでいい」
の言葉のおかげで
お弁当作りが楽になる

「毎日お弁当を作りたいけれど長続きしない」という長年の悩みを見事に解消してくれたのが、この本です。お弁当は、冷凍食品や作りおきがあると簡単に作れるのですが、毎日食べていると飽きてしまって、しばらくするとやめてしまうことが多かったんです。ところがある日、当店の料理書コーナーにたくさんあるお弁当の本の中でも飛び抜けて毎日売れている本があって。驚くほどコレばかり売れるので、「なぜだろう？」と思わずチェックし、「お弁当はワンパターンでいい！」という表紙のコピーに惹かれて、自分でも買いました。

〝ワンパターン〟というのは、まずは卵焼き器で湯を沸かして野菜をゆで、調味料やたれで和えて副菜を作って、その後に湯を捨てた卵焼き器で卵焼きを作り、最後は同じ卵焼き器で主菜の肉や魚を焼くという調理工程のフォーマットのこと。全て卵焼き器で作るから洗いものが少なく簡単・時短になる上に、フォーマットは同じでも毎日素材と味付けを変えられるので飽きません。最近は「ワンパン（フライパンひとつ）でできる」といった、身近な道具一つだけを使うことをコンセプトにする本もいろいろ出ていますが、そんな本の中でも、毎日飽きずにお弁当を作れて、しかも食材が３つでいい、というのが他にない特徴。また、日々お弁当作りを頑張っている人に「ワンパターンでいい！」というコピーが刺さったのが売れた理由だと思っています。

山本寿子

「ジュンク堂書店　池袋本店」
実用書担当

やまもととしこ
1999年に株式会社ジュンク堂書店（現・株式会社丸善ジュンク堂書店）へ入社以来、実用書コーナーを担当。現在まで５年間、池袋本店の実用書・地図旅行書を担当する。同社の東日本実用書ジャンルアドバイザーチーフ。趣味は、出張先でご当地パンを見つけること。

How to choose books

私の本の選び方

料理書コーナーには「その本を支持する読者層」が似ている本同士を近くに置く

当店には毎日、実に多くの新刊が入荷してきます。できたてほやほやの本に出合えるので、新刊を見て、選んで、どのように棚に配架するか考えるのが一番わくわくする業務ですね。ですので、ここでお話しするのは「本の選び方」というより「本の配架の仕方」となります。

料理本は1階の注目新刊コーナーと2階の常設コーナーを中心に展開しています。1階には「発売前からすでに話題の本」「幅広い読者層が見込まれる本」「ネット書店のランキングで上位の本」を置くことが多いですね。主にAmazonのランキングとSNSをチェックしていて、池袋というターミナル駅に位置し幅広い年代の方が来店するという場所柄、話題の本は備える必要があると感じています。一方で、比較的お客様の男性比率が高いことと、本好きの方が多いことも特徴のため、どの分野でも専門書が充実しているのは、当店の傾向の一つと言えると思います。

常設の料理本コーナーの場合、まず料理家さんごとに本を置く棚がありますが、同じ料理家さんの本でもその中で並べる順番は熟考しています。例えばハンバーグの本があった時、隣に似たような印象の肉料理の本を並べるのではなく、野菜の本を並べるなど。棚に彩りやメリハリをつけるほうが、それぞれの本の魅力が引き立つと感じます。また、例えばフライパン一つで作れるような難易度の低い本がある一方で、丁寧に時間をかけて料理を作ることを提案する本もある。そのようにさまざまな性質の本がある中で、「その本を支持する読者層」が似ている本同士を隣にすることも意識しています。

私が個人的に料理本を買う際は、だいたいは自分の料理のレパートリーを増やすのが目的。そのため、著者の実生活から生まれた家庭料理の本を選ぶことが多いですね。

40~50代の女性へ／人生で大きな出来事があった人へ

1

ねこしき

哀しくてもおなかは空くし、明日はちゃんとやってくる。

猫沢エミ 著　TAC出版
2021年　A5変形判　160頁　1500円

ミュージシャン、文筆家、生活料理人である猫沢エミ氏が、自身の紆余曲折の人生と現在を振り返り、エッセイや写真とともに、人生のいろいろな日に寄り添うレシピを紹介。「哀しくてもおなかは空くし、明日はちゃんとやってくる」というメッセージを込めて、人生を豊かに生きるヒントを伝える"読むレシピ本"。

エッセイを読み、同じ料理を作ることで、憧れの著者の暮らしに近づけた気分になる

悲喜こもごもの人生を生きる中で生まれたレシピが心に刺さる

「人生と料理は切り離せない」という著者の思いに共感

パリのエッセンスが入り混じるおしゃれな家庭料理が垣間見られる

山本寿子　「ジュンク堂書店 池袋本店」実用書担当

最近は、料理家さんがエッセイを交えて料理を紹介する本が増えました。料理レシピだけで構成された本とは一味違う、料理と文章をセットで楽しむことの相乗効果が世に広まってきたのでしょうか。その料理にまつわるエピソードや考えがしっかりと文字で表現されることで、料理が生まれる背景を想像できたり、著者の暮らしに近づけるような感覚を持てたりすることが魅力だと思います。

この本の著者の猫沢さんは料理家さんではなく、パリ→東京→パリと拠点を移しながらミュージシャンや文筆家として活動されている方ですが、Instagramなどでパリのエッセンスを感じる家庭料理を発信されています。私は若い頃からフランス文化に対して強い憧れがあって、パリのリアルな日常が描かれた猫沢さんの連載や本を読むうちに虜になり、ずっと追いかけてきました。この本では、猫沢さんがかつて暮らした東京での日々とともに、それに寄り添う料理の数々が紹介されていますが、生い立ちから出版時に至るまでの、猫沢さんが辿ってこられた生き様のようなものが割と赤裸々に綴られていて。そうした悲喜こもごもの人生の中で生まれた料理が、読み手に訴える力は大きいと思います。どんな苦境に直面しても、料理を作って食べることを糧にしてエネルギッシュに生きてきた猫沢さんのポリシーとその料理が、読者を元気づけてくれるんですね。そしてこの本のレシピをなぞって料理を作ることで、なんとなく猫沢さんの暮らしに近づけるような幻想を抱かせてくれたりするところもファンにとっては魅力です。

登場する料理は、3匹の猫との暮らしから生まれた気取りのないメニューばかり。例えば、トーストにマヨネーズを塗って一方に黒コショウをふり、もう一方に海苔をのせ、だし巻き卵をサンドした「海苔たまサンド」はもう何度も作っています。猫沢さんの「もしも喫茶店を開いたら、この海苔たまサンドを看板メニューにしたい」という、妄想から生まれたもので、このエピソードも刺さりますね。私も休日にこの海苔たまサンドを作って珈琲を淹れて、「これだったら喫茶店で1200円はとれるかな?」なんて、同じようにやってみたり(笑)。

こういった登場する料理のエピソードやエッセイに特に共感してもらえると感じるのは、猫沢さんと同世代の40～50代の女性や、人生を左右するような大きな決断をしたことがある方、何か大きな出来事を乗り越えた方です。

忙しくても心豊かな食生活を送りたい人へ

②

常備菜

飛田和緒 著　主婦と生活社
2011年　A5判　128頁　1300円

人気料理家が家庭でくり返し作る、家族にも人気の味を集めた常備菜のレシピ集。レシピは「肉・魚」「野菜」「乾物」「卵」「豆・大豆加工品など」「たれ・ソース」に分かれており、幅広く109品を紹介。時間がある時にまとめて作って冷蔵庫にストックしておき、日々の食事を始めお弁当作りにも活用することをすすめる。

小ぶりの
A5判サイズなので
台所に置きやすい

著者が自宅で作り続けた、
家族に人気の味だからこそ
信頼できる

作りおき料理本の〝走り〟のような一冊だと思います。発売当初から非常に人気があったことを今でも覚えていますね。ごくベーシックな常備菜が紹介されており、どれも、食卓で主役にはならなくても名バイプレイヤーになるような品ばかりです。休みの日にちょっと頑張って作って保存しておくだけで、日々の食卓が豊かになって、しかもお弁当にも活用できる。本当にこの本に自分の食生活を助けてもらっています。ちなみに、料理本は圧倒的にB5判が多いと感じますが、これは小ぶりのA5判なので、台所ですぐに手が届く場所に置きっぱなしにしていても邪魔になりません。

特に気に入って作っているのが「ひじきの五目煮」。ひじきの煮物は定番中の定番料理で、スーパーのお惣菜コーナーにもありますが、なんとなく自分好みの味じゃないと感じることはありませんか？　この本で紹介されているひじきの五目煮は自分の好みに近いので、私はこれを参考に作り続けることで、いつも自分好みの味で作ることができています。他には、「ラタトゥイユ」ももう何度作ったことでしょう。このラタトゥイユには醤油が小さじ1杯入っていて、最初は「ラタトゥイユに醤油？」と戸惑ったのですが、実際に作ってみたら、洋風でありつつも不思議と日本人になじみ深い味わいに仕上がっていて。こういったアイデアは、飛田さんがご家庭で実際にくり返し作られてこられたからこそだと思います。

山本寿子　「ジュンク堂書店 池袋本店」実用書担当

炭水化物中心の食事に偏りがちな野菜不足の人へ

3

有賀薫のベジ食べる！

有賀薫 著　文藝春秋
2023年　A5判　128頁　1400円

10年間、毎日スープを作り続けた「スープ作家」有賀薫氏ならではのアイデアが活きる、簡単に野菜がたっぷり食べられる90レシピ。野菜料理のレパートリーが少ない、野菜メニューまで手がまわらない、炭水化物中心の食事になりがち……。そんな人に向けて、いつもの食卓が変わる、野菜の新しい食べ方を教えてくれる一冊。

冷蔵庫に
半端に残りがちな野菜も
上手においしく活用できる。

炭水化物中心の食事に
偏りがちなところを、**手軽に作れる**
野菜料理が助けてくれる

有賀さんは数々のヒット本を出されていて、私自身、「帰りが遅いけど、こんなスープなら作れそう」と感じるレシピがたくさんあり、忙しい現代人の心と体にマッチしたレシピを作られる方だと思っています。この本は、そんな有賀さんがスープだけでなく副菜からメインディッシュまで、野菜を活かしたレシピを紹介したもの。野菜を手軽においしく食べるアイデアという点で、引き出しの多さに驚かされますね。

私は平日のランチはテイクアウトなどでさっと済ませることが多いので、どうしても手軽に満足感が得られる炭水化物中心の食事になりがち。ですから、仕事が終わって帰宅したら、晩ご飯はやっぱり野菜をしっかり摂りたいと感じるものです。とは言え、疲れているので時間をかけることなく冷蔵庫にあるもので簡単に作りたい……。そんな時こそ、この本の出番です。先日トライしたのが、ナス1本から作れる「なすのシンプルお焼き」。ナスに衣をつけてゴマ油で焼き、酢、醤油、ラー油のたれをかけるだけの品で、余りがちなナスのお助けレシピとしても役立っています。あとは表紙にもなっている「じゅうじゅうローストキャベツ」。キャベツをくし切りにして焦げ目がつくまで焼いたら蒸し焼きにして、ニンニクとアンチョビのソースをかけて食べる品で、これがご飯にも合うんですよ。野菜の使い方のバリエーションが学べて、マンネリから抜け出せる一冊です。

スパイスカレーを作ったことがない人へ

④

だいたい1ステップか2ステップ！なのに本格インドカレー

稲田俊輔 著　柴田書店
2021年　B5判　118頁　1600円

著者の前著『南インド料理総料理長が教える だいたい15分！本格インドカレー』に続く一冊。前作よりもさらに工程を省いて1ステップか2ステップとしながらも、本格インドカレーを作れることを謳う。「さらさら＆ごろごろカレー」「レンチンカレー＆ライスとビリヤニ」といったカレーの他、カレーに合うドリンクやスイーツも紹介。

「基本のマサラ」さえあれば、あっという間に本格的な味になる

分量がグラムで表記されていて、いつ誰が作っても再現性が担保される

稲田さんと言えば、南インド料理の人気を世に広めた方。私は出張帰りに頑張った自分へのご褒美として、東京駅にある稲田さんの店「エリックサウス」に立ち寄ってカレーを食べるのが楽しみの一つになっています。この本はそんな稲田さんが書かれた、簡単だけど本格的な味のインドカレーのレシピ集。特徴は、すべての材料がグラム表記されていることによる再現性の高さです。毎回同じ味に仕上がって、しかも簡単なので本当に失敗しようがないところに驚きがあります。だから、稲田さんのレシピはおのずとリピート率が高くなっていますね。「誰がいつ作っても意図した味になる」のは、レシピの制作側としては難しいと思うのですが、家庭料理のレシピには大切なこと。稲田さんが書かれた『ミニマル料理』や他のエッセイを読んでも感じるのですが、物事の本質を見抜いて、それを仕組み化する能力がすごく高い方だなぁと思います。

特に私が気に入っているのは、電子レンジで作る「帰ってきた鯖缶カレー」。サバ缶は、普段から気軽に使えるのでつい買ってしまうのですが、このレシピは「基本のマサラ」とサバ缶のみで、しかも電子レンジで手軽に作れるというもの。横に添えるバスマティライスも電子レンジで炊ける方法が紹介されていて、楽だしおいしいしで、もうこの炊き方でしか炊けません（笑）。

山本寿子　「ジュンク堂書店 池袋本店」実用書担当

これから新しい生活を始める人へ

5

有元葉子 春夏秋冬うちの味

有元葉子 著　暮しの手帖社
2024年　B5判　144頁　1800円

現代において薄れつつある旬の食材使いや、家庭で料理を作ること、ちゃんと食べることの大切さを伝える一冊。季節ごとに旬の素材を活かした食卓で活躍する惣菜レシピとともに、有元葉子氏の食や料理の考え方、暮らしにまつわるエッセイも掲載。食は暮らしの根幹であることをあらためて実感させてくれる。

慌ただしい日々の中で、季節を感じることの大切さを教えてもらえる

自身が若い頃は遠い存在だった著者のレシピが、年を重ねて身近に感じられるようになった

春はタケノコ、夏はトマトといったように、旬の野菜を使った有元さんの家庭料理が、『暮しの手帖』らしいあたたかなテイストで紹介されています。有元さんはライフスタイルも含めて素敵な方で、私が20代の頃はもう雲の上のような存在の方でした。その頃は、「いつか大人になったら、こういう料理を作れるようになるのかなぁ」と、有元さんのレシピを遠い目で見ていたんですよね。そんな私も年齢を重ねて旬の食材を楽しむ心が生まれ、この本に出てくるような有元さんのレシピにとても親しみを感じるようになりました。かつては「雲の上」すぎて作ってみようとも思わなかった有元さんのレシピ。でも今は、もともとの憧れと信頼感と親しみによって、試してみようという気になります。本は出合うタイミングによっても感じ方、受け止め方が違うのだと気づかされた一冊でもありますね。

冬の料理のページに「れんこんの肉詰めは、太くて穴が大きな冬のれんこんだからこその料理」と書かれていたのにはちょっとびっくりしました。レンコンは今や年中スーパーにあるので、季節によって穴の大きさに違いがあるなんて全く意識したことがなくて。そんな細かな部分からも、旬の喜びを与えてくれる本。慌ただしく過ぎ去る日々であっても、きちんと季節を感じて料理を作ることの大切さを、この本を通して教えていただいたような気がしています。

澤峰子

「代官山 蔦屋書店」料理コンシェルジュ

さわみねこ
東京都出身。「代官山 蔦屋書店」料理コンシェルジュを務める。学生時代にドイツ語に出合い、多言語に興味を持つ。料理はレトルト食品の原材料名を見て再現しようとしたところからスタート。料理書は、例えば「何が中華たらしめるのか」「ハンバーグのスパイスでは何が必須か」と、複数の本を見比べるところから探求が始まる。

How to choose books

私の本の選び方

「どんな本にも、一つはいいところがある」という姿勢を持つ

当店を訪れたすべての方に、「ここに来てよかった」と思って帰ってほしいと願っています。そのために自分の足、手、目を使って本を選んでいます。本がある場所に足を運んで、手で触って、中身を見て……それで初めてどんな本かわかります。例えば、表紙には書かれていないけれど、中に大切な情報が載っている。これは、本を開いてみないとわかりません。

プライベートでは、手に取った料理本の中にたった1行でも気になる文があれば買うようにしています。買い逃すと、その情報には二度と出合えないこともあるので。以前、何かの本で「マロンベルト」という言葉を見かけたのですが、それ以来、その言葉に出合ったことがありません。その本を買い逃してしまったために、確認できなくなってしまったのです。誰かの受け売りではない情報や考え方が、たとえわずかでも載っている本は重要と考えています。

今回はたまたまトップクラスの料理人の本ばかりを紹介することになりましたが、私が料理本を買う時は、「どんな方が著者か」ということはそこまで意識していません。映画評論家の淀川長治さんは「どんな映画にも必ずいいところが一つはある」というようなことをおっしゃっていました。私は本も同じだと思います。たとえ著者が無名の方であっても、表紙がぱっとしなくても、編集が上手でなくても、それぞれに必ずいいところがあります。それを見つけるのも楽しいし、そもそも本は存在するだけですばらしいものなのです。

初めてお菓子作りをする人へ

①

ブールミッシュ吉田菊次郎のクッキーブック
(「暮しの設計」166号)

吉田菊次郎 著　中央公論社
1985年　A4判　160頁(絶版)

雑誌「暮らしの設計」シリーズの中の一冊。フランスやドイツ、オーストリア、イタリア、アメリカなど西洋の焼き菓子 165種を、プロだけでなく一般家庭でも作れるような詳細でわかりやすいレシピとともに紹介。各レシピには菓子の第一人者である著者によるエッセイ風の解説つきで、その菓子の歴史や背景を知ることもできる。

冷蔵庫、オーブンを
買い足してまで
お菓子を作りたくなる気持ちに

材料の分量は多いが、初心者でも
作りやすいようにレシピが噛み砕かれている

レシピに「なぜ、この工程が
必要なのか」まで記載されていて
再現性が高い

世界のお菓子の歴史や背景を
学ぶことができる

この本で世界のお菓子のことを知りました。せっかくだから自宅で作ろうとしたのですが、載っているレシピの分量が粉1kgなど大人数向き。仕方なく冷蔵庫とオーブンを買い足したので、家の中が大変なことになったのも懐かしい思い出です。

本書のすごいところは、著者は一流の料理人なのに、私のような素人でも作れるようにレシピを噛み砕いてくれていること。加えて再現性が高いから、本の通りに作れば失敗しない。日本のレシピ本らしく、工程写真を細かく掲載してくれているのもありがたいですね。

二つ目のよさは、レシピに「なぜ」が記述されているところです。「なぜ、この工程が必要なのか」がわからないと、われわれ素人はレシピ通りにはやりません。それだけなく、それぞれのお菓子の歴史や背景に触れた短いエッセイが載っているので、それがどんなお菓子なのかということを理解することもできます。

さらに個人的に嬉しい点は、ドイツ菓子やオーストリアのウィーン菓子も載っていること。最近の日本のお菓子職人の方はフランスで修業することが一般的で、お菓子の本もフランス菓子のものばかりです。でも以前は、ドイツやオーストリア、スイスで修業された方も少なくありませんでした。私は語学に興味があって英語の次にドイツ語の勉強をしたので、ドイツ語圏のお菓子には親近感を抱いています。それに今はフランス菓子として認識されているものでも、もともとはドイツやオーストリアなど、他の地域で作られていたものも少なくありません。

この本は地域別ではなく、「生地をのばす」「しぼる」「冷やして固める」というように生地の種類によって章立てがされています。専門用語を使わずにこのように分けているので、どんなお菓子なのかが非常にわかりやすい上、先ほど話した国々に加え、イギリス、イタリア、ポルトガル、アメリカ……といった多様な地域のお菓子が扱われているから、世界のお菓子を学ぶことができるのです。

最近は家でお菓子を作る人が減っていると聞くこともありますが、面倒だからとためらっている人、初心者だけど少しでも興味がある人には、ぜひ本書を手に取ってほしい。実際にここに載っているクッキーを焼いて、そのおいしさを味わってもらえば、本にはこんなに貴重な情報が詰まっているんだということを実感できるはず。そんなふうに思わせてくれる大好きな一冊です。

手打ちパスタを極めたい人へ

②

American Sfoglino

A Master Class in Handmade Pasta

Evan Funke 他 著 Chronicle Books
2019年　22.5×27.6cm　272頁

米国で活躍する、手打ちパスタ職人「スフォリーノ」にスポットライトを当てた本。15種類の古典的なパスタとその打ち方を、委細な工程写真とともに解説する。そのパスタを使ったシンプルな料理とレシピも掲載。著者が「世界一」と評する、日本でただ一人のスフォリーノ・河村耕作氏も登場する。

パスタ料理でなく、
手打ちパスタ
そのものにフォーカス

パスタを打つ手つきを含めた
委細な工程写真が
掲載されている

まず、スタイリッシュで印象的な表紙がいいですよね。緑色の生地と、それを使った詰めものパスタ。それだけで「これはなんだろう?」と目を引きます。タイトルの「スフォリーノ」は手打ちパスタを作る職人のことで、パスタマシンは使わずに手とめん棒だけであらゆるパスタを打つそうです。パスタの本は数多出ていますが、パスタ料理ではなく、手打ちパスタそのものやスフォリーノにフォーカスしている本は、とても珍しいと思います。

この本の中で、日本人の河村耕作さんが日本で唯一のスフォリーノとして取り上げられていました。東京・小石川にある河村さんのパスタ工房に足を運んだのですが、店構えからなかなかハードルが高い。重厚な木の扉を開けて恐る恐る中に入ると「ここは料理人の店じゃない」。最初はおっかなびっくりだったのですが、ここでいただいたパスタがこれまで食べたことがない食感! 最終的には河村さんとパスタの話で打ち解けることができたようにも思い、そんな出会いを授けてくれたこの本に感謝です。

洋書には珍しく作業の工程写真、それも生地を扱う手つきまでが細かく載っています。ですからパスタについて改めて学びたいプロの料理人や、イタリアの文化に興味がある一般の方にぜひ手に取ってもらいたいと思います。

普段料理をしない人へ／フランス料理に興味がある人へ

3

志麻さんの何度でも食べたい極上レシピ

志麻 著　マガジンハウス
2018年　A5判　128頁　1300円

フランス料理を学び、家政婦の仕事を行いつつメディアで大活躍する著者の「手間はかけずに時間をかける」レシピ集。「塩をつけておくだけ！」「ぐつぐつ煮込むだけ！」「オーブンに入れるだけ！」のメイン料理に加えて、フランス料理定番のサイドメニューなどを紹介。料理にまつわるエッセイも掲載する。

シンプルな味付けとタイムとローリエの使い方に感動

元プロの料理人ならではの、過不足ない必要十分な情報が役立つ

著者の志麻さんはたくさんの料理本を出されていますが、中でもこの本をおすすめする理由は、彼女の思いがエッセイとして表現されていること。そして何より「タイムとローリエだけでもっとおいしく！」というコラムに惹かれたからです。この本では基本的に味付けは塩とコショウ、そしてハーブはタイムとローリエだけ。それで簡単に、おしゃれなフランス家庭料理ができてしまうのです。

ページ構成はいたってシンプル。料理を説明する2行のキャッチコピーは必要十分な情報量で、過不足がありません。調理工程の横の「ここがポイント！」という写真つきのコーナーは気がきいているし、レシピ欄外に掲載されている「甘みが足りないときにはハチミツをくわえて」といったようなプチ情報は、元料理人でありながら、家政婦の仕事をされている志麻さんならではのものだと感じます。つまり、家の冷蔵庫にあるものだけでおいしい料理を作るための情報が満載ということです。

紹介料理の元となったフランス現地の料理の「フランス語料理名」もさりげなく載せられているので、フランス料理に興味がある人は、その料理自体を深掘りするきっかけにもなるでしょう。レシピは難しくありません。普段料理をない方にも取り組みやすい本です。

「なんとなく」料理を作っていた人へ

4

割合で覚える和の基本

村田吉弘 著　NHK出版
2001年　A4変形判　96頁　1500円

NHK「きょうの料理」で話題になったテーマを一冊にまとめた。醤油やミリンいった調味料やだしをシンプルな割合で組み合わせるだけで和食が簡単に、しかも確実においしく作れるというレシピを紹介。番組では取り上げなかった割合や料理も多数収め、煮もの、汁もの、ごはんものといった基本的な家庭料理を網羅する。

「割合」に焦点が
当てられた本の中でも
とにかくシンプル

最初は簡単で、
徐々に難易度が上がるという
ロングセラーの見本のような構成

本書は、最初に「醤油とミリンは1対1でいい」ということを伝え、その基本の割合だけで基本的な献立を作れることを示した上で、そこに酢、酒、練りゴマなどを加えれば、さらにおいしい料理ができるという構成になっています。この本以外にも「割合」にフォーカスした料理本は出ているのですが、その中では本書が一番シンプルだと感じる。醤油とミリンと酒だけで、大体の料理が作れてしまいます。

私自身はこの本に出合うまで、味付けに関してずいぶん遠回りをしていました。と言うのも以前は調味の際にそのつど味見をして、自分の好みの分量を探ってメモしていました。でも、この本を見たらそれが分量ではなく、割合として明示されていて、しかもおいしいんです。本の前半には基本の調味料を使った料理が載っているのですが、後半に進むと少しずつレシピが難しくなっていきます。最終的には日本料理店で出すような献立も紹介されていますから、料理の腕を上げるためにずっと手元に置いておきたくなる本。だから今も当店でよく売れているのでしょう。ロングセラーの見本のような本です。

あと、村田さんの言葉がいい。「ここではこの材料ですが、旬の○○に代えてもいいですよ」というように、読み手の立場に立った表現なのです。これから家庭で料理を始める方はもちろんですが、これまでなんとなく料理を作っていた方に見ていただくと、味の基軸が改めてわかるようになると思います。

忙しい、もしくは料理にあまり手間をかけられない人へ

5

いちばん親切でおいしい低温調理器レシピ

脇雅世 著　世界文化社
2020年　B5判　112頁　1800円

低温調理器を使ったレシピ62品を掲載。肉じゃが、ロールキャベツ、チャーシューといった和洋中の定番料理、コンフィやパテといったフランス料理、おせち料理、おもてなし料理、デザートなど、紹介するレシピは多岐にわたる。低温調理の理論やメリット、注意点などを詳細に記述した解説つき。

肉だけでなく、魚や野菜の低温調理レシピが載っている

低温調理でもっとも大事な「温度と時間」の明示を徹底

著者は日本で早くから低温調理について研究していた方。この分野の専門学校で理論を習得し、あのジョエル・ロブションからも教わったようです。フランス料理界では以前より低温調理が活用されていましたが、日本では低温調理器がそこまで普及していないこともあって、なかなか一般には広まらなかった。それが近年になって入手しやすくなり、関連する本も出版されるようになりました。

これまでの低温調理の本は、メリットが表現しやすい肉を使ったレシピが多かったのですが、この本は、野菜も魚も低温調理できるということを示しています。特にすばらしいのが、おせち料理にも使っているという点です。

編集も気がきいていて、低温調理のプロセス写真に「何度で何分」という表示が目立つようにかぶせてあります。これはすごく重要。肉の芯温などが基準の温度に達しなければ、事故のもとです。料理ページ以外にも冒頭に「守ってほしいルール」、最後に「食材別・低温調理の最適温度帯」として温度帯を示す図表も掲載されています。「大事なことは3回言う」とも言いますが、まさにその通りの構成です。

低温調理器を活用すれば子供の世話をしている時に、あるいは寝ている間にも料理を進めることができます。高齢だったり、体の不調だったりで、フライパンをふるのが大変な方にもおすすめの一冊です。

佐々木友紀

書店「YATO」

ささきとものり
1978年生まれ。大学入学のために上京し、卒業後は造船会社勤務を経て、ヨーロッパ各地を回ったのちに故郷の青森県で３年ほど教師として働く。再度上京し、本に関する仕事に興味を持って、東京・東上野の「ROUTE BOOKS」で１年半ほど勤務。2019年に両国で書店「YATO」を独立開業し、24年には本所吾妻橋に1Fがカフェ、２Fがイベントスペースの「ORAND / OUET」をオープン。

How to choose books

私の本の選び方

作り手が読者に向き合い、「持てるもの」を全て出し尽くしている本を選びたい

当店で扱う料理本は家庭料理本からプロ向けの専門書まで幅広いですが、比較的ニッチなテーマを含んだものが多いかもしれません。また、著者性が強く出ていて読むと別世界に運んでくれるような本や、今回紹介した『毎日のあたらしい料理』のように時代にそぐう新しい切り口が加わっていると感じる本も、好みでよく置いています。

料理本は書店の棚の中でも回転の早いジャンルだと感じていますが、当店では、例えば斉須政雄さんの『10皿の料理』のようなロングセラー以外に、新刊もできるだけ長く置くようにしています。それは、店に頻繁に来られないお客様でも、その一冊と出合える機会・期間を増やしたいからです。私自身、おもしろそうな新刊を忙しくて見逃していた、という経験をよくしていますので。また、当店は本を買い切りで仕入れているため「長く置いた末に売れ残った時に、自分のものにしたいと思えるかどうか」が、仕入れの一つの基準になっています。

そう思えるかどうかは、その本から「仕事をやりきっている」印象を受けるかどうかです。本の作り手である著者や編集者は、もちろん本を出した時の業界内の反応や、時流に乗れているかどうかが気になるものだと思います。しかし、そこを一番に考えるのではなく、そのさらに向こう側にいる読者にまっすぐ向き合って、作り手が持てるものを全て出し尽くしている本。それが、私が思う「仕事をやりきっている」本です。そういう本は、読み込むと、著者と対話をしているような感覚になります。

なお、自分のためだけに本を選ぶ時は、今の自分の料理の腕などのレベルに合っているか、本当にほしい情報かが基準に加わります。また、好きなレストランのレシピ本が出たら迷わず買います。

日頃、米を炊く全ての人へ

1

ご飯の炊き方を変えると人生が変わる

真崎庸 著　晶文社
2018年　四六判　168頁　1600円

和食店を営む著者が、自身の開いた教室で人気を博した独自の炊飯理論を公開。米や水の量り方、鍋の選び方、火加減など、炊き終わるまでの一連の作業を理論的に解説する。少量で、あるいは大量に炊飯する場合やIHを使う場合、炊き込みご飯にする場合などの対応法も紹介し、後半にはご飯に合うおかずのレシピも収録。

たった11分で、
本当においしいご飯が炊ける

家でご飯がすぐ炊けるおかげで、
“少し不本意な外食”が減った

炊飯時の火加減と
鍋の中身の関係が、理論的かつ
わかりやすく説明されている

ご飯の味の極みを知ったことで、
食のプロの感覚に
わずかに触れた気持ちに

佐々木友紀　書店「YATO」

私は、この本を読んで人生が変わった一人です。蓋つき鍋とガスコンロを使ってこの本の通りに米を炊けば、少量ならなんと9分半くらい、通常の量でもたった11分でご飯が食べられます。しかも、これが本当においしいんです。学校の家庭科の時間にもこの方法を教えたらいいと思うくらい(笑)。うちの店にもこの本を置いていて、興味のありそうなお客様にすすめると、購入した人たちはみなさん「人生が変わった」と言ってくださいます。

この本で米が早く炊ける最大の理由は最後に蒸らさないためなのですが、それを可能にする炊飯時の火加減と鍋の中身の関係の考察が、この本では理論的かつとてもシンプルにわかりやすく説明されています。しかも本当においしくすぐ炊けるので、お腹が減りすぎて「家に帰ってご飯を炊いて、1時間はかかるなあ。よし、外食しちゃおう」というような少し不本意な外食をすることが減りました。自炊が増えたことで食生活が健康的になり、まさに人生が変わった、と言えます。しかし、変な話ではありますが、私はそのあまりのおいしさゆえに次第にご飯のおいしさにこだわるように。そして自分にとっての究極の米を探し、このやり方で炊飯したところ、大変すばらしいご飯が炊けました。そこまではよかったのですが、おいしすぎるご飯はおかずにあまり合わず、塩くらいしか合わない、ということがわかるところまで行きつきました。そしておいしすぎるので塩とご飯だけでいくらでも食べてしまう、ということに。つまり味や健康にこだわって始めたことのはずなのに、逆に栄養が偏って健康に大変悪いという事態にまで発展し、正直なところ、最高においしいご飯が常に最良ではないのかな、とも思うようになりました。おかずと一緒に食べるなら、そこまでご飯がおいしい必要はないのかもしれないですね。

同時に、新たな嬉しい発見もありました。ご本人のエッセイで読んだのですが、料理家の小林カツ代さんは、和食のコース料理を一通り召し上がり、最後の食事は大変おいしい白ご飯で、おともの塩を6種類から選べると聞いて、ご飯を5回おかわりして白ご飯を味わい尽くしたそうです。私は満腹でもなおご飯のおいしさの可能性を探求するカツ代さんに敬服しながら、自分もご飯の味の極みを体験したことで、わずかなりにもカツ代さんと感覚を共有した気になれました。そして、カツ代さんに「どんなお塩でどんなお味だったのですか」とお話ししてみたくなりました。そういう気持ちもこの本を通過していなければ湧いてこなかった感情で、それだけでもこの本を読んでよかったなあ、と思います。前半だけでも十分に読む価値があると思うのですが、後半の秘密の料理屋さんの話にもすごく胸を打たれました。そちらはぜひ実際に読んでいただきたいです。

普段から料理をしているか、あるいは理系で実験が好きな人へ

②

SALT FAT ACID HEAT
塩、油、酸、熱

サミン・ノスラット 著　世界文化社
2021年　B5判　480頁　3480円

料理人の著者が、カリフォルニアのレストラン「シェ・パニーズ」で経験を積む中で気づいた料理上達のコツを塩、油、酸、熱の４ジャンルに分類して本の前半で解説。アメリカの人気イラストレーターによるカラー絵がふんだんに使われ、内容の理解を助ける。後半ではその４つを活かすことでおいしさを実感できるレシピを掲載。

テーマが4つに絞られているので、
調理科学の本なのに
内容はシンプル

文字量は多いが、フレンドリーな
語り口調で読みやすい

イラストが素敵で、
アートブックとしての面も持つ

科学の知識が身近な料理実験の
中に盛り込まれていて
自分でもやってみたくなる

佐々木友紀　書店「YATO」

前半で調理科学の基本が説かれ、後半はそれを活かした料理レシピという構成の一冊です。調理科学というと難しいイメージがあるかもしれませんが、この本では塩、油、酸、熱の4つのテーマに絞って解説しているので、内容はかなりシンプル。なぜこの4つかというと、著者自身が素人同然の状態からレストランで調理経験を積む間に、料理で押さえるべきポイントはその4つだと気づいたから。その後さらに経験を積んで理論をまとめたものがこの本のようです。かなりの情報量があり、きっと著者は独自に理論を固めるための実験をくり返しただけでなく、世の中で得られる調理科学に関するデータも参照しているはず。でもデータや難解な理論は強調せず、語り口調の説明の中に「乳化は油と水の一時的な平和条約」というようにやわらかな表現と体験談を取り入れ、わかりやすくまとめています。また、おしゃれなイラストも読みやすさを助けていて、アートブックとしての要素も。後半のレシピはシンプルで作りやすいので、単にレシピ集としても使えますし、前半の内容を理解した方にとっては、塩、油、酸、熱の活かし方を実践的に学べます。

もう一つ、この本の大きな特徴は、味見を強くすすめていること。塩加減、マヨネーズの乳化、パスタの酸味の加減などをテーマに、要所でイラストがふんだんに使われた頁が出てきますが、そのいずれでも大きな文字で「TASTE」とくり返し書かれています。つまり、キッチンでの自発的な「味覚トレーニング」を促してくるわけです。素材や料理に対する適切な塩分量や、さまざまな食材の酸性度などの表やデータも、もちろん載ってはいます。しかし、それはあくまで目安で、味覚の経験を重ねて自分がおいしいと思えるラインを知ることを著者は重視しているのだと思います。実験好きや、何でも自分で体験してみたいと感じる人であれば、「TASTE」の呼びかけに「味わってみたい」「やってみたい」と思わされるでしょう。ちなみに、私もそのタイプでした。

そのため、この本は食べることが好きな方、自分で料理をする方に加えて、実験することが好きな人にぴったり。うちのお店でも、理系の本が好きなお客様がこの本に反応しています。逆に、数式や科学的な理論に苦手意識のある人でも、料理に興味があればすらすら読めるはずですよ。なお、著者自身は「新人の料理人に向けて」と書いているので、プロの料理人にも役立つ内容だと思います。

自分で作る料理の味に飽きを感じている人へ

3

毎日のあたらしい料理
いつもの食材に「驚き」をひとさじ

今井真実 著　KADOKAWA
2022年　B5判　112頁　1500円

SNSやnoteで人気の料理家による初のレシピ集。「作った人がうれしくなる料理」をコンセプトに、身近な素材を使った「簡単だけど手抜きじゃない。手抜きじゃないけど疲れない」料理を掲載する。「30年間作り続けてたどり着いた 最後のカルボナーラ」をはじめ、メイン料理、副菜、おつまみ、ご飯と麺などを４章立てで約60点収録。

使う素材はとても身近で、作ったことや食べたことのありそうな料理も多いんですが、香りや調理法のちょっとした違いで新しい味に出合わせてくれる一冊です。調理法も、ゆでる、蒸す、焼きっぱなしなどいたってシンプル。深く考えなくても、いつの間にかできあがっているような気軽さにあふれるレシピなので、ちょっと疲れていたり、忙しかったりする時でも「作ろうかな」と思えます。実際、そういう時にいくつか作ったところ、失敗なくおいしくできました。また、食べ盛りの子供も喜びそうな、肉や魚を使ったボリューム系のおかずが多く、野菜料理であってもご飯がすすみそうな味。お弁当にも活用できそうだと感じます。

使う食材や素材は、読み手の自由に委ねられている部分が多いのも特徴です。例えば、燻製器もスモークチップも使わずに、茶葉、スパイス、ハーブでベーコンが作れる「燻さないベーコン」というレシピ。ここで使うスパイスや茶葉の種類は読者にまかせられていますし、ハーブも「もしあれば」となっていて、その感じがとても楽なんです。スライスしてそのまま食べてもおいしいし、ページをめくればそのベーコンを活用するカルボナーラがすっと現れて、残ったら次はこれを作ろう、という楽しみをくれます。誌面で「おいしいよ！」「簡単だよ！」「これも作れるよ！」なんてアピールは全然してこないのに、料理の作り手に一歩

レシピから、
「楽をしていいよ」という
著者の気遣いが
感じられる

「あたらしい味」なのに、
どのレシピも
失敗をしたことがない

先の新しい味を経験させてくれるだけでなく、楽をさせてくれる。そんな、レシピからにじみ出るやさしさ、親切さが、忙しくてハードな現代においては料理本の一つの新しい切り口になりうるのかなとも思います。

料理が上手になりたい全ての人へ

④
味・香り「こつ」の科学
おいしさを高める 味と香りのQ&A

川崎寛也 著　柴田書店
2021年　A5判　288頁　1800円

調理科学研究の第一線で活躍する著者が、膨大なデータに基づく料理のコツを「味覚・嗅覚全般」「素材の味・香り」などの５つの章に分け176の質問に答える形で執筆。「なぜそうなるのか」を知りながら調理技術を高めるのに最適な一冊。「味やにおいを感じる仕組み」「うま味とは」といった基礎知識を補う15のコラムも収録。

著者の川崎さんは、「おいしいを科学する」というテーマの最前線で情熱を持って突き進まれている方。この本は、Q&A形式で科学的な根拠をもとにした料理のコツを解説しているもので、特筆すべきは答えが非常に簡潔にまとめられている点です。巻末の参考文献数の多さだけでも、その本の背後にある情報が膨大なことがわかるのですが、そこから情報が厳選されて読者が理解しやすいように書かれている。読者は自分で資料を読んだり実験したりすることなく、いいとこ取りができてしまうんです。

また、文章の展開も無駄がありません。たとえばQの一つ「油脂は味ではないのか」に対して、冒頭から「結論は出ていない」と言い切っています。これは、近年油脂も味

無駄がそぎ落とされた文章で、知りたい答えに一直線にたどりつける

難しそうなテーマに反して、料理好きならすらすらと読める内容

の一つと考える研究がなされていることに関連した問いだと思われます。読者としては、油脂が味であるならばどのように使えば料理がおいしくなるかを知りたいところで、普通ならもう少し期待させたり、ひっぱったりするような書き方で興味を引くところですよね。でも、そんなやりとりは省いて結論を伝えてから、この原稿が書かれた時点での最新の油脂と味覚神経の研究結果と、味以外の面で科学的に断言できる油脂の料理への効果などを示しています。なお、徹底して文章に自分の意見を入れないようにしていると思われるため著者の人物像は見えませんが、それが逆に、ごまかしのない真摯な人柄を表しているようにも感じられます。

一つのQ&Aはだいたい1頁で完結します。調理科学の本だけど数式は出てこないし、専門用語にはフォローがあるので、料理への興味さえあれば簡単に読めて、知識と料理のおもしろさを深められます。この本を楽しめた方には同じく川崎さんの著書『おいしさをデザインする』(柴田書店)もおすすめです。

外食好きの人へ／若手の料理人へ

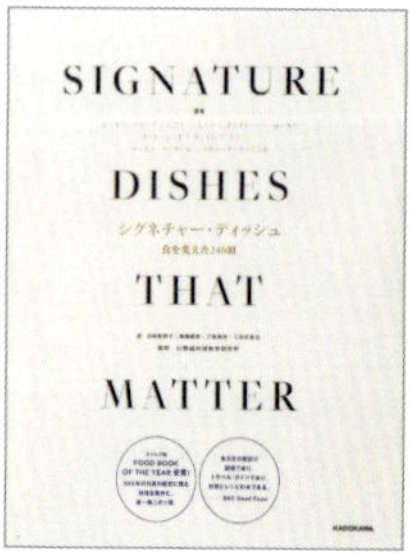

5

シグネチャー・ディッシュ

食を変えた240皿
SIGNATURE DISHES THAT MATTER

スーザン・ジャンク 他 選、
辻静雄料理教育研究所 監修 他　KADOKAWA
2020年　A5変形版　452頁　5800円

英・タイムズ紙の「FOOD BOOK OF THE YEAR」を受賞したイギリス発の本の日本語版。食のジャーナリストら7名が選ぶ、食の歴史を変えた「シグネチャー・ディッシュ」240品を、料理人、店名、料理の生まれた国、発表年とともに紹介する。それぞれの味わいを想起させ、背後のストーリーもよくわかる解説が秀逸。巻末にレシピも収録されている。

楽しみながら料理の知識を
広げられるとともに、
格調高いエッセイが別世界に
連れて行ってくれる

ブックデザイン、
造本とも、
アートブックとして優秀

佐々木友紀 書店「YATO」

掲載されている料理は、ミシュランガイドに名を連ねるようなレストランの料理だけでなく、マクドナルドのビックマックや日本のつけ麺、中国の北京ダックなど非常に幅広いセレクト。それぞれに対して1000字前後の文章が添えられ、料理の成り立ちや概要、その他エピソードが語られています。読めば一瞬でその料理の世界に連れて行ってくれる、上質な料理エッセイ240本の詰め合わせのようなイメージですね。どんな食の嗜好の人でも知っている料理や食べたことのある料理が必ず一つはあり、食指が動くのではないでしょうか。一つの料理についての情報量も、満足しつつ集中力が切れる前に読み終えられるちょうどよさで、選定と執筆を担当する7人の経験豊富なジャーナリストの視点がそれぞれ違うために飽きがきません。

隙間時間に1本ずつ読むのもおすすめですし、時間のある時はゆっくりと読みふけるのもいいですね。

料理は生まれた時系列に並べられ、その制作者も書かれています。そのため、時代によるレストランの料理の変化を追いかけるという使い方もできるし、食の時代を変えた稀代のシェフを知る、という視点で読んでもおもしろいです。イラストはおしゃれで、リアルでないぶん、実際の料理へのイメージが膨らみます。また、淡々と続く誌面レイアウトも相まって、アートブックのような雰囲気もあります。巻末にはほとんどの料理のおおよその材料と作り方が書かれているので、有名な料理にチャレンジしたい人にもおすすめ。プロの料理人のアイデア帖としても役立つと思います。

諏訪雅也

古書店「悠久堂書店」

すわまさや
1915年創業の古書店「悠久堂書店」の4代目店主。同店は神田古書店街に立ち、料理や美術を中心とした古書を扱う。特に料理や食文化の本に関しては他に類を見ない品揃えで、料理人や料理関係者が集い、頼りにする店として名高い。

＼ How to choose **books** ／

私の本の選び方

お客様である料理人さんの生の声を聴き、求められている本を揃える

当店は３代目の時代から料理書を多く取り揃えるようになり、料理人の方々によくご来店いただきます。そんなお客様である料理人さんの声や情報が、本の仕入れやセレクトの拠りどころとなっている面があります。「修業時代この本が一番勉強になり、役立った」「今、この本がどうしてもほしい」。そういった声が日々店に集まり、当店の料理書棚ができていったと言っても過言ではありません。そのため、今料理人さんがどんな本を探しているかは常にチェックしています。

古書は新刊と異なり、市場に出てからしばらく経った本なので、ある程度評価が決まってきます。つまり、実際に読んで使った人が「よかった」「役立つ」と言えばいい本。読者の視点が、そのままその本の価値として認識されるわけです。事実、料理人さんたちの中で長年受け継がれてきた「これは使えるから絶対に持っておいた方がいい」という本があります。例えばフランス料理では『エスコフィエ フランス料理』（柴田書店）。この本は、フランス料理人にとってはバイブルですね。新人さんが多く入る４月に、特によく売れます。また、料理人だけでなく、サービスに携わる人にもよく売れるのが辻静雄さんの本です。辻さんの本は、今回ご紹介した『フランス料理研究』でもわかるように、フランス料理の歴史や食文化も詳しく書かれているので、フランス料理の世界全体を勉強したいという人に求められていますね。また、そういった本は、その人にとっての役目が終わると、うちのような古書店に戻ってきて、また必要とする人のもとへ渡っていくわけです。良書というのは、こうしてさまざまな人に引き継がれていくものなのだなと実感しています。

各国料理のアイデアを探している人へ

1

『世界の料理』シリーズ

タイム ライフ ブックス
1978年　A4変形判　全21巻（絶版）

米国タイムライフ社から刊行された『Foods of the World』の日本語訳版。世界各地の食文化を民族の歴史、地理など多方面から解説しており、アフリカ、ラテンアメリカ、中東などのなじみのない地域の巻もある。たとえばアフリカ料理の巻では、伝統レシピの他、アフリカ大陸の歴史、王国時代の宮廷料理、東西アフリカの食文化の違いなどを紹介。

歴史、食文化、料理レシピまで、
各地域の食の情報を
全て網羅している

文化と料理をセットで勉強
することができ、
読みものとしてもおもしろい

アフリカ、カリブ海など、
他の本では情報が得られない
地域の料理の巻もある

他に代わる立ち位置の本がないので、
いまだに店頭で動きがあるシリーズ

諏訪雅也　古書店「悠久堂書店」

『世界の料理』シリーズは、1970年代に米国のタイムライフ社から刊行された本の日本語翻訳版です。その名の通り、世界各国の料理を、それぞれの著者が地理、歴史、食文化といった幅広い観点から丁寧にまとめたもので、この時代だからこそできたのだろうな、と想像できる贅沢な内容です。他には代わるものがない本なので、出版から40年以上経っていますがいまだに当店でも動きがあります。

全21巻で、取り上げている地域も多様で興味深いです。フランス料理、イタリア料理、ロシア料理、中国料理、イギリス料理といった定番の国から、アフリカ料理、太平洋／東南アジア料理、ラテンアメリカ料理、カリブ海諸島の料理、オーストリア・ハンガリー料理まで。他の本では情報が得られないような地域の料理まで取り上げていて、バラエティに富んでいるのが特徴のシリーズです。

例えば、『カリブ海諸島の料理』を開いて見ると、インディオゆずりの味、大農園の優雅な食事、エデンの園に実る果物、輝く熱帯の海の幸、島の妙薬、ラム酒といった、現地らしい項目が並んでいます。そのように歴史や食文化、料理の解説が語られた本誌と、「カリブ海諸島の料理の作り方」というレシピのみをまとめた別冊がセットとなっているという構成です。また、『アフリカ料理』は、地域によって異なるアフリカの魅力が伝わる一冊。アフリカと一言で言ってもさまざまな地域があり、その食文化の違いも読み取ることができます。他、「南アフリカに生きる東洋風」「植民地農園の豊かな料理」など、興味を引かれるコンテンツがまとめられていますね。他の本ではあまり紹介されていないジャンルの料理は、見ているだけでも楽しめます。

料理人の方にとっては、純粋に各国の料理を学ぶため以外にも、イベントや料理フェアなどのメニューのアイデア、ヒントを探す本として使えるので、利用価値が高いと思います。また、プロだけではなく料理好きの方、料理は自分では作らないけれど歴史や食文化などに興味のある方などには読みものとしても楽しめますし、地理に着目して見れば旅行ガイドのような使い方もできそうです。

このシリーズは、現在は絶版となっているので古書店やオークションなどで探す以外には入手できません。そういう意味でも、運よく出合ったタイミング、気になったタイミングで購入するのがおすすめです。

中国料理の知識を深めたい人へ

2

中国料理百科理論と名菜譜抜萃600選

顧中正 編著・翻訳、陳建民 監修、
岡野国勝 協力　中国菜譜研究会
1969年　16.5×22㎝　1047頁　2900円（絶版）

中国政府の役人出身で、中国郷土料理の研究者となった著者が、「恵比寿中国料理学院」（1966年開校。現在は閉校）で教務長を務めながら執筆した、中国料理の理論と名菜をまとめた一冊。学院長を務めた陳建民氏が監修を行い、中国料理の歴史や構成の基本、伝統料理など多岐にわたる内容を網羅。同学院の教科書として利用されていた。

陳建民氏が設立した、
日本にかつてあった
中国料理学校の教科書

中国の名菜を600品掲載。
これさえあれば、
中国料理の全てがわかる

レシピは、材料、分量だけでなく、
調理道具まで詳しく解説されている

古書ルートでも
手に入りにくい本だが、
常に探している人がいる一冊

諏訪雅也　古書店「悠久堂書店」

この本が刊行されたのは１９６９年。陳建民氏が66年に開校した「恵比寿中国料理学院」で、教科書として使われていた本です。教科書という特殊性もあり、古書ルートでも出回ることが少なく手に入りにくい本の一つですが、探している方は常にいらっしゃいますね。

著者の顧氏は、料理人ではなく元は中国政府の役人で、中国各地を訪れているうちに郷土料理に魅せられ中国郷土料理の研究家となったようです。これは、顧氏が恵比寿中国料理学院で勤務するかたわらに執筆した本。監修には陳建民氏と、その弟子であり中国料理の前菜の名手と言われた岡野国勝氏が名を連ねています。

本の成り立ちで言うと、顧氏の趣味が高じて書かれた本ではあるので、〝究極の趣味本〟と言えるでしょう。ただ、この本は〝趣味が高じて〟というには、あまりにも完成度が高いことに驚きます。例えば、最初の理論編では中国先史時代の食生活に始まり、中国の歴史とそれに伴って発展してきた中国料理文化、現代中国と近年における料理界についてまで言及。さらに、中国料理の構成と研究のポイント、中国料理の四大系統とその特色、前菜と点心、調味料と香辛料、中国の食器と厨房器具、中国料理と植物性生薬、宴席用料理献立の組み方、食卓礼法にいたるまで幅広く解説されています。その後に、実際の料理のレシピと解説が続くという構成です。

当時、伝統的な中国料理を日本で学べる場所というと、湯島聖堂で立ち上げられた「中国料理研究部」と、この恵比寿中国料理学院が二大巨頭でした。顧氏は本の最初に、中国料理研究部で活動し日本での中国料理の普及に大きく貢献した中山時子氏への御礼を述べており、そんなことからもこの本が持つ歴史や稀少性を感じさせられます。

掲載されているレシピは６００品。素材別に細かく分けられ、それぞれの材料、分量、作り方手順が紹介されており、使用する道具にまで言及しています。拼盤《ピンパン》は写真や図解なども載っており、これ一冊あれば中国料理の全てが網羅されていると言ってもいいでしょう。教科書なので、教師用の指導要領のようなものがついているのも特徴です。

この本は、中国料理を深く探求したい人、自身の持っている知識や技術をより高めたい人にぜひ読んでいただきたいです。また、古典的な料理の中から、自身の料理の新しいヒントを見つけたい人にもおすすめです。

フランス料理を極めたい人へ

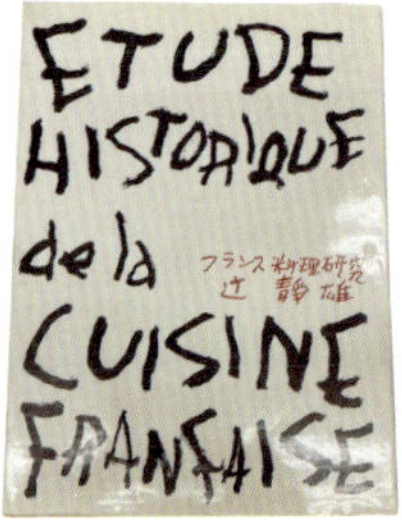

3

フランス料理研究

辻静雄 著　大修館書店
1977年　28×39㎝　1440頁
16万5000円（販売終了）

著名なフランス料理研究家である著者の代表作。フランス古典料理を多くの図版を含めて日本語で詳細に解説した書で、当時、限定1250部が販売された。ポタージュとスープの項から始まり、料理技術の歴史的な変遷、食卓の作法、フランス料理の流れと続き、それぞれの料理は歴史や図解も含めて詳細に解説されている。

この本は、1977年に発刊された辻静雄氏の代表作です。まず、料理書というよりも美術書のような大判サイズと1440頁というボリュームに圧倒されますね。アンリ・マティスに師事し、文学者との交流も多かった洋画家の佐野繁次郎が装丁を手がけた独特のデザインも印象的です。

内容も圧巻で、まさにフランス料理研究家としての辻氏の集大成。「フランス料理とは何か」という根本的な命題から、歴史の説明、古典料理の解説と図解、宴席料理についてなど、内容は多岐にわたります。辻氏が集めた古典の料理書から引用された料理の説明が詳細に載っているのですが、「この料理書の何ページに、このような形で書いてある」など、研究者らしく、書き方が非常に細かいんです。

また、本の中には、フランスのマルシェの食材や、星つきレストランの厨房での様子など、おそらく辻氏本人がフランスで撮りためた写真も数多く紹介されており、当時のフランスの活気がビジュアルで伝わってきます。40年以上前に作られた本ですが、今でも魅力は色あせず、作り手の熱量も感じられます。人生をかけてフランス料理を探求した辻氏でなければ作れない本だったのだろうな、と改めて感動します。

単なる実用書に留まらないので、フランス料理を相当やり尽くしたけれどさらに極めたい！　という料理人の方に

辻静雄氏の集大成。
フランス料理の
歴史と古典料理を
詳しく学べる

大型サイズと、
洋画家が手掛けた
印象的な装丁がまるで
美術書のよう

は、垂涎の一冊だと思います。「フランスの昔のガラディナーを再現したい」と購入された方もいましたね。

若い料理人へ／料理初心者へ

4

素材と日本料理 第1巻
魚介篇 [その1]（別冊専門料理）

柴田書店 編　柴田書店
1998年　A4判　203頁　3000円（版元在庫なし）

魚介、野菜、肉・加工品などの日本料理で使われる食材を、素材別に詳細に解説。食材知識、下処理の技術、定番料理のコツ、応用料理、逸品集といった内容で、シリーズ全6巻にまとめられている。第1巻では魚介が取り上げられ、調理指導は遠藤十士夫氏（青山クラブ料理長）を始め6名の実力派料理人が担当。

このシリーズは、料理人向けの月刊誌『専門料理』の別冊として出版されたもので、第1巻から第3巻までが魚介編、第4巻、第5巻が野菜編、第6巻が肉、加工品、珍味編となっています。日本料理がテーマなので、魚介と野菜に重心を置いており、素材別に下処理の技術から定番料理のコツ、応用料理、逸品集までを丁寧に紹介しているのが特徴です。

特筆すべきは、何と言ってもプロセス写真の多さです。一つ一つの手順を細かく追って撮影していて、非常にわかりやすい。例えば「虎魚のおろし方」では皮脂の汚れを取る、

とにかく
プロセス写真が多くて、
細かく、わかりやすい

素材別に下処理から
定番料理までが
丁寧に紹介されている
ので初心者向け

背びれを取る、内臓を取り出し、頭を落とす、水洗いをする、といった流れが写真入りでものすごく細かく解説されています。マグロの刺身のページでは、平造り、そぎ造り、二枚落としの切り方も全て写真入りで紹介。調理学校の学生さんや駆け出しの若い料理人の方は、こういった基本はもちろん習ってはいるものの、まだ身についていなくてうろ覚えというケースも多いのではないでしょうか。詳細を写真で改めて確認できる本は大変役立つと思います。

初心者向けの料理本の場合は、やはりこのように調理のプロセスがしっかりとわかる作りの本がよく選ばれていますね。ちなみに、素材ごとのプロセス写真が減っているので少し残念ではあるのですが、このシリーズは後年に内容がよりコンパクトにまとめられた単行本（上下巻）も刊行されています。

和菓子が好きな人へ

⑤

和菓子技法 全7巻

主婦の友社 編　黒川光朝、加藤正一、鈴木宗康 監修　主婦の友社
1989年　A4判　206頁（絶版）

日本全国の有名和菓子店の和菓子を、レシピや作り方の手順写真とともに紹介する。全7巻で、第1巻は餡・餅・求肥、第2巻は饅頭・蒸し羊羹・ういろうというように、素材やタイプ別に構成されている。たとえば新春の風物詩である「花びら餅」は、東京、名古屋、京都の名店の4品を見開きで紹介。各店の違いを比べることができる。

日本全国の有名
和菓子店の和菓子を紹介。
一般には門外不出の
レシピも載っている

和菓子の
定番商品については、
店ごとの違いを
見比べられる

和菓子店の技術やレシピは門外不出で、教えてもらうのは非常にハードルが高いというのが定説。そのため、和菓子の本は洋菓子に比べてかなり数が少ないと思います。中には、〝いろいろな店の餡だけの作り方を集めた本〟という非常にマニアックな本もあるのですが、そういうものは持っている方も大切にしているのか、古書ルートにはなかなか出回らないのです。

このシリーズは、全国各地の人気和菓子店の和菓子とその作り方を紹介したもの。上品な装丁も目を引きます。全ての和菓子ではないにせよ、実際に店で提供している和菓子の作り方がプロセス写真入りで載っているなんて、驚きです。非常に稀少価値の高い本だと思います。全7巻で、第1巻は餡・餅・求肥、第2巻は饅頭・蒸し羊羹・ういろう、第3巻はきんとん・こなし・練切り、第4巻は葛菓子・錦玉・羊羹というように、素材別やタイプ別に和菓子を紹介しています。あまり一般的ではない沖縄菓子も紹介されているのは興味深いですね。

また、各店の和菓子のバリエーションが紹介されているだけではなく、季節の「練切り」や、さまざまな店の「花びら餅」を比較したページも見ごたえがあります。いくら和菓子好きでも、全国各地の〝花びら餅だけ〟を見比べる機会はなかなかないですから。そういう意味では、全国の和菓子店のガイドとしても利用価値があるのではないでしょうか。

プロの和菓子職人はもちろんですが、和菓子好きのマニアックな方、茶道をたしなまれている方などにも興味を持ってもらえる本だと思います。

前久保好平

オンライン書店「CHEF'S LIBRARY」

まえくぼこうへい
日本やフランスでパティシエとして働いているうちに、料理や菓子の本を買い集めるようになり、本の世界へと転向。フランス料理を中心とした世界の料理専門書を販売するオンラインサイト「CHEF'S LIBRARY」の運営を始める。なお、かつて大阪・天満橋にカフェ・ワインバーを併設した実店舗もあったが、現在はオンラインのみ。

How to choose books

私の本の選び方

少ない情報から「プロが見て有益であるかどうか」を見極めて仕入れる

私は、プロの料理人やパティシエに向けて、世界各国の料理や製菓の本を仕入れて販売するウェブサイト「CHEF'S LIBRARY」を運営しています。私自身、以前はパティシエとして日本やフランスで働いていたのですが、もともと料理本が大好きで、趣味と実益が高じて転身し、プロ向けの海外の本を集めて販売するようになりました。海外の料理本は読むのは大変ですが、日本とは違った素材の取り合わせ、盛りつけのセンス、料理哲学に出合えます。

仕入れる本選びで重視するのは、「プロから見て有益であるかどうか」です。特にレシピが再現できることは重要な点の一つだと思うので、レシピがあまりにも適当だったり再現性が低かったり、というものは避けるようにしています。ただし扱う本はほとんど洋書で、実際は現物の本を手に取ることなく仕入れることが多いため、入り口はやはり表紙の情報になりますね。たまにすごく格好いい造りの本でも、レシピが適当なものもあるので、勘を働かせるしかありません（笑）。「このシェフの本であれば間違いないだろう」と著者で選ぶことも多いです。それから出版社や関わるフォトグラファーも指標の一つ。海外の最新のガストロノミーや話題のレストランの本は、フランスやスペインの出版社から出ることが多く、新刊情報はいつもチェックしています。たとえばフランスのグレナ社やシェヌ社は、高価だけど、信頼できる中身の本が多いのでよく選んでいますね。好きなフォトグラファーはフランスのローラン・フォー氏やスペインのミカエル・フォンス氏。フォー氏は、ヤニック・アレノ氏などスターシェフの料理本をよく手がけていて食材の写真がとてもきれい。フォンス氏はコントラストが強い印象的な写真で、とにかくポートレートが格好いいです。

フランス料理に関わる全ての人へ

①

L'AMBROISIE
Bernard Et Mathieu Pacaud

Mathieu et Bernard Pacaud、
Philippe Rossat著　Glénat
2012年　24.5×32.8㎝　216頁　49ユーロ

1986年に誕生し、1988年から35年以上にわたりミシュラン三つ星を維持し続け、フランス・パリでもっとも予約が取りにくいレストランの一つと言われる「ランブロワジー」の本。オーナーシェフのベルナール・パコー氏と息子のマチュー・パコー氏による、2012年当時の威厳と迫力に満ちた端正で美しい料理が、レシピとともに紹介される。フランス語。

ミシュラン三つ星を
獲得し続ける
パリの有名レストランの料理

ベルナール・パコー氏が
勢いのある時期の完成度の高い
料理が収録されている

レシピは読み解きやすく、
現代フランス料理の
本質が学べる

余計な装飾を省いた装丁、
黒と金でデザインされた
美しい表紙も魅力

前久保好平　オンライン書店「CHEF'S LIBRARY」

フランス料理に携わる人なら、一度は手に取ってほしい。そう思うのが、パリのミシュラン三つ星レストラン「ランブロワジー」が2012年に出した、ハードカバーの写真集のようなこの本です。ランブロワジーは世界的に人気があって日本から食べに行く方も多いですし、19年放映の日本のテレビドラマ「グランメゾン東京」のロケ地になったことで、日本でもさらに名前が知られるようになりましたね。

この本は、とにかく掲載されている料理の完成度そのものがすばらしい。クラシックなフランス料理をベースに、決して奇をてらうわけではなく、それでいて強い個性が放たれている、フランス料理の最終目標に近いような料理です。まるで古典と現代が組み合わされた最新の古典料理のような、また余計な装飾を省いていて派手ではないものの豪華さがあるような、そして伝統とエレガンスが調和し普遍的でありながら常に新しくなっているような……。説明するのが難しいですがそんなイメージで、これぞ「三つ星レストランの皿」というべき表現が存分になされているように思います。今ふり返ると、刊行された時はランブロワジーの全盛期と言いますか、オーナーシェフのベルナール・パコー氏の創作表現に一番脂がのっているタイミングだったのでしょうか。そんなふうに思うほど、美しくて迫力のある料理の数々に目を奪われます。

しかも、レシピがとてもわかりやすいんです。もちろんフランスと日本では食材そのものが違うので、まったく同じ料理が作れるかと言えば難しいでしょうが、レシピ自体は理解しやすい。フランス料理の本質のようなものを体得する意味でも勉強になると思います。これからフランス料理の世界で学ぶ若手料理人にはもちろんおすすめしたいですが、それ以上に、ある程度フランス料理の経験を積んだ料理人にこそ、その意味がわかる本だと思います。

黒色と金色を基調にした表紙デザインは控えめながら迫力があり、サイズも大きな豪華本なので部屋に置くだけで気分が上がります。パコー氏のスペシャリテと呼ばれる料理が数多く掲載されていますし、レストランの空気感が伝わる写真もあるので、ぱらぱらめくるだけでも楽しいですね。残念なのが、入手自体がとても困難であること。当店でも入荷待ちとなっている状態が多く、値付けも高価にせざるをえない本のうちの一冊です。

中堅レベル以上のプロのパティシエへ

②

Fruits

Cédric Grolet 著　Ducasse Edition
2017年　23.5×29.5㎝　336頁　39ユーロ

パリの五ツ星ホテル、ル・ムーリスのシェフ・パティシエ、セドリック・グロレ氏による、フルーツを題材にしたレシピ集。「柑橘」や「ベリー類」など７つのカテゴリー別にフルーツやナッツ45種類を使い、技巧を凝らした芸術的なデザート・菓子130点を掲載。フランス語（英語版もあり）。

高度な製菓技術と、
日本の料理人とは違う
発想力が学べる

SNSを操り、成功を収めた
新時代の
注目パティシエの一冊

海外の料理やお菓子の本の最近の傾向の一つとして、ＳＮＳで人気になって本が出版されるケースが増えているのですが、そうした新しい方向性を作り出した一冊として見ているのが、セドリック・グロレ氏のこの本。グロレ氏は今フランスでもっとも勢いのあるパティシエの一人で、Instagramのフォロワー数はなんと１１５５万人（２０２４年10月時点）！この本は、フルーツを題材にしたデザートのレシピ集で、当時彼が発信するInstagramの投稿では、背景によくこの本を置いていたのを覚えています。

フルーツやデザートの写真はもちろん美しいですが、ホテルのパティシエの作品なので、ものすごく手間がかかる技巧を凝らしたものばかりで、実用的なレシピ本とは言えません。ただ、世界最高峰のパティシエの創造性に触れることができるのは確かです。主役の素材やテーマとする味をがつんと明確に打ち出すのが特徴の、フランス菓子らしさを感じる品が多い印象です。

私もレシピを見ながら何点か試作して気づいたのですが、たとえば日本ではバニラはサヤから実を取り出して煮出す使い方が一般的だけど、グロレ氏はこの本でサヤごと粉末にして大量に加えていました。そんな素材の扱い方や風味の作り方なども、日本では新鮮です。ある程度、技術を習得した中堅レベル以上のパティシエに、特におすすめしたいですね。

ジビエ料理をしっかり学びたい料理人へ

3

La cuisine du gibier à plume d'Europe

Benoît Violier著　Favre
2015年　24×30.5㎝　1088頁　170ユーロ

スイス・ローザンヌ郊外の三ツ星レストラン「ロテル・ド・ヴィル」のオーナーシェフでジビエの専門家としても著名だったブノワ・ヴィオリエ氏が６年を費やして刊行した狩猟鳥のバイブル。約300のジビエ料理とともに、ヨーロッパで狩猟可能な約100羽の鳥の情報が数多くの図表やイラストで紹介されている。フランス語。

シェフが6年を費やした
1000頁超えの大著

ヨーロッパ狩猟鳥のすべてが
詰まったジビエの専門書

フランス料理界では有名でご存じの方も多い本で、鳥類ジビエを学びたい方にぜひおすすめしたい一冊です。著者のブノワ・ヴィオリエ氏は、刊行時高い評価を受けていた実力派のシェフ。子供の頃から狩猟好きでジビエに情熱を注いでいた料理人としても有名だったのですが、残念なことに２０１６年に44歳の若さで亡くなり、当時は大きなニュースになりました。

本のタイトルは翻訳すると「ヨーロッパの狩猟鳥の料理」。総ページ約１１００頁、重さ5kgという大作です。掲載されている狩猟鳥は94種に上り、これらの基礎知識や解体方法などの情報だけでも読みごたえ十分。掲載されている約３００品のジビエ料理は、正統派の洗練されたフランス料理です。私自身がクラシックな料理が好きなのでつい惹かれてしまうのですが、火入れやソース作りを丁寧に行う古典的な技術がしっかりと表現されています。後世に残すべき貴重な本だと言えるでしょう。

ヴィオリエ氏が出したジビエの料理本はもう一つあり、そちらは「gibier à poil（毛のジビエ）」、つまり鹿や猪などの獣類に特化した内容です。調理方法ごとに火入れの温度が記載されているのも興味深く、ガルニチュールやソースまで細かく解説されていて、もちろんこちらもおすすめです。

最先端のモダンガストロノミーを学びたい人へ

4

DISFRUTAR VOL.1&2

Oriol Castro、Eduard Xatruch、Mateu Casañas著
Abalon Books
(VOL. 1) 2021年　29.5×35.5㎝　548頁　187,5ユーロ
(VOL. 2) 2023年　29.5×35.5㎝　526頁　213,75ユーロ

世界一予約が取れないレストランとして名を馳せた「エル・ブジ」の黄金期を支えたシェフ３人が、バルセロナに開いた「ディスフルタール」の料理記録集。VOL.1は2014〜17年、VOL.2は18〜20年の期間が対象。それぞれ２冊セットで、1冊はレストランの歴史や哲学が記され、もう1冊は料理写真とレシピで構成される。英語。

VOL. 2の一部のレシピは
QRコードから動画にリンク

世界の第一線の
ガストロノミーレストランから
刺激を受けられる一冊

「モダンガストロノミー」や「イノベーティブ」などと表現される料理の第一線を見たいなら、バルセロナのレストラン「ディスフルタール」の料理本をおすすめします。ディスフルタールは、１９９０年代以降にスペインのみならず世界のガストロノミーを牽引した「エル・ブジ」でシェフを務めたオリオール・カストロ、エデュアルド・チャトルック、マテウ・カサニャスの３人が開いた店。最先端の調理器具やテクニックによって生み出される独創的な料理は、ミシュランや世界のレストランランキングでも高い評価を受けています。「これは食べられるのだろうか?」と感じるほど斬新で新しい調理技術に出合えるのも、海外の料理本のおもしろさの一つではないかと思います。

同店の開業は２０１４年。本書は開業してからの彼らの料理哲学やレストランについての記録と、美しい料理写真&レシピがセットになっていて、VOL.２のレシピの一部には、動画にリンクするQRコードも添えられています。そんな仕掛けにも、時代の先端を走るレストランらしさを感じますね。本では難しそうなテクニックに見えても、動画で見ればわかりやすく感じるので、これなら作れるかも、と思えるような料理もありました。

地域に根差した料理をめざす人へ

5

Noma

Time and Place in Nordic Cuisine

Rene Redzepi 著 Phaidon Press
2010年 26× 29.9 ㎝ 368頁 49,95ユーロ

「新北欧料理」という料理の新たな潮流を世界中に広げたデンマークのレストラン「ノーマ」の料理とその哲学が詰まった一冊。シェフのレネ・レゼピ氏による90に及ぶ料理レシピの他、開店に至るまでの日記の抜粋、北欧各地の料理、地元の珍しい食材、北欧の風景などが美しい写真で構成される。英語（日本語もあったが絶版）。

これから日本でますます
増えそうな地方ガストロノミーの
根幹を学べる

北欧の自然、素材、
生産者、料理で彩られた
美しい写真集のような構成

この本は日本語訳の書籍も出ていたので、ご存じの方も多いでしょう。世界の料理界にニュー・ノルディック・キュイジーヌ（新北欧料理）という新しい料理の潮流を生み出した、２００４年開業のデンマーク・コペンハーゲンのレストラン「ノーマ」の本です。シェフのレネ・レゼピ氏は、自然豊かな北欧で地元の優れた食材を掘り起こし、新しい料理を作るというコンセプトで洗練度の高い美しい料理を生み出し、世界中の料理人に大きな影響を与えました。

今、日本にも地域に根差した料理、その土地のその店でしか食べられない料理をめざす料理人が多く、「地方ガストロノミー」と呼ばれるレストランが増えていますが、その方向をめざす料理人や地方振興に関わる人であれば、本書はぜひ見ておいたほうがいいと思います。料理はもちろん、北欧の自然や食材、生産者たちの写真も美しく、地元のもののよさを知りそれを活かす道について、この本からヒントを得られるはずです。

なお、新北欧料理の本として、２０２２年に刊行された『KOKS』もぜひ紹介させてください。「コックス」は北欧のフェロー諸島にあるレストラン。シェフのポール・アンドリアス・ジスカの出身地であるフェロー諸島の特徴を生かした料理が美しい自然とともに綴られていて、こちらも一見の価値があります。

松本直子

「食の文化ライブラリー」司書

まつもとなおこ
1981年生まれ。女子栄養大学にて、栄養学をはじめ調理や食文化、フードコーディネート等を学び、フードスペシャリストの資格を取得。2008年より食の専門図書館、公益財団法人 味の素食の文化センター「食の文化ライブラリー」に勤務。司書として図書館業務全般に携わる。イラストレーターとしての顔も持ち、雑誌・書籍等のイラストレーションを手掛けている。

＼ How to choose books ／

私の本の選び方

料理の向こう側に地域性や時代性が表現された本を幅広く取り揃える

当館は、一般向けのレシピ本、料理人向けの専門書、食にまつわるエッセイ、食文化や栄養学の本など、「食」にまつわる本を幅広く揃えています。料理本を選書する際は、歴史や文化、地域性や時代性が読み取れるかどうかを重視しています。例えば今回挙げた農山漁村文化協会の『聞き書 ○○の食事』シリーズであれば、各県の食文化、歴史や暮らしを地域ごとに（または比べながら）学ぶことができます。ただ、日々出版される料理本は膨大ですし、出版された時点ではその本の意義・価値がわからないこともあります。そのあたりの判断は難しいので、私も含め4～5人の選書チームで話し合いながら、どの本を蔵書するのか検討しています。だいたい月に30～40冊ほど新しい本が排架されています。

普段、個人的にレシピ本を見る際は、そこに書いてある通りに料理を作ることはあまりありません。どちらかと言うと、著者の料理に対する考え方や、食材の組み合わせや盛りつけなどを参考にして料理を作っています。自分では体験できないことが書かれていたり、見たことのないものが写真で紹介してあったりするなど、驚きや発見のある料理本も好きです。例えば今回挙げた『堀井和子の気ままなパンの本』は私の行ったことのない海外での暮らしの様子や知らなかった料理を知ることができ、憧れの海外への気分が高まりました。『進化するレストランNOMA』の見ているだけでも美しい料理写真の数々は、イラストを描く際、発想の参考にもなります。

図書館員としては、料理本を読む時にまず「まえがき」から読むことをおすすめします。まえがきを読むことで、料理を通して著者や編者の想いや意図を感じることができ、調理することや食べることがより一層楽しくなると思います。

料理を改めて一から学び直したい人へ

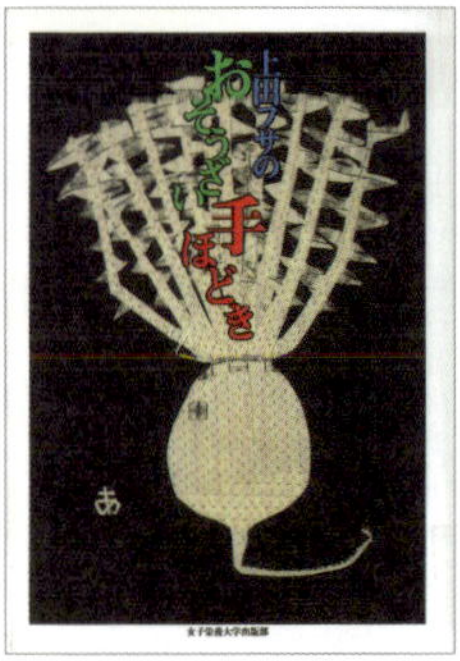

1

上田フサのおそうざい手ほどき

上田フサ 著　女子栄養大学出版部
1981年　B5判　258頁　3000円

日本の食卓でなじみの深い和洋中の惣菜から、おもてなし料理までを「四季のおそうざい帖」と「手ほどき編」に分けて紹介。女子栄養大学で長年教鞭を執ってきた著者が、調理の基本を懇切丁寧にやさしく手ほどきする。豊富な解説とともに、栄養学や料理文化に関するコラムも多数掲載。なお現行版は「補遺」が追加されている。

この本で調味の基本を押さえれば
「おいしい」を科学的に理解できる

計量を重視して
再現性を高めるという
当時としては先駆的なレシピ

生活習慣病の予防など
栄養学の知識も学べて
健康管理にも役立つ

ここに載る料理の味を
舌で覚えたことで、自分好みの
塩分濃度がわかるように

松本直子　「食の文化ライブラリー」司書

この本は私の大学時代の教科書にもなっていたので、思い出の一冊でもあります。

この本の最大の特色は、塩分濃度を始めとする「調味パーセント」などによって、「おいしい」を科学的に表現・解説していることです。万人に共通の計器があっても、そもそも調味料をどれだけ入れればよいか、入れようとしているか、そのための「ものさし」はありませんでした。料理人の厨房でも家庭でも自分の感覚で調味していた時代です。料理経験のない人をはじめ、誰にでもわかるだいたいの標準量があると便利だと考え生み出されたのが「調味パーセント」です。「調味パーセント」を使って料理をすることで、料理を作る前から望ましい味がわかります。また、材料の多少にかかわらず一定の味付けをすることも、できあがった料理が自分の好みより濃すぎたり、薄すぎたりした時は次に作る時の参考になります。自分以外の人に味付けを正確に伝えることもできます。また、生活習慣病の予防など栄養学の知識も学べて健康管理にも役立ちます。

私の調理・料理に対する基本的な考え方はこの本から学びました。ここに載っている料理の味を舌に覚え込ませたことで、外食をしていても「この料理の塩分濃度は何パーセントくらいかな」とだいたいですが、わかるようになりました。味付けをする際にも、例えば「醤油をあとどれくらい入れたらいいか」というようなことが、経験値から判断できるようにもなりました。

料理をおいしくするためには計量以外にもさまざまな要素がありますが、この本では食材の洗い方にはじまり、調理法、食材の組み合せ等、料理をおいしく作るための基本が懇切丁寧に説明されています。そのぶん文字が小さく細かい部分もあり、一見するだけではわかりにくそうに見えますが、じっくり読み込んでみると、調理の基礎や料理に対する基本的な考え方が一通り身につくと思います。

この本は、ある程度、家で料理は作ってきたけれど、改めて一から調理や調味の基本を学び直したいという方、料理教室をされている方や、レシピサイトなどで料理を紹介している方にもぜひ読んでいただきたい一冊です。最近はウェブ上で誰もが自分の料理を公開できるようになりましたが、「だいぶ味が濃そうだけど大丈夫かな？」と心配になってしまうレシピも少なくありません。レシピを考案する際、なんとなく分量を決めるのではなく、調味パーセントの基本を押さえていただくことでレシピの精度が一層高まるのではと思います。

料理をもっと楽しんで作りたい人へ

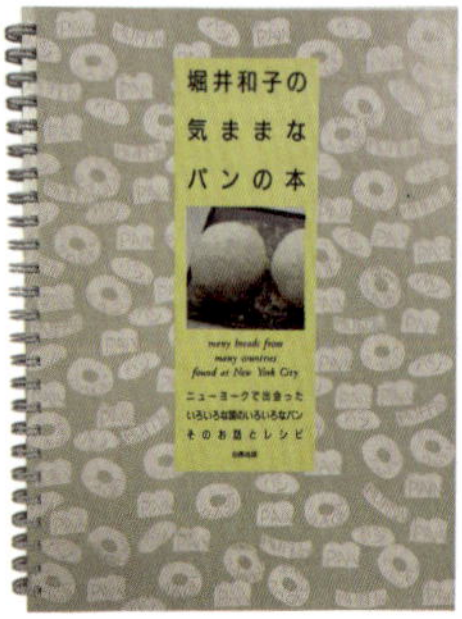

2

堀井和子の
気ままなパンの本

ニューヨークで出会った
いろいろな国のいろいろなパン
そのお話とレシピ

堀井和子 著　白馬出版
1987年　B5判　111頁　1800円（絶版）

著者がニューヨークで生活しているときに出合ったいろいろな国のパンをエッセイとともに紹介する。クニッシュ、プレッツェン、ピタパンなどの食事パンからドーナツ、マフィン、ラスクといったおやつ向けのパンまで、当時日本では珍しかった多彩なパンのレシピを掲載。外国での日常を綴った文章やスナップ写真も楽しめる。

リングノートのようなしゃれた装丁と、
紙面デザインが心地いい

当時の憧れが詰まっていて、
料理を作る・食べるワクワク感を
思い出す

日本に入ってきていなかった
海外の食文化を
想像・体験できるのが楽しい

「生きるため」から「楽しむため」の食へ。
そんな時代背景が見えてくる

松本直子　「食の文化ライブラリー」司書

私にとって「青春ど真ん中！」の頃の、若き日の憧れが詰まった一冊です。

1980年代後半〜90年代は、ニューヨークやパリなど、海外のスタイリッシュな料理とカルチャーやファッションを一緒に紹介する軽やかな料理本が多く出版されました。女性の社会進出や海外へ渡航する人が増えてきた時期とも重なりますし、ちょうどバブル経済の時期でもあります。

この本は3分の1くらいがエッセイで、読んでいると当時私の知らなかった食べものがたくさん出てきて、本当にワクワクしました。レシピも載っているので実際に作ることもできますが、写真のレイアウトなどのビジュアルも素敵で、パラパラめくっているだけでも楽しめます。このリングノートのような装丁も、とてもセンスがいいなと思いました。初版は薄手のボール紙仕立ての函に、再版以降はプラスチックの函に収められています。若山嘉代子さん（L'espace）のデザインで、本文は余白がたっぷりとられ、さりげないイラストが散りばめられています。文字が横書きになっている料理本も当時は珍しかったと思います。その全てが魅力的で、何度となく手に取り、眺めていた料理本です。

この他にも、福田里香さんの『クイックブレッド アンドジャム』（柴田書店）や長尾智子さんの『長尾食堂』（マガジンハウス）も大好きな本です。食材のトレイを器に使っていたり、洗いざらしのキッチンクロスがお皿の下に敷いてあったり、そんな点が斬新で素敵だなと思いました。湯気のみえる風景や盛りつけている様子など、動きのある写真も新鮮でした。人が蒸籠をかぶっているような、遊び心あふれる写真が載っていたりもします。教本的な本で料理を学んでいた私は、自由な雰囲気に心をわしづかみにされました。レシピにはなじみのない食材がたくさん出てくるため、それらを買い揃えるだけでも大変なのですが、当時はそれすらも楽しく感じていました。

「生きるための食」から「日常を楽しむための食」。これらの料理本の出版は、料理とライフスタイルなどが密接に結びついた「料理もファッションの一部である」という時代の発想・提案だったのかもしれません。今思うと、SNSでおしゃれできれいな料理の写真を発表する「映え」の元祖のようにも思います。

毎日の家事に疲れを感じた時に、これらの本を改めて眺めると、「料理は自由で楽しいもの！」という当時のワクワク感を思い出させてくれます。

各地の郷土料理に興味がある人へ／料理人などメニュー開発をする人へ

③

聞き書 長野の食事
日本の食生活全集⑳

「日本の食生活全集 長野」
編集委員会 編
農山漁村文化協会
1986年　A5判　384頁
3500円

全国の郷土料理を現地の人々へのインタビューを通じて紹介するシリーズの一冊。主には現地の“おばあさん”からの聞き書きで、各県の風土と暮らしから生まれた食生活の英知、消え去ろうとする日本の食の源を記録し、各地域の固有の食文化を集大成する。救荒食、病人食、妊婦食、通過儀礼の食、冠婚葬祭の食事なども掲載。

失われつつある郷土料理が記録された貴重な資料

制約のある中で生まれた料理には知恵や工夫が詰まっている

物流の発達やインターネットの普及により、季節を問わず全国どこでもあらゆる食材が手に入るようになりました。しかしその一方で、気候変動による大規模な災害や海水温の上昇などにより、日本各地の農業や漁業なども影響を受け、これまでとれていた食材がとれなくなるという事態が各地で起きています。食の多様化・欧米化もあり、長らく作られてきた郷土料理が失われつつあります。こうした時代において、各県・各地域の郷土料理を春夏秋冬ごとに紹介している『聞き書 ○○の食事』シリーズは、郷土料理を伝え継ぐための重要な資料の一つだと思います。

長野県は山がちなので特にわかりやすいかもしれませんが、風土の中で育まれた郷土料理には、人々の知恵や工夫が込められています。プロの料理人の方にとっては、そういった地域の郷土料理を見直し、深く知ることで、新たな料理の創作にも繋がるのではないでしょうか。また、最近地方に移住する方も増えていますが、このシリーズで移住先の県の本を読むと、食文化や歴史からその地域を知ることができます。地元の方はこの本を参考に、郷土料理の復活・伝承や、料理を介しての町おこしもできるかと思います。

同協会からは『伝え継ぐ 日本の家庭料理』全16巻も刊行されました。およそ昭和35年～45年までに食べられていた日本各地の家庭料理が紹介されています。現在の台所事情に合ったレシピが掲載されているのでより実用的です。実際に郷土料理を作りたいという方はこちらを参考にするといいと思います。

最近では、世界各国・各地域の郷土料理について詳しく書かれた本も多く出版されています。岡崎伸也さんの『食で巡るトルコ』（阿佐ヶ谷書院）は、トルコの各地方に住む方に聞いた郷土料理を全頁カラー写真で紹介しています。世界三大料理と言われながら、日本人がまだ知らないトルコ料理をたくさん知ることができます。旅をしたような気分にもなるので、ちょっと息抜きしたい時にもおすすめです。

料理の発想法を学びたい料理人へ

4

進化するレストラン NOMA
日記、レシピ、スナップ写真

レネ・レゼピ 著　ファイドン
2015年　3冊組　8800円（絶版）

デンマークの"世界一予約が取れない"レストラン「ノーマ」のシェフの日記、スナップ写真集、レシピの3冊で構成。著者の日常が赤裸々に綴られた日記と、200枚からなるスナップ、100品を収録したレシピ集がそれぞれリンクしていて、どのような発想でオリジナリティの高い料理が生まれたかを知ることができる。

3冊の本がゴムバンドでとめられた、凝ったブックデザインの本。これは世界でもっとも予約が取れないと言われるレストラン「ノーマ」のシェフによる日記、レシピ、スナップ写真が3冊セットになった本です。

斬新で驚きのある料理を作り続けるトップシェフの著書

創造の源から料理が完成するまでの、頭の中（発想法）を覗き見できる

ノーマは、レネ・レゼピシェフの豊かな発想力と北欧の食材・食文化を取り入れた斬新で驚きのある美しい料理を提供するデンマークのレストランです。「ノーマは新しい北欧料理を作った」とも言われています。3冊を合わせ

て読むことで、レゼピシェフの頭の中（どのような事を考えて料理を作っているかなど）を覗き見ることできるのが、この本の最大の特徴であり魅力です。

最初に「日記」を開くとレゼピシェフのかなり正直な感情が素直に吐露されていて、大変驚かされます。他人の日記を読むこと自体なかなかないことですが、トップシェフの料理の発想の源でもある日記を読めることは大変貴重なことではないかと思います。日記の文章の横には「レ」や「ス」というマークが記してあり、これは「レシピ」「スナップ」という意味で、その日記の内容に対応するレシピやスナップ写真を見よ、という指示になっています。例えば、日本を旅行した時に抹茶を飲んだ体験が書かれた日記。それに対応したレシピ本のページには、抹茶からインスピレーションを得て作ったクルマバソウというハーブのピュレを抹茶に見立てた料理のレシピと写真が載っています。このように、日記とレシピ本やスナップ写真の本をつき合わせることで、レゼピシェフの体験や発見、感じたことなどがその後、料理としてどのように結実していくのかが理解できます。つまりシェフの頭の中で起こる「発想から料理の完成までの過程」がわかるようになっています。もちろん、日記・レシピ・スナップ写真それぞれをじっくり読むのもおもしろいと思います。

料理を始めたい人へ／料理を作らなくなってしまった人へ

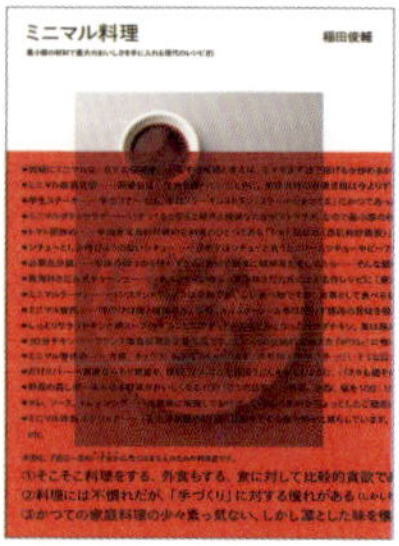

5

ミニマル料理

最小限の材料で最大のおいしさを手に入れる現代のレシピ85

稲田俊輔 著 柴田書店
2023年 B5変形判
136頁 1600円

著者は料理人・飲食店プロデューサーであり、執筆活動も盛んな稲田俊輔氏。「失われつつ ある普通の家庭料理を、現代の私たちが作るなら？」というテーマのもと実験をくり返し、再現性にこだわりつつも食材を最小限として工程もシンプルにした85品のレシピを紹介。 レシピは工程写真つきの基本形と、アレンジを加えた展開形に分けて掲載。

必要最小限の
食材・工程で、
最大限のおいしさ！

さりげなく
プロの料理人の技が
隠されている

松本直子　「食の文化ライブラリー」司書

　このレシピ本は、必要最小限の食材・工程で構成されていて、材料表記はグラムやパーセント、仕上がり総量の表記もあり、誰が作ってもおいしい料理が作れるような工夫がされています。レシピに使われる食材・調味料は近所のスーパーで手に入るものばかりなので、手軽に作りやすいのも魅力です。また、「東海林さだお式チャーシュー」「だけスパ」など、料理名がキャッチーでおもしろく、料理をあまりしない人でも興味を持つ仕掛けもあります。例えば、「30分チキン」という名前の料理。おもしろそうと興味を惹かれ、実際に作ってみると、「30分間フライパンで鶏肉を弱火で焼くだけ」という極めてシンプルなもの。実はこれは、フランス料理の伝統技法なのです。こういったプロの技や伝統技術がレシピの中にいくつも隠れているのも魅力の一つです。調理工程の写真が大きく、説明キャプションが最小限なのも、活字よりも動画に慣れた人が多い今の時代に合っているように思います。

　最初は計量が面倒だと思うかもしれませんが、一度その通りに作ってみると「おいしい」という成功体験を重ねられて、他のレシピも次々と作りたくなるはずです。きちんと計量をすることで必ずおいしくなると知った料理初心者の夫も、以前より楽しそうに料理をしています。毎日食べても飽きのこない「ミニマル焼売」やポリネシアンソースを使った「洋食屋の焼肉」はわが家の定番料理になりました。なお、２０２４年12月には『ミニマル料理「和」最小限の材料で最大のおいしさを手に入れる和食のニュースタンダード』が刊行されるようです。

その他の家庭料理

素材使い・保存食

調理機器・キッチン使い

パン・菓子

その他

（サブタイトル、共著者等略。洋書は書名のみ掲載）

〈 紹介本のジャンル別索引 〉

取材・文　石田哲大（「川田智也」「森枝幹」「水野仁輔」「阿古真理」「大谷悠也」
「藤田康平」「澤峰子」「松本直子」担当）
源川暢子（「紺野真」「樋口直哉」「今井真美」「東山広樹」「白央篤司」
「鈴木めぐみ」「諏訪雅也」担当）
沖村かなみ（「笠原将弘」「有賀薫」「辻本力」「山本寿子」担当）
佐藤良子（「稲田俊輔」「三浦哲哉」「長谷川美保」「大野里沙」担当）
村山知子（「緫谷久美」「前久保好平」担当）
松本郁子（「西口大輔」「佐々木友紀」担当）
柿本礼子（「岸田周三」「若林知人」担当）

デザイン　荒川善正（hoop.）
編集協力　泉彩子
編集　和久綾花

「食《しょく》」と「本《ほん》」のプロ30名《めい》が選《えら》ぶ
私《わたし》の偏《へん》愛《あい》料《りょう》理《り》本《ぼん》

2024年12月25日　初版第1刷発行

編者　グラフィック社編集部
発行者　津田淳子
発行所　株式会社グラフィック社
〒102-0073
東京都千代田区九段北1-14-17
Tel. 03-3263-4318(代表)　03-3263-4579(編集)
Fax. 03-3263-5297
https://www.graphicsha.co.jp

印刷・製本　TOPPANクロレ株式会社

ISBN978-4-7661-3904-4　C0077
Printed in Japan